열여덟, 일터로 나가다

열여덟, 일터로 나가다

허환주 지음

후마니타스

차례

일러두기

- 학생들과 제보자들의 이름은 가명을 원칙으로 했다. 단, 김용균 군과 어머니 김미숙 씨, 이민호 군과 아버지 이상영 씨, 김동균 군과 아버지 김용만 씨 등 이미 언론을 통해 밝혀진 이름은 실명을 그대로 썼다.

- 나이는 모두 당시 나이를 기준으로 했다.

- 직업계 고등학교는 그간 명칭을 여러 번 달리해 왔다. 김대중 정부 시기까지 실업계 고등학교로 불렸다가 노무현 정부 시기인 2005년에 전문계 고등학교로 바뀌었고, 이명박 정부 시기인 2010년에 특성화 고등학교로 또다시 변경됐다. 이 책에서는 시점에 맞게 기술하되, 시점을 특정하지 않을 경우 '직업계고'로 통칭했다.

- 단행본, 정기간행물에는 겹낫쇠(『 』)를, 인터넷 매체, 드라마, TV 프로그램, 노래와 시 제목에는 가랑이표(⟨ ⟩)를 사용했다.

1장

열
여
덟

은주의 현장실습

∧∨∧

전주에 위치한 아중 저수지. 깊게 파인 땅에 물이 한가득 고여 있는 곳. 주변은 산으로 겹겹이 둘러싸여 있다. 한껏 공원으로 단장했지만 을씨년스러운 분위기는 숨길 수 없었다. '아중'은 '관암'이라는 뒷산에 갓을 쓴 사람 모양의 바위가 있어 붙여진 이름이라고 한다. 묵방산에서 흘러내려 온 물줄기가 우아동 용계·재전 마을을 거쳐 아중천을 따라 이곳에 모인다. 1961년 농업용수로 축조된 소류지로 저수지가 생기기 전에는 인교리라는 마을이었다.

126만9000톤의 물을 머금은 저수지에서는 웬만한 크기가 아닌 것들은 눈에 띄지 않는다. 하늘과 산이 담긴 초록 심연이 한껏 시야를 압도할 뿐이다. 엄밀히 말하면 풍경이랄 것도 없다. 진입로에 들어서면 보이는 건 온통 짙은 초록뿐이다. 녹조 가득한 저수지 주변을 둘러싼 얕은 산들도 빽빽이 나무로 들어차 있다. 나무 크기에 따라, 거리에 따라, 그리고 녹조의 정도에 따라 차이가 있을 뿐, 파란 하늘을 제외하곤 온통 초록이 잠식한 곳이다.

그렇게 터질 듯한 초록들이 잠시 붉은 빛을 머금었다 어느덧 색이 바래고, 저수지에도 살얼음이 덮일 만큼 추운 어느 겨울날, 그 풍경을 담겠다고 연신 셔터를 누르던 남성이 있었다. 그의 카메라 렌즈에 이상한 물체가 들어왔다. 맨눈으로 보니 살얼음을 뚫고 나온 새카만 잠바다. 공기를 한 움큼 들이마셔 불룩하게 부푼 옷에서는 뭔가 싸늘한 기운이 뿜어져 나왔다.

'혹시 사람이 아닐까.'

불길한 예감은 맞아떨어졌다. 그것은 마네킹처럼 딱딱하게 굳어 버린 시신이었다. 화려한 액세서리에 진한 화장을 한 시신을 보고 경찰은 30대

여성이라 추정했다.

　신원은 곧 밝혀졌다. 그녀는 하루 전인 2017년 1월 22일, 친구를 만나겠다고 나선 후 행방불명된 고등학생 홍은주 양(18)이었다. 경찰 조사에 따르면, 그녀는 그날 저수지 둑이 내다보이는 카페에서 10여 분 정도 앉아 학교 친구와 통화를 한 뒤, 오후 6시경 저수지로 향했다. 그날은 최저 기온이 영하 6도. 구름 낀 하늘에서는 소낙비와 눈이 번갈아 내리고 있었다.

⋀⋁⋀

　"허 기자님, 안녕하세요. 급히 취재를 요청할 일이 있어서 연락드립니다."

　일요일 오전에 낯선 번호로 전화가 왔다. 보이스 피싱이나 대출 전화는 그래도 평일 업무 시간에 걸려 온다. 그들도 '나인 투 식스'는 지킨다. 하지만 시민단체나 노동단체에서 일하는 사람들은 그런 관념이 없다. 전주에서 청소년 운동을 하는 활동가 강문식 씨 전화였다. 얼마 전 여고생 사망 사고가 발생했는데, 아무래도 직업계고 현장실습 문제 때문인 것 같다고 했다. 자세한 얘기는 전주에서 직접 만나서 하자고 했다. 알았다며 전화를 끊었지만 영 내키지 않았다. 당시 나는 박근혜 대통령 탄핵안을 심판 중인 헌법재판소를 취재 중이었다. 전 국민의 관심이 온통 탄핵에 쏠려 있는데 이름 모를 여고생 때문에 전주까지 가야 하는 걸까. 더구나 한국은 10대 청소년이 한 달 평균 9명씩 자살하는 OECD 자살률 1위 국가가 아니던가. 하지만 어느새 난 습관처럼 주섬주섬 노트북을 챙기고 있었다.

　민주노총 전북본부 사무실에서 만난 강문식 씨는 두 달 전 저수지에서 발견된 고등학생, 은주의 죽음이 산재라 보고 있었다. 고등학교 졸업을 앞두고 전주 LG유플러스의 하청업체에서 현장실습을 하던 학생이 가혹한 노동환경에서 일하다 일한 지 5개월 만에 스스로 목숨을 끊었다는 것이었다.

솔직히 난 믿기지 않았다. 여고생에게 힘든 일을 시켰으면 얼마나 시켰다는 걸까? 대체 무슨 일을 얼마나 했길래 고등학생이 일 때문에 죽음을 택한단 말인가. 더구나 "특성화고" "현장실습" "표준협약서" 등 강문식 씨 입에서 나오는 단어들은 하나같이 낯설었다. 졸업도 하지 않은 학생이 왜 일을 하는 걸까? 그것도 죽을 정도로? 인문계 고등학교를 졸업한 나로서는 좀처럼 이해가 가지 않는 이야기들이었다.

거기서부터 나는 열여덟 삶의 궤적을 쫓기 시작했다.

︿﹀︿

은주는 중학교 때까지 배구 선수였다. 170센티미터가 넘는 키로 또래 아이들보다 건장했다. 하지만 중학교 때 폭력 사태에 연루되면서 선수 생활은 끝이 났다. 그간 운동을 하느라 공부는 뒷전이었다. 선택의 여지는 없었다. 그녀가 갈 수 있는 고등학교는 직업계뿐이었다.

그녀가 입학한 학교는 ○○생명과학고등학교. "과학 영농" 교육을 통한 중견 영농인과 농업 기능인 양성을 목표로 한 직업계 학교였다. 예전엔 ○○농림고등학교라는 이름이었으나 2006년 현재의 이름으로 개명했다.

인문계와 달리 직업계 고등학교를 선택하면 대학 입학 때처럼 들어갈 때부터 전공을 정해야 한다. 여기서 은주는 '애완동물과'를 전공으로 택했다. 농업에 특화된 학교였기 때문에 대부분이 '녹지 조경과'나 '식량 지원과' '식품과학과' '식품조리학과' 등을 택했지만 은주는 그렇게 하지 않았다. 애완동물과는 2006년 10월에 새롭게 개설된 학과였다.

은주의 과 선택에는 아버지의 영향이 컸다. 당시 애완동물 미용사가 한창 유망 직종으로 각광받던 때였다. 아버지는 전통적인 농업 전공보다는 이쪽이 나을 거라 생각했다. 나중에 애견숍 하나 차려 밥벌이는 할 수 있겠거니 싶었던 것이다.

은주가 속한 애견학과는 학교에서 한 반만 운영됐다. 3년 동안 30명 남짓의 학생들이 같은 반으로 생활하다 졸업했다. 이 학과에 특화된 교육 과정 대부분은 동물과 관련된 내용이었다. 애완동물 미용, 반려 동물 관리, 말 사육, 가금류 사육 등을 배웠다. 그중에서도 가장 신경 써서 가르치는 동물은 개였다. 실습에서도 애견 미용이 가장 큰 비중을 차지했다. 애견 미용 분야가 가장 유망하긴 했지만, 그만큼 배우는 내용은 더 복잡하고 어려웠다. 견종과 털 종류에 따라 신경 써야 할 일들이 다 제각각이었다. 애견 의상 만드는 것도 배웠다. 의상 도면을 직접 그린 뒤, 원단을 재단해 재봉질까지 해보았다. 하지만 그렇게 3년 가까이 애완동물을 다루는 공부를 해오던 은주가 졸업을 앞두고 현장실습으로 첫 발을 내디딘 곳은 콜센터였다.

∧∨∧

은주가 학교에서 특별히 성실한 학생이었던 것 같지는 않다. 은주는 친구들 사이에서 "한 성격 하는" 의리 있는 아이로 통했다. 먼저 때리거나 괴롭히는 일은 없었지만 친구가 괴롭힘을 당하거나 돈을 뺏기는 일이 생기면 가만있지 못했다. 자연히 신망도 두터웠고 자존심도 셌다. 싸우면 지는 일이 없었다. 아버지는 그런 딸 때문에 자주 학교에 불려 다녔다. 다친 아이들의 부모를 상대로 빌기도 많이 빌었다. 합의도 여러 번 했다.

회사에서도 은주는 비슷한 문제를 일으켰다. 같은 부서에 은주보다 두 달 먼저 온 직원이 있었다. 은주는 자기보다 나이가 많은 줄 알고 '언니'라고 부르며 친근히 대했다. 그러던 어느 날 회식 자리에서였다. 은주가 그 직원에게 '언니'라고 부르는 소리를 들은 다른 직원들이 왜 언니라고 부르냐면서 둘이 동갑이라고 알려 주었다.

은주는 몇 달 동안 자신을 속인 것에 화가 났으나 참았다. 그래도 '서열'은 정리할 필요가 있다고 생각했다. '언니'라고 불렀던 직원을 따로 불러냈다.

"나이도 같으니 서로 그냥 말 트고 지내자."

하지만 그러던 와중에 시비가 붙었고, 이내 큰 싸움으로 번졌다. 은주가 '언니'를 많이 때렸다. 이 사실을 뒤늦게 알게 된 회사는 서로 화해할 것을 종용했고, 둘은 화해했다. 그렇게 사건은 마무리되는 듯했다. 그런데 그 직원의 어머니가 은주를 폭행 가해자로 지목하며 소송을 제기했다. 그리고 재판부는 이전에도 은주가 여러 차례 폭력을 행사한 점을 고려해, 법원에서 운영하는 청소년꿈키움센터에서 나흘간 교육을 받도록 지시했다.

은주는 센터에서 1월 16일부터 19일까지 교육을 받았다. 그리고 20일, 그녀는 평소와 다름없이 출근을 해야 했다. 그날 아침, 은주는 아버지에게 출근한다며 가방을 챙겨 나갔다. 그런데 그날 오후께 은주 아버지는 회사로부터 전화 한 통을 받았다.

"은주가 오늘 출근을 하지 않았습니다. 혹시 집에 있나요?"

무슨 영문인가 싶었다. 뒤늦게 아버지는 급히 딸에게 전화를 걸었다. 길고 지루한 수화음만 반복됐다.

딸과 연락이 된 것은 저녁 7시였다. 은주는 친구들과 술을 마시고 있다면서 걱정 말라고 했다. 아버지도 "출근은 왜 하지 않았느냐"고 굳이 다그치지 않았다. 그 자존심에, 그런 교육까지 받고 다시 회사 사람들을 마주하기가 쉽지 않았으려니 생각했다. 밤 10시가 다 됐는데도 오지 않는 딸에게 다시 전화를 해봤지만, 이번에도 연락이 닿지 않았다. 술자리가 길어지나 보다 생각하며 잠자리에 들었다.

그렇게 몇 시간이 지났을까. 새벽녘이었다. 머리맡에 둔 전화가 요란하게 울어 댔다. 받아 보니 은주의 친구였다. 다급한 목소리는 떨고 있었다.

"아버님, 은주가 회사 때문에 너무 힘들다고 죽고 싶다고 하더니 자기 손목을 그었어요. 어떻게 해요. 피가 많이 나요. 빨리 오세요."

급히 옷을 챙겨 입고 친구가 말한 곳으로 달려갔다. 술집이었다. 바닥에 쓰러져 있는 딸을 들쳐 업고 급히 병원으로 뛰었다. 무슨 일인가 싶었다. 그래도 일단 애부터 살리고 볼 일이었다. 정신없이 달려 응급실 의사에게 딸을 맡겼다.

의식을 잃었던 딸은 진료를 받는 동안 정신을 차렸다. 그러나 시종 아무런 말이 없었다. 피투성이가 된 딸의 손목을 살피던 의사는 다행히 동맥은 건드리지 않았다고 했다. 그제야 아버지 입에선 안도의 한숨이 새나왔다. 손목을 꿰맨 뒤 집으로 데려왔다. 가슴이 타들어 갔지만 별 말은 하지 않았다.

'대체 뭐가 얼마나 힘들면 저럴까.'

다음날, 대화를 시도해 봤지만 잘되지 않았다. 딸의 방문 앞에 매달려 왜 그렇게 모진 짓을 하느냐고 질타하기도 했지만 신경질 섞인 대답만 돌아왔다.

"회사 이야기하면 짜증난다고."

은주는 도통 입을 열지 않았다.

"정 그렇게 힘들면 그만둬."

그러자 또 그거는 아니란다.

"할 수 있을 때까지 참아 보고, 그래도 안 되겠다 싶으면 말할 테니 그냥 좀 내버려 둬."

아버지는 딸이 어떤 회사를 다니고 있는지 거의 아는 바가 없었다. 답답했다. 그래도 힘들어 하는 딸에게 무슨 말이라도 해주고 싶었다.

"여기서 물러나면 지는 거야. 그러니 할 때까지 해봐. 그러고 나서 그만두면 되니깐. 알겠지?"

그 말이 딸에게 건넨 마지막 말이 될 줄은 그땐 정말 몰랐다.

∧∨∧

무엇이 그녀를 자기 학대로 내몰았을까. 그녀의 속내를 알고 싶었다. 은주의 페이스북에 들어가 보았다. 페이스북 친구 638명. 가입 시기는 그녀가 현장실습 나가기 두 달 전인 2016년 8월이었다. 친구 공개로만 되어 있어서 직접 쓴 글들은 볼 수 없었다. 프로필 사진과 그녀가 '좋아요'를 누른 페이지만 눈에 들어왔다. 단정하게 좌우로 가른 검은 머리에 큰 눈, 갸름한 턱선, 요즘 애들 사이에서 유행하는 입술만 도드라지는 서툰 화장을 한 앳된 얼굴이 보였다.

페이스북 친구들은 대부분 학교 친구, 선후배, 그리고 다른 학교 친구들이었다. 그때는 이미 사건이 있은 지 꽤 시간이 흐른 뒤였기 때문에 친구들은 대부분 사회생활을 하고 있었다. 은주와 비슷한 또래의 얼굴들이 저마다 행복하게 웃고 있었다. 그새 결혼해서 아이를 낳은 친구도 있었다. 만약 그녀가 살아 있었다면 지금 어디에서 무엇을 하고 있을까.

나는 은주의 친구들이라도 직접 만나 보고 싶었다. 은주가 다닌 회사 사람들은 입을 다물었고, 죽은 은주는 말이 없었다. 은주를 기억하려는 사람은 별로 없었다. 은주 친구들은 하나같이 취재를 거부했다. 이해 못할 일은 아니었다. 친구를 잃은 상처를 들춰내는 것도 달가울 리 없었고, 생판 모르는 기자에게 털어놓고 싶은 일도 아닐 것이다.

어렵게 은주와 초등학교 때부터 친구였던 박윤민 양과 연락이 닿았다. 수차례 전화에도 망설이기만 하던 그녀는 밤늦은 시간에야 인터뷰를 허락했다.

> 은주는 친구들을 무척이나 잘 챙겼어요. 죽기 며칠 전이 친구 생일이었는데, 자기 금붙이를 팔아 생일 선물을 사왔더라구요. 생일은 꼭 챙겨 주는 친구였어요. 툭하면 학교 친구나 후배를 자기 집으로 불러 요리도 해주고, 그렇게 주변 챙기는 게 은주의 특기였어요.

왜소한 체격의 박윤민 양은 은주 이야기를 하다가 곧 울음을 터뜨렸다. 은주는 윤민 양이 힘들 때 늘 옆에 있어 주던 친구였다.

> 저희 엄마랑 아빠랑 사이가 좀 안 좋은 시기가 있었어요. 그땐 절 챙겨 주는 사람이 없었어요. 밥도 혼자 해먹었어요. 사춘기라 한창 예민할 때였는데, 엄마 아빠도 없는 집에 혼자 있으면 세상에 저 혼자라는 생각이 들더라구요. 그때 저를 잡아 준 친구가 은주예요. 매일같이 자기 집으로 불러서 요리를 해줬어요. 은주는 요리를 무척 잘해요. 은주가 해준 김치볶음밥은 정말 맛있었어요. 훈제 오리까지 넣어 가지고 …… 꿈이 나중에 밥집 차리는 거였어요.

윤민 양이 두 손을 다쳐 병원에 입원했을 때도 간호는 은주가 다 했다. 일주일 입원하는 동안 하루도 거르지 않고 병원을 찾아와 준 친구가 은주였다. 그러면서도 자기 힘든 내색은 전혀 하지 않았다.

제 생일이 3월이거든요. 그때는 자기 목걸이를 팔아서 생일 선물을 해준다고
했어요. 은주 엄마가 사준 목걸이인데, 그걸 팔아서 챙겨 준다니 …… 저는 '미
친년'이라고 웃어넘겼죠. 그런데 이렇게 될 줄 누가 알았겠어요. 그렇게까지
힘든 줄 알았다면, 조금이라도 빨리 눈치챘다면…….

윤민 양은 아직도 죄책감 때문에 잠을 잘 못 잔다고 했다.

"은주가 그렇게 힘들었다는 걸 조금이라도 알아챘다면 이렇게까지 됐
을까요?"

윤민 양은 은주가 저수지에 몸을 던지기 전 마지막으로 만난 친구였다.
하지만 그녀도 은주가 그렇게 힘든 줄은 몰랐다. 자존심 때문인지 은주는
친구들에게도 힘들다는 얘기는 거의 하지 않았다. 윤민 양에게도 은주는
그런 얘기는 주변에 하는 게 아니라고 제법 어른스럽게 충고했다.

"힘들다고 이야기하는 건 자기가 나약하다는 걸 드러내는 거야. 그러
면 주변 사람들이 깔봐."

그래도 어떤 날은 직원들이 있는 자리에서 면박을 당했다고 털어놓기
도 했다. "나 참 황당해서 …… 오늘 어떤 직원이 나한테 '너는 왜 방어(계약
해지를 막는 작업)를 못하냐'고 하는 거 있지. 열 받아서 진짜. 지나 잘하지."
하지만 대수롭지 않게 넘겼다. 회사에 들어간 지 두 달 정도 지났을 때는 한
밤중에 전화가 오기도 했다. 전화기 너머로 들려오는 은주의 목소리는 젖
어 있었다.

"나 진짜 죽겠다. 죽고 싶다. 더는 못 견디겠어. 고객들이 에미 에비 운
운하며 쌍욕 하는 것도 힘들고, 계약 해지를 막아야 하는데 잘 못한다고 위
에서 갈구는 것도 너무 힘들어."

은주는 울음 섞인 목소리로 그저 힘들다는 말만 되풀이했다. 해줄 수

있는 말이 없었다. 친구가 하는 일이 어떤지도 사실 잘 몰랐다. "내일도 회사를 가야 하는구나." 이따금 은주가 페이스북에 올리는 푸념도 대수롭지 않게 여겼다. 누구든 회사 생활이 힘들면 할 수 있는 말이라고 생각했고, 은주는 회사 생활에 누구보다 열심이라고 생각했기 때문이다.

입사 초기에 은주는 고객 응대 매뉴얼 같은 걸 암기하느라 바빴다. 이따금 연락하면 바쁘다며 끊기 일쑤였다. 회사 상품 목록을 외우고 녹음된 고객 응대 내용을 '받아쓰기'하는 일도 있었다. 퇴근 후에는 회사 언니들과 카페에서 스터디를 하기도 했다. 회사에서 보는 시험 때문이었다. 그런 친구의 변화에 윤민 양은 깜짝 놀랐다.

'생전 안 하던 공부를 회사 가서 하다니⋯⋯.'

그런 노력 덕분인지 언젠가는 상품 판매 1등을 하기도 했다. 그래서 은주가 하는 이야기는 그저 스트레스를 푸는 정도로만 받아들였다. 은주가 저수지에 몸을 던진 그날도 낮에 자신을 찾아와서는 별다른 말없이 소주 한 병을 비웠다. 은주는 더 마시고 싶어 했으나 윤민 양은 피곤한 나머지 거절했다. 윤민 양은 못내 아쉬워하던 은주의 그 눈빛을 아직 잊을 수 없다. 택시를 타고 떠나는 모습을 지켜보고는 자신은 집으로 돌아와 이내 잠이 들었다. 그리고 다음 날 오후, 수차례 부재중 전화가 찍혀 있었다. 모르는 번호였다. 나중에 받고 보니 경찰서였다. 은주가 주검으로 발견됐다며 참고인 조사를 받으러 오라고 했다. 은주가 마지막으로 만난 사람이 윤민 양이었다. 손이 부들부들 떨렸다.

경찰 조사를 받은 뒤, 매일 밤을 뜬눈으로 지새웠다. 은주의 장례식장에도 첫날만 가고 이후에는 가지 못했다. 괴로움과 죄책감을 견디기 힘들었다. 윤민은 은주와 마지막으로 나눈 카톡 창을 찾았다. 그러고는 친구에게 미처 전하지 못한 이야기를 빼곡히 적어 보냈다. 집에는 그녀가 두고 간

옷가지가 남아 있었다. 얼마 안 되는 노잣돈과 함께 봉투에 담아 태워 보냈다. 하늘로 날아간 재처럼 친구도 그렇게 깊고 어두운 저수지에서 어디론가 날아가길 빌었다.

∧∨∧

은주가 왜 그런 극단적인 선택을 했는지 이젠 그 누구도 정확히는 알 수 없다. 우리는 다만 그녀를 겹겹이 둘러싸고 있던 조건들을 통해 미루어 짐작할 뿐이다. 대부분 극단적 선택은 자신을 둘러싸고 반복되어 온 고통이 오랫동안 누적되어 발생한다. 긴 시간 어떤 한 존재를 짓눌러 온 여러 가지 사건과 이야기들이 최후의 선택을 만들어 낸다. 어디서부터 무엇이 잘못된 걸까.

그녀의 짧은 열여덟 생에서 진정 '선택'이라 부를 수 있는 건 없어 보였다. 배구 선수로 뛰다 그만둔 뒤, 그녀가 선택할 수 있는 건 무엇이었을까. 운동을 하면서 남은 건, 뒤처진 성적과 솟구친 체격, 그리고 성격뿐이었다. 그녀는 결국 직업계고를 '선택'했다. 하지만 이를 선택이라 말할 수 있을까.

은주 아버지는 딸의 학창 시절을 이렇게 기억했다.

"은주는 한 번도 자기가 먼저 상대를 건드린 적은 없다고 했어요. 우리 딸이 선수 생활을 하지 않았습니까. 그러다 보니 체격이 엄청 커요. 그래서 가만히 있는데도, 소문을 듣고는 시비를 붙으러 오는 경우가 많았대요. 친구들이 누군가에게 맞았다는 이야기를 들으면 곧바로 때린 아이를 찾아가 혼내 주기도 했고요."

그런 일련의 행동들이 쌓이면서 은주는 소위 말하는 '일진'이 되어 갔다. 학교에서는 누구도 그녀를 건드릴 수 없었다. 그랬던 그녀가 회사에서 또래 친구와 싸운 뒤 자존심에 상처를 받고 자살을 택한 것일까?

나는 어쩌면 그녀의 죽음이 그녀를 재활교육센터까지 몰고 간 그 '싸움' 때문일지 모른다는 생각이 들었다. 학교에서는 문제가 생기면 주먹으로 해결해 왔고 아무도 건드릴 수 없는 강자의 위치에 있던 열여덟 소녀가 태어나서 처음 접한 사회는 달랐다. 법이 주먹보다 셌고, 자신을 둘러싼 관계들은 학창 시절과는 비할 수 없이 복잡해 보였을 것이다. 그것이 은주를 옥죈 건 아닐까.

동갑인 회사 선배와의 폭력 사태 후 현실은 더욱 녹록치 않았다. 그 사건으로 그녀는 법정에 서야 했고, 이후 법원에서 운영하는 청소년 재활교육센터에서 나흘간 교육을 받아야 했다. 학교 선생에게 좀 혼이 나고 아버지가 합의금을 내고 사과하는 선에서 정리됐던 그때와는 영 딴판이었다. 은주에겐 접해 보지 못한 '세상'이었다. 그 속에서 은주는 혼란스러울 수밖에 없었으리라. 만약 자신이 속한 '세상'이 마음에 들지 않는다면 어떻게 해야 할까. 포기해 버릴 수도 있었겠지만 은주는 그런 선택을 하지 않았다. 대신 '세상'에 자신을 맞추기로 했다.

은주는 회사에서 할당해 준 인터넷 연계 상품을 많이 팔아 '상품 판매왕'으로 등극할 정도였다. 자기 페이스북에 광고글까지 올릴 정도로 은주는 전력을 다해 뛰었다. 그렇게까지 열심이던 그녀가 무너진 이유는 무엇일까? 그저 한순간 자기 앞을 가로막아 선 '장애물'을 피하지 못한 것일까. 그냥 도망쳐 버리면 어땠을까. 자존심 때문이었을까. 그렇게 도망친다면 자신의 잘못을, 그리고 패배를 인정하는 꼴이라고 생각했을까. 그래서 그녀는 인생의 처음이자 마지막으로 '선택'이란 걸 한 것일까. 그런 생각도 해본다. 설사 그 장애물을 넘어 이 세상에 겨우 적응했다면 과연 그녀는 잘살았을까. 그 장애물을 넘었다면 행복한 삶이 그녀를 기다리고 있었을까.

은주 아버지도 딸의 죽음을 이해할 수 없기는 마찬가지였다. 은주는 2016년 9월 초순부터 LG유플러스 협력회사인 LB휴넷에서 콜센터 현장실습생으로 근무했다. 돈을 벌다가 야간대학을 가겠다며 선택한 길이었다. LB휴넷은 전북 지역 LG유플러스 고객센터 업무를 하청 받아 대행하는 회사다.

딸의 얼굴이 어두워지기 시작한 무렵도 그즈음이었다. 회사와 관련해서는 일절 입을 열지 않던 딸이지만 아버지도 느끼는 게 있었다. 스트레스가 심각하다고 느낀 건 2016년 10월부터였다. 어느 날 경찰에서 연락이 왔다.

"따님이 전북대병원에 입원해 있습니다. 어서 오셔야 할 것 같습니다."

당시 은주는 친구들과 술을 먹은 뒤, 혼자 여관방을 잡았다. 그러고는 여관방을 나와 인근 편의점으로 향했다. 술이 덜 깬 상태였다.

"혹시 여기 부탄가스나 연탄 있나요?"

편의점 직원이 늦은 밤, 그것도 술이 취한 상태에서 혼자 부탄가스를 찾는 여자를 이상하게 여긴 것은 당연했다.

"여긴 그런 거 안 팔아요."

은주는 여관으로 돌아갔다. 그런데 계산대에 실수로 여관 키를 놓고 갔다. 은주의 행동을 수상히 여긴 편의점 직원은 키를 발견하고 경찰에 신고했다.

"여기 방금 술 취한 여성 한 분이 부탄가스랑 연탄이 있는지를 물어봤는데, 아무래도 느낌이 이상해요. 실수로 이 분이 여관 키를 두고 갔거든요. 혹시나 이상한 마음을 품은 게 아닌가 해서요."

곧바로 여관으로 출동한 경찰은 목욕탕에서 손목을 칼로 그은 은주를 발견했다. 은주는 병원으로 옮겨졌고 아버지도 연락을 받고 달려왔다. 손목에 붕대를 감고 누운 딸을 보고 있노라니 아버지는 가슴이 먹먹해졌다.

다음 날 딸에게 조용히 이유를 물었지만 대화는 이어지지 않았다. 그때도 대답은 비슷했다.

"회사 일 때문에 속상해서 그러니 묻지 마."

대체 회사에서 무슨 일이 있기에 이렇게까지 하는지 답답할 따름이었다. 묻고 싶은 것은 많았지만, 굳게 입을 다문 딸 앞에서 아버지는 가슴만 쓸어내릴 뿐이었다. 병원에 가서 심리 치료를 받자고 했으나 딸은 고개를 저었다.

"앞으로는 이러지 않을게."

회사에 분명 무슨 일이 있다고 생각했지만 아버지는 지켜보는 수밖에 없었다. 이후 딸은 아무 일도 없었다는 듯이 회사를 다녔다. 아버지는 딸이 말하지 못했던 문제가 해결됐거니 싶었다.

아버지가 은주의 상황을 눈치 채기 시작한 건, 은주가 일한 지 3개월이 지난 2016년 12월부터였다. 정해진 퇴근 시간은 5시 30분이었지만 이를 맞춘 경우는 거의 없었다. 전에는 하지도 않던 회의를 한다며 늦기 일쑤였다. 어느 날은 "콜 수를 못 채웠다"며 야근을 하기도 했다. 상담사인지라 회사에서 정해진 전화 상담 건수가 있겠거니 싶었다. 시간이 지나면서 딸의 성격도 거칠어졌다. 퇴근 후 집에 와서 짜증내는 횟수가 점차 늘어 갔다. 아버지는 딸을 붙잡고 다그쳐 보기도 했다.

"대체 왜 그러는 거야? 어? 자꾸 짜증만 내고, 대체 무슨 일이 있는 거야?"

그제야 딸이 입을 열었다.

"진상 손님은 그래도 참을 수 있겠는데, 다른 사람들 다 있는 자리에서 상사가 '너는 왜 그렇게 방어(SAVE)를 못 하느냐' 그러잖아. 그럴 땐 정말 참기 힘들어."

아버지는 가슴이 아팠다. 그 사이 딸과 함께 현장실습생으로 입사한 애들 중 상당수는 이미 일을 그만둔 상태였다. 15명이 은주와 함께 회사에 들어왔지만, 은주를 제외하고 남은 친구는 단 한 명뿐이었다. 아버지도 주변에서 듣는 이야기가 있었다. 친구의 딸도 은주와 같은 회사에서 일한 적이 있었는데, 수습 기간이 끝나고 정식 직원이 되었는데도 곧바로 그만뒀다고 했다.

"은주도 오래 못 버틸 거예요. 거기 너무 힘들고 스트레스가 심해요."

아버지는 딸의 죽음이 회사 업무 때문이라는 생각을 떨칠 수가 없다.

꿈에 나타나면 '너 왜 그랬니?' 한 번 묻고 싶어요. 아빠 생각하면 그렇게 극단적인 생각은 못 할 텐데…… 그놈이 돈 얼마만 통장에 쏴달라고 하면 군말 없이 바로 넣어 줬어요. 저녁 때 피곤하다고 데리러 오라고 하면 누워 있다가도 벌떡 일어나서 갔어요. 그런데 지가 어떻게 나한테 이럴 수 있어요? 그렇게 모진 일을 벌일 때, 아빠 생각을 한 번이라도 했으면 그러지 못했을 텐데……

딸을 가슴에 묻은 아버지는 했던 말을 하고 또 하다 어느새 눈시울이 붉어졌다.

∧∨∧

나는 그녀가 일하던 콜센터를 찾아가 보았다. 근무 조건이 어땠는지 직접 보고 싶었다. 콜센터는 전주시청에서 불과 20미터 떨어진 도심 한가운데 있었다. 번듯한 외관의 신식 초고층 건물에 위치한 사무실이었다.

건물 현관문을 열고 경비원을 지나치면 은주가 일했던 사무실까지 올라가는 엘리베이터가 보인다. 이를 타고 꼭대기 층인 17층 버튼을 누르면, 10초도 안 돼 그녀가 일하던 사무실에 당도한다. '땡'하고 엘리베이터 문이 열리고 나면 사무실 자동문이 눈에 들어온다. 이 문은 사원 카드가 없으면 열 수 없다. 나는 다른 직원들이 들어가는 순간을 틈타 슬쩍 사무실에 발을 붙일 수 있었다.

직사각형 모양의 사무실 내부에는 상담사 자리가 네 자리씩 끝까지 도열해 있다. 사무실 한쪽 끝에서 다른 끝까지는 축구를 할 수 있을 만큼 길어 보인다. 회색의 파티션 안에 갇힌 듯 들어앉은 사람들은 대부분 헤드셋을 쓰고 전화기를 붙잡고 있다. 그렇게 공간을 가득 채운 책상들 한가운데 빈 자리가 보였다. 은주 자리였다. 은주는 여기서 뭘 보았을까?

그들을 둘러싼 사무실 벽면에는 대형 현수막이 곳곳에 걸려 있다. 대부분이 고객과 상담할 때 갖춰야 할 태도를 각인시키는 문구들이다.

"경청과 배려가 살아 숨 쉬는 즐거운 직장으로 고객 관점 상담"

"일등 DNA로 무장한 강한 홈 CVC(고객상담센터)"

사무실 출입구에는 드라마 〈피고인〉을 패러디한 "추천인"이라는 제목의 선전지가 붙어 있다. 새로 일할 사람을 데려오는 직원에게 한 명당 25만 원을 준다고 한다. 그 출입구 옆에는 상담 노동자들이 잘 보이도록 '해지 등록률' 순위표를 게시해 놓았다. 해지 등록률을 전주 상담센터 내 팀별로, 그리고 전국 센터별로 집계한 순위표다.

근무시간은 오전 9시부터 오후 6시. 하지만 출근은 오전 8시 20분까지 해야 한다. 조회도 해야 하고 8시 55분부터는 책상에 앉아 전화를 기다리고 있어야 하기 때문이다.

"친절히 모시겠습니다."

"무엇을 도와드릴까요?"

9시 정각이 되면 사무실 곳곳에서 인사말이 쏟아진다. 파티션 사이에 갇힌, 1미터도 안 되는 그녀의 책상 위에는 모니터와 전화, 헤드셋이 놓여 있다. 오른쪽 파티션에는 주의할 점, 지켜야 할 점 등이 적힌 포스트잇이 빼곡히 붙어 있다. 쉬는 시간은 따로 없고 편히 쉴 수 있는 시간은 교대로 주어지는 점심시간 한 시간이다.

"너 이번 달에 TV 몇 개 했냐?"

"몇 개 못했어."

"너 그러면서 지난달에도 판매 상위권이었잖아."

점심시간에도 상담사들끼리 이번 달에 TV 몇 대를 팔았는지, 자신에게 떨어진 할당량을 어떻게 소화해 낼지 이야기들이다.

"그러니깐, 주요 타깃을 중장년층으로 잡아야 해. 그들이 어차피 집에 TV를 사니까. 요즘 젊은 애들이 누가 TV를 사니? 다들 휴대전화로 보지. 중장년층에게 살갑게 전화해서 '아버님, 어머님' 하는 게 기본이야. 대화할 때는 절대 해선 안 되는 말이 '안 돼요' '없어요' '몰라요'야. 그런 말은 절대 하면 안 돼. 뭐든 원하는 건 다 해준다고 해야 해. 그래야 상품을 팔 수 있다니깐."

점심시간을 제외하고 쉬는 시간은 없다. 눈치껏 쉬는 수밖에 없다. 화장실을 가거나 자리를 비울 경우, 무조건 팀장에게 메신저로 보고를 해야 한다. 그렇게 하고 자리를 비워도 빈자리가 뭉텅이로 발견되면 어김없이 팀장의 불호령이 떨어지기 일쑤다.

"다들 뭐하는 거야? 콜 안 받아? 가뜩이나 콜 수 없어서 걱정인데 일 이렇게 할 거야?"

팀장은 전 직원에게 온라인 메시지를 전송한다. 자리에 앉아 있다 그걸 본 직원들은 자리를 뜰 수 없고, 자리를 비웠다 돌아와 나중에 그 메시지를 발견한 직원들은 이내 마음이 불편해진다. 이런 식으로 그나마 숨 쉴 수 있는 잠깐의 시간도 점점 줄어 간다.

일을 하면서 가장 고달픈 부분은 '진상' 고객의 욕설이다. 욕하고 소리 지르는 것은 기본. 문의한 내용을 자세히 설명해도 화가 난 고객의 육두문자가 쏟아진다.

"이게 죽을라고 환장했나. 네가 뭔데 안 된다는 거냐? 나랑 장난하자는 거야?"

"너 아까 내 이야기 다 안 듣고 전화 끊었지? 나 지금 너네 상담센터 앞에 와있거든. 쳐들어가기 전에 내가 이야기한 거 해결해. 해결 안 하면, 나 10분 내로 들어간다. 너 죽고 나 죽고야."

거짓 협박이라고는 생각하지만, 행여 찾아와 해코지를 하면 어쩌나 두려운 생각이 드는 건 어쩔 수 없다. 그렇게 '목숨'을 위협받는 상황에서도 전화는 계속 받아야 한다. 한 시간당 채워야 하는 콜 수 때문이다. 이를 채우지 못하면 점심시간이 줄어들거나 퇴근 시간이 늦어질 수밖에 없다. 고객과의 통화 시간이 얼마나 걸렸는지는 중요치 않다. 콜 수는 오로지 고객으로부터 받은 전화 수로만 계산된다.

그렇다고 고객을 함부로 대할 수도 없다. 관리자들이 고객과 나눈 대화 내용을 녹음해 무작위로 검사한 뒤, 평가 점수에 반영하기 때문이다. 고객과의 통화에서는 늘 두 가지를 기억해야 한다. "무슨 일이 있어도 친절할 것! 빨리 끊을 것!"

∧∨∧

은주는 세이브 부서, 즉 해지를 요청하는 고객을 담당하는 부서에 속해 있었다. 내부에서는 해지 '방어' 부서라고도 부른다. 해지 요청을 단순히 처리해 주는 게 목적이 아니라 실은 그것을 막는 데 목적이 있기 때문이다.

회사 측은 은주가 죽은 뒤, 어린 학생을, 그것도 현장실습생 신분의 학생을 해지 부서에 보낸 걸 두고 많은 비판을 받았다. 회사 측은 은주가 해지 부서에 근무한 것은 "가고 싶은 부서 1지망"으로 본인이 선택했기 때문이라고 해명했지만 이를 믿는 이는 거의 없었다.

사실 그녀가 일하던 곳까지 가보았지만, 정확히 무슨 일을, 어떻게 했는지는 좀처럼 와닿지 않았다. 수소문을 해도 정확히 '세이브 부서'를 설명해 주는 사람을 찾을 수 없었다.

나는 하는 수 없이 부족한 상태로 기사를 연재하기 시작했다. 바로 그때 나타난 것이 은주와 같은 전화 상담사 일을 했던 김영희 씨(32)였다. 그녀는 은주가 저수지에 몸을 던졌다는 뉴스를 보고는 한참을 울었다고 했다. 전화기 너머로 들려오는 그녀의 목소리는 떨리고 있었다.

김 씨는 3년간 LG유플러스 ○○지역 고객센터에서 상담사로 일하며 주임 자리까지 올랐다. 그러나 얼마 전 퇴사했다. 사회생활을 오래 해온(김 씨는 LG유플러스에 오기 전 SK텔레콤 등에서 5년간 상담사 일을 했었다. 거기선 LG유플러스만큼 성과를 강요하는 분위기는 아니었다고 한다) 김 씨에게도 업무 강도나 위에서 내려오는 압박은 견디기 힘든 것이었다.

자살하고 싶다는 생각도 많이 했어요. 마지막에 퇴사할 때는 이러다 내가 죽을 수도 있겠구나 싶었어요. 그런데 이렇게 죽고 싶다는 생각이 들 정도까지 회사에 다녀야 하나 생각하니 억울하더군요. 그때 그만두기로 결심했죠. 저도 사실 죽은 그 아이와 같은 상황이었던 것 같아요.

그녀는 "대부분이 입사한 뒤, 회사 분위기나 업무 강도를 못 이기고 그만둔다. 내적으로나 외적으로나 스트레스를 많이 받는다"면서 그중에서도 세이브팀이 스트레스가 가장 심하다고 했다.

기본적으로 세이브팀에 전화하는 고객은 불만이 있는 사람들이에요. 가격, 서비스, 직원의 불친절 등 이유는 가지가지죠. 그런 분들을 응대하려면 경험이 많아야 해요. 생각해 보세요. 불만을 품고 해지하려고 전화한 사람을 설득해서 다시 사용하도록 마음을 돌려놓는 거잖아요. 현장교육도 제대로 받지 못한 학생이 할 수 있는 일이 아니에요. 세이브팀 일은 경력자가 해요.

김 씨는 적어도 자기가 일했던 센터에서는 고3 현장실습생을 세이브팀에 보내지 않는다고 했다. 워낙 힘든 일이라 초심자에게는 맡기지 않고 내부에서 최소 1년 이상 경력자 가운데, 센터장 등의 면접을 거친 사람만 세이브팀에 배정됐다. 은주가 세이브팀에서 일한 점이 김 씨는 무척 의아하다고 했다.

김 씨가 있던 곳에도 현장실습생은 매달 15명 정도가 입사했다. 한 달에 두 기수가 들어와 30여 명이 입사할 때도 있었다. 하지만 그렇게 들어와도 1년이 지나면 남는 아이들은 열 명도 안 됐다. 그리고 2년이 되면 셋, 3년이 되면 한 명도 남아 있기 힘들었다. 워낙 자주 사람이 나가다 보니 퇴사하려면 45일 전에 회사에 통보해야 한다는 규정까지 생겼다.

상담사에게 가해지는 압박의 형태는 다양했다. 연차, 그리고 일하는 능력에 따라 목표량이 달랐다. 예를 들어 판매팀의 경우, 인터넷이나 휴대전화를 팔아야 했다. 이 판매 수치는 개개인의 연차, 월차, 그리고 능력에 따라 부여된다. 연차가 높을수록, 즉 숙련된 직원일수록 높은 목표치를 부여한다. 여기서 끝이 아니다. 만약 하루 목표량으로 정해진 콜 수가 10이라고 하면 10을 다 받는 사람도 있고 아닌 사람도 있을 것이다. 이런 성과에 따라 목표량은 수시로 증가한다. 물론, 목표치에 미달해도 기존 목표치는 떨어지지 않는다.

목표치를 정해 놓아도 무시하면 되는 게 아닌가 생각할지도 모르지만 그건 팀장의 압박 때문에 어렵다. 개인 자리 칸막이에는 전날 자신이 달성한 수치, 그리고 오늘 달성해야 하는 목표치가 붙어 있다. 이 수치는 매일 업데이트된다. 팀장이 매일 이 수치들을 팀원들에게 내려 준다. 게다가 업무 시간에는 수시로 메신저로 실시간 순위표를 팀원들에게 보낸다. 여기에는 사람 이름과 목표치, 그리고 달성률 등이 적혀 있다. 그날 달성률이 꼴지인 직원의 경우, 이름에 빨간색 표시를 하거나 그 사람 이름만 큰 글씨로 순위표에 써서 보낸다. 공개적인 망신 주기인 셈이다.

팀장이 이렇게까지 하는 이유는 팀장도 실적에 압박을 느끼기 때문이다. 개개인의 실적도 중요하지만 팀의 실적도 중요하다. 지역 센터별, 그리고 센터 내 팀별로도 실적을 내야 한다. 그러니 개개인을 압박할 수밖에 없다.

세이브팀은 받는 콜 수도 중요하지만 그보다는 해지하려는 고객의 마음을 돌리는 게 더 중요하다. 일명 방어율이라고 한다. 10명의 콜을 받아서 이 가운데 9명의 마음을 돌려 해지를 막는다면 이 직원의 해지 방어율은 90%, 해지 등록률은 10%가 된다. 세이브팀은 이런 해지 등록률의 목표치를 정해 놓고 압박을 가한다. 이 역시 개인별, 팀별로 목표치가 있다. 거기다 의무적으로 팔아야 하는 상품까지 할당된다. 예를 들어, 인터넷 결합 상품으로 TV를 저가에 팔고, 대신 약정 기간을 두어 마진을 남기는 구조다.

만약 목표치를 달성하지 못할 경우에는 불이익을 준다. 목표 해지 등록률에 얼마만큼 도달했느냐에 따라 S-A-B-C로 등급이 나눠지고 이는 월급으로 직결된다. 등급에 따라 월급을 차등해서 준다는 이야기다.

이런 무한경쟁 속에서 현장실습생들이 교육은 제대로 받고 있는 걸까. 김 씨는 "이론상으로는 교육을 받는다"고 했다. 고객 응대 매뉴얼 같은 '이론'을 배운다는 것이다. 회사에서는 실습생들에게 이런 매뉴얼을 외우도록 하고 고객이 어떤 질문을 했을 때 어떤 대답을 해야 하는지 등을 가르친다.

하지만 정작 현장실습생에게 실습은 없다. 직접 상담사가 일하는 것을 보면서 그들의 노하우를 배우는 게 가장 효과적이겠지만 곧바로 실전에 투입돼 고객과 부딪친다. 실전 노하우가 없기 때문에 시행착오도 많다. 한마디로 욕먹으면서 일을 배워야 한다.

김 씨가 다니던 센터에서 현장실습생들은 세이브 부서가 아닌 일반 부서에서 일했다. 하지만 그들도 많이 힘들어했다. 친구들과 단절될 뿐만 아니라, 늘 경쟁적인 회사 분위기 속에서 쉬는 시간도 거의 없었다. 대부분은 옆 사람과 대화조차 못한다.

우리 일 얘기는 누구한테도 잘 못해요. 같은 일을 하지 않는 이상 알 수가 없잖아요. 촘촘하게 나눠져 있는 성과제, 등급제 같은 걸 누가 알아들을 수 있겠어요? 또래 친구들도 마찬가지예요. 친구들이 상담사 업무를 어떻게 알겠어요? 결국 우리의 고충을 털어놓을 수 있는 데는 회사 사람들뿐인데, 그러기도 힘들어요. 함께 현장실습하는 친구들이라 해도 각자 입장이 있고 경쟁이 있지 않겠어요? 엘리베이터에서 만나도 쉽게 말 한마디 걸기 어려운 분위기예요. 업무 시간에는 휴대전화를 치워 놔야 하기 때문에 개인적으로 카톡도 못해요. 그러니 애들이 버틸 재간이 없죠.

신입의 휴식 시간은 선임들의 휴식 시간에 달려 있다. 선임일수록 휴식 시간을 보장받고 밑으로 내려갈수록 쉴 수 있는 시간은 줄어든다. 신입은 마음 편히 화장실도 못 간다.

"고객님, 제가 급해서 화장실 좀 다녀올게요. 이렇게 말할 순 없잖아요."

사실 이곳에서 일하는 현장실습생들의 임금은 또래 친구들보다 높은 편이다. 이곳에서 받는 기본급은 130만 원 정도지만 할당된 상품을 팔고 콜 수를 추가로 더 받으면 인센티브가 지급된다. 10대들에게는 한 달에 130만 원도 큰돈으로 느껴지는데, 거기서 플러스알파를 벌 수 있는 것이다.

게다가 지방도시에서 서비스업, 즉 사무실에서 일할 수 있는 직업은 그다지 많지 않다. 대부분이 중소 공장으로 빠진다. 그나마도 최저임금을 주면 다행이다. 대부분이 한 달 100만 원도 못 받는 게 현실이다. 아이들 입장에서는 '공돌이' '공순이'가 되고 싶지는 않기에 콜센터 같은 업종은 선망업종으로 분류된다.

"그래서 이런 데로 학생들이 자꾸 들어와요. 하지만 대부분은 1년도 못 버티고 퇴사하지요."

∧∨∧

"여고생의 죽음은 안타깝게 생각한다. 하지만 6시 이후 연장 근무, 그리고 부당한 지시(TV 판매 등)나 목표(콜 수) 할당은 강요하지 않았다."

LG유플러스 협력회사 LB휴넷은 은주의 죽음이 언론에 오르내리자 회사와는 관계없는 일이라고 선을 그었다. 그러면서도 회사는 내부적으로 직원들 입단속을 하는 동시에 사무실 입구에 세워 둔 목표치를 수치화한 팻말을 소리 소문 없이 치워 버렸다. 회사 간부는 직원들에게 다음과 같은 내용을 전달했다.

홍은주 상담사는 원래 가정불화 및 자해 이력이 있고 언제든 죽을 애였다. 그리고 평일에 그런(자살한) 것도 아니고 주말에 그런 거다. 유가족 측에서 산재 처리를 원했으나 수용되지 않자 기자들을 동원하고 있다. 휴식 시간이나 화장실 갈 때나 회사에선 늘 입조심하라.

회사의 해명과 달리 은주 아버지가 딸과 주고받았던 문자를 보면 은주는 오후 6시 이후에도 연장 근무를 자주 했다. 나는 은주와 같은 공간에서 일한 직원들의 이야기를 들어 보고 싶었다. 하지만 쉽지 않았다. 행여 자신에게 피해가 올까 봐 몸을 사렸다. 그러던 직원들의 태도가 변한 건, 회사의 해명이 발표되면서부터였다. 현직 상담사들이 나서서 이야기하기 시작했다. 자기 신분이 노출될 우려에도 불구하고 은주와 같은 곳에서 일했던 현직 상담사 A씨가 제보해 온 이유도 이런 회사의 거짓 해명과 흑색선전 때문이었다.

우선 A씨는 구조 자체가 연장 근무를 할 수밖에 없는 구조라고 했다. 퇴근 시간이 오후 6시로 돼 있지만 여건상 그렇게 퇴근하기는 매우 어렵다.

퇴근을 제때 못하는 이유는 업무 시간 안에 할당 콜 수를 못 채우면 안 되기 때문이에요. 업무 시간에는 걸려 오는 민원 상담 전화를 받기 바빠요. 그리고 이런 상담 전화는 각자 하루 몇 통을 받아야 한다고 정해져 있어요. 그러다 보니 시간이 오래 걸리는 민원 전화는 추후 전화를 하겠다고 예약을 잡아요. 퇴근 시간 이후 업무는 이런 고객들에게 전화를 하는 게 주를 이루죠. 물론 이외에도 업무 시간에 하지 못한 민원 처리 업무도 해야 해요.

게다가 팀장은 팀원들이 이런 모든 업무 처리를 마칠 때까지 남아서 제대로 진행됐는지 확인을 한다. 문제는 이런 업무들이 연장 근무로 간주되지 않는다는 점이다. 낮에 처리해야 할 일을 저녁으로 미뤄서 처리하는 것이라 보기 때문이다. 물론, 법적으로 이는 연장근무다. 하지만 어느 누구도 연장근무 수당을 신청하지 않는다. 조직 분위기상 자기 능력이 부족해 저녁까지 일하는 식이 되기 때문이다.

회사는 시스템상 업무 시간 외에는 컴퓨터 시스템을 꺼놓기 때문에 전화 업무를 할 수 없다고 해명했다. 하지만 상담사들은 로그오프된 상태에서도 할 수 있는 일들, 그러니까 낮에 상담한 내용들의 처리 여부를 점검하고 보고서를 작성하는 등의 업무들을 하고 있었다.

상담사들이 이렇게까지 일처리를 하는 이유는 급여 때문이다. 할당된 콜 수를 채우지 못하면 미달한 비율만큼 급여에서 삭감됐다. 그런데 회사는 이를 자발적 근무로 보고 연장 근무 수당을 주지 않고 있었다. 자살한 은주도 회사 근무 기록상으로는 일하는 동안 단 한 차례도 시간외근무를 한 적이 없었다. 회사는 이를 근거로 은주가 저녁에 근무한 적이 없다고 주장했다.

그렇다면 업무 시간에 할당된 콜 수를 채우지 못하는 이유는 뭘까? 단순히 상담사의 능력이 부족해서일까? 할당 콜 수는 팀과 개인 근속에 따라 달라진다. 은주와 같은 곳에서 근무한 B씨에 따르면, 상담사들의 시간은 엄격히 관리되고 있었다.

팀장, 실장, 센터장의 PC에서는 실시간으로 상담사 통화 시간, 고객 대기시간과 대기 숫자 등과 관련한 모든 모니터링이 가능해요. 상담사에게는 상담 통화 종료 후 '후처리'라는 시간이 있어요. 말 그대로 고객이 요청한 내용을 처리하는 시간인데요. 이 시간이 10초만 지나도 팀장한테서 지적이 들어와요. '고객

대기가 있으니 걸려 온 전화부터 받아'라고 하죠. 그러면 시간이 오래 걸리는 일은 뒤로 미뤄 두고 걸려 온 전화를 처리할 수밖에 없어요.

그렇게 일이 뒤로 밀리면서 자연히 퇴근 시간 후에도 일을 해야 하는 구조가 된다. 게다가 업무 시간 이후에는 '교육'이라는 게 있었다.

팀장은 자기 팀 실적이나 자기 팀 소속 상담사의 실적이 좋지 않으면 업무 시간 이후에 교육을 시켜요. 녹음된 자기 응대 콜을 듣고 스크립트(받아쓰기)를 하도록 하는 거죠. 이게 정말 힘들어요. 말한 거를 그대로 받아쓴다는 게 쉽나요. 어떨 때는 이걸 하느라 저녁 9시까지 퇴근을 못 해요.

A씨도 이에 동의했다.

오늘 영업 잘한 사람이 있다고 하면 이 사람 녹취 내용을 들어 보라면서 전달할 때가 많아요. 그러면 이 녹취 파일을 들으면서 어떻게 상담했는지 공부를 해야 해요. 그런데 업무 시간에 이거를 어떻게 해요? 밀린 전화 받기도 바쁜데 말이죠. 업무 시간 이후에 할 수밖에요.

하지만 이 역시 근무시간에 포함되지 않는다. B씨는 "시간외근무 수당을 받는 경우는 신규 상품 교육, 성희롱 교육 정도로 아주 희박하다. 그 외에는 시간외근무 수당을 신청하지 못한다"고 밝혔다. 근무시간 외 전화 업무, 교육 등을 이유로 추가 근무 수당을 신청할 경우, 왜 그런 것을 신청하느냐는 지적이 돌아온다고 했다.

LG유플러스 고객센터는 한 달에 한 번 '우리 식구 만나기'라는 행사가 있어요. 그달의 MVP, 우수팀에 시상을 하고 센터장, 전무 인사말을 하는 행사예요. 이를 위해 직원들은 오전 8시까지 회사에 나와야 해요. 하지만 이 행사마저 'OT 수당' 신청은 불가능해요. 이번 달은 은주 사건으로 취소되긴 했어요.

반면, 업무 시간은 철저히 준수해야 한다.

업무 시작 시간 3분 전에는 고객 전산 프로그램에 무조건 로그인해야 해요. 점심시간 이후에도 마찬가지예요. 만약 그 시간 내에 로그인 안 할 경우, 곧바로 위에서 지적이 들어와요. 고객과의 통화 전 시간, 그러니까 대기시간이 길다는 것도 피드백이 들어오는데 말 다했죠. 게다가 하루에 많으면 두 번 갖는 휴식시간에 대해서도 제지가 들어와요. 팀장이 수시로 팀 전체창에 메시지를 보내거든요. 여기에 팀원 모두가 대답을 해야 하는데, 10분 내로 답하지 않으면 피드백이 돌아와요. '○○, 자리 비우고 어디 갔냐' 이렇게요. '하루 휴식 시간 20분 이상 사용 금지' 지시를 내린 부서도 있어요.

B씨는 "몇 년 전 LG유플러스 고객센터에서 일하던 분이 자살하면서 고발성 유서를 남겼지만 개선된 건 극히 드물다"며 "그나마 개선된 사항(시간외근무 금지)도 제대로 시행되지 않고 있다"고 지적했다.

〰〰〰

B씨의 말처럼 은주의 사고가 있기 3년 전에도 그녀와 똑같은 죽음이 있었다. 은주와 같은 LG유플러스 전주 상담센터 세이브팀에서 일하던 상담사

였다. 그가 노동부에 보내려 한 진정서에는 상담사들이 어떤 근무 여건에
서 일하고 있는지가 잘 나타나 있다.

노동부에 고발합니다. 내용을 보시고 미래부, 방통위에도 접수 부탁드립니다.
하기 내용은 비단 이 회사뿐 아니라 많은 인터넷 고객센터에 해당될 겁니다. 전
주시 덕진구 서노소동 대우빌딩 15~17층에서 근무 중인 LGU+의 고객센터 이
야기입니다.

　수많은 인력의 노동 착취뿐만 아니라 정상적인 금액 지급도 이루어지지 않
았습니다. 직원이 퇴직을 하면 퇴직 한 달의 인센티브를 지급하지 않는 방법으
로 돈을 많이 챙기고 있습니다. 예를 들어 8월 근무 실적급이 10월 급여에 포함
되어 들어오는데 8월 말일에 퇴직시 9월에 기본급만 지급해 줄 뿐 10월에 전혀
지급된 금액이 없습니다. 퇴직하는 모든 직원이 이렇습니다.

　부당한 노동 착취 및 수당 미지급 역시 어마어마합니다. 한 번은 노동부에서
설문조사 나온다고 하니 미리 예상 질문과 답변을 다 짜서 직원들 교육도 시키
더군요. 해당 회사의 정규 근무시간은 09~18시입니다. 허나 상담 직원들의 평
균 퇴근 시간은 19시30분~20시 …… 늦게는 22시에 퇴근하는 경우도 있습니
다. 이렇게 되면 추가 근무 수당이 지급되어야 하나 절대 지급하는 일이 없습니
다. 문제는 과도한 상품 판매인데 고객센터에 단순 문의하는 고객들에게 전화
(070인터넷전화), IPTV, 맘카(홈CCTV) 등의 상품 판매를 강요하고 목표 건수를
채우지 못하면 퇴근을 하지 못합니다. 목표 건수 역시 회사에서 강제로 정한 내
용입니다. 입사설명회 당시에는 추가 근무 수당을 지급해 준다고 계약서에 써
있으나 이행이 되지 않습니다. 이 내용은 모든 부서에 해당됩니다.

　세이브라는 부서는 고객들한테는 해지 부서이나 내부에서는 해지 방어 부
서입니다. 고객은 해지를 희망하나 상담사는 해지를 많이 해줄 경우 윗사람으

로부터 질타를 받습니다. 해지 부서는 월~금요일까지만 근무합니다. 토요일까지 출근해서 불필요한 해지를 진행할 필요가 없다는 이유에서입니다. 상담사들이 해지를 많이 했을 경우, 토요일에 강제 출근을 시키지만 추가 근무 수당은 역시 지급되지 않습니다.

여긴 고객센터가 아니라 거대한 영업 조직입니다. 가입실은 휴대폰이나 070전화(핫라인)를 통해 녹취를 남기지 않고 가입을 시켜도 쉬쉬할 뿐 제재는 없습니다. 어떻게든 가입시키고 보자는 거니까요. 심지어 (상담사가) 개인 휴대폰으로 통화해 터무니없는 상품 금액이나 내용들을 안내하고,(그 말을 믿고 상품을 구매한) 고객은 가입 후, (상담사 안내대로 서비스가 제공되지 않아) 문제를 삼으려 해도 상담사 쪽은 그런 적 없다 발뺌하면 그만입니다. 위에서도 이런 걸 알면서 일단 가입시켰으니 다 눈감고 있습니다. 이로 인한 소비자 피해만 급증하는 거구요. 거대한 사기꾼 같습니다.

상담사들 근무시간은 녹취 뷰어로 확인해 보시면 됩니다. 로그인을 하지 않은 채 로그아웃된 상태로 TM(텔레마케팅)을 진행하니까요. 그래야 근무를 하지 않은 걸로 시스템상 기록되어 로그인 시간으로만 임금을 지급해 줍니다.

세세한 부분까지 들여다보면 고객에게 사기 치는 이 집단의 부조리가 더 많을 겁니다. 철저한 조사와 담당자 처벌, 진상 규명 부탁드립니다. LGU+는 전주센터뿐 아니라 서울에 있는 센터와 부산에 있는 센터, 이 세 곳을 모두 조사해야 합니다. 위 내용이 세 곳의 센터에서 공공연히 이루어지고 있는 내용이니까요.

그는 A4 한 장 분량의 이 진정서를 노동부에 직접 제출하지 못했다. 이 글을 쓴 이 씨(30)는 2014년 10월, 이 글을 쓴 뒤 자신의 승용차 안에서 번개탄을 피워 자살했다.

그는 전주 센터에서 일한 지 3년 6개월 만에 팀장으로 승진할 정도로 능력을 인정받던 사람이었다. 그만큼 죽어라 일한 셈이다. 그런데 자살하기 6개월 전, 서비스에 불만을 품은 소위 '진상' 고객을 응대하다 말실수를 했다. 장장 여섯 시간의 전화 통화 끝에 나온 말실수였다. 고객은 제 일을 하면서 스피커폰으로 통화를 하며 전화를 끊지 않았다.

그래도 실수는 실수였다. 다음 날 이 씨는 고객에게 다시 전화를 걸었다. 하지만 고객은 "직접 찾아와 사과해라. 내 앞에서 무릎 꿇어라"라며 폭언을 퍼부었다.

이 씨는 두 차례나 고객이 사는 대구까지 찾아갔지만, 고객은 그를 만나 주지 않았다. 이후에도 고객의 폭언은 계속됐다.

이 씨 일기장에는 당시 이 씨가 느낀 괴로운 감정이 그대로 담겨 있다.

> **2014년 4월 23일** 내 인격은 없는 것 같다. 내 편도 없다. 너무 외롭다. …… 치욕적인 하루다. 자존심 몽땅 다 버렸다. 난 혼자다. 주위에 아무도 없다.
>
> **2014년 4월 27일** 이 회사를 그만둔다면 과연 앞으로 어떻게 살아갈 것인지? …… 내일 출근이 두렵다. 어떤 비난과 결과가 기다리고 있을까.

하지만 회사는 고객 편이었다. 센터는 3개월 뒤 복귀시킨다며 이 씨를 해고했다. 복직은 6개월 뒤에야 이뤄졌다. 그리고 이 씨는 복귀한 지 일주일 만에 "노동부에 고발합니다"라는 말로 시작하는 이 유서를 남기고 스스로 목숨을 끊었다.

당시 LG유플러스 측은 "안타깝게 생각하고 애도의 뜻을 표한다"면서도 "언론에 보도된 유언장 내용에 이 씨의 업무와 무관한 내용이 있는 등 일부 사실과 다른 부분이 있다"고 해명했다.

이 씨의 아버지로부터 진정서를 접수받은 노동부는 연장근로와 관련해 부당노동행위가 없었는지 조사를 진행했다. 그리고 관련 사건을 검찰에 기소 의견으로 넘겼다. 하지만 검찰은 이 사건을 불기소 처리했다. 2015년 당시 전주지방검찰청은 연장 근무가 회사의 강요에 의해서가 아닌, 인센티브를 받기 위한 자발적 근로라고 판단했다.

나는 은주와 같은 층, 같은 공간에서 일하다 죽은 이 씨의 죽음이 더 알고 싶었다. 이 씨의 아버지 종민 씨도 은주의 죽음을 두고 자기 아들과 "똑같은 일이 벌어졌다"며 답답해했다. 아들이 죽었을 때 문제를 바로잡았다면 은주 같은 여고생이 그렇게 죽지는 않았을 것이라 생각한다.

우리 아들을 괴롭힌 회사 사람들은 지금도 두 발 뻗고 잘 자지 않겠어요? 하지만 저는요. 저는…… 아직 억울하게 죽은 아들 생각에…… 어떻게 잠을 잘 수 있겠어요. 자려고 눕다가도 아들 얼굴이 떠올라 다시 벌떡 일어나요. 눈만 감으면 아들 생각이 나요.

자식을 잃은 아버지는 여전히 가슴에 아들을 품고 있다. 아들이 그렇게 된 게 자기 탓인 것만 같다.

아들이 회사에 다닐 때, 입버릇처럼 매일 그만두고 싶다고 했어요. 하지만 내가 '어느 직장 가면 다른 게 있느냐'며 '견뎌야 한다'고 매일 타일렀어요. 그러면 아들이 '속 편한 소리 한다'면서 빈정거리기도 했는데…… 얼마나 힘들었으면 그런 선택을 했을까. 그 생각을 하면 아직도 눈물이 나요. 난 아들이 그런 줄도 모르고 계속 회사에 다니라고만 했어요. 이런 못난 아빠가 어디 있나요. 그런 사실을 알았더라면 진작 그만두라고 했을 텐데……. 그것만 생각하면 가슴이

미어져요.

　종민 씨는 아들과 함께 살던 전북 익산 집을 떠나 충남 홍성으로 이사
했다. 아들이 있던 도시에서 더는 살 수 없었다. 직장도 그만두고 1년 동안
방황했다. 먹고는 살아야 하기에 얼마 전부터 버스 운전사를 하고 있다. 자
식 잃은 심정을 누가 헤아려 줄까. 종민 씨는 조만간 은주의 아버지를 만나
러 간다고 했다.

2장

누구에게나

이유가 있다

/ 영수가 남긴 의문 /

소년은 빠른 걸음으로 계단을 올랐다. 퇴근 시간이 지난 시각이어서인지 건물 안에는 아무런 인기척도 없었다. 터벅터벅 빈 공간을 빠른 박자로 울리는 발소리는 화가 난 듯했다.

건물 옥상에 오른 소년은 아래를 내려다보았다. 사람들이 보이지 않았다. 그것이 부아를 치밀게 했을까. 소년은 가슴까지 올라오는 난간 벽에 올라서서는 그대로 허공에 몸을 던졌다.

나는 은주가 죽은 2017년, 현장실습 도중 공장 옥상에서 투신한 학생의 소식을 듣게 됐다. 그해 10월, 안산 반월 공단에서 일어난 일이었다. 그는 다행히 살아 있었다.

직업계고 학생들 중에는 직업계고 특별전형으로 전문대에 진학하는 애들이 있다. 그게 아니면 3학년 2학기 때 대부분 취업을 나간다. 이른바 '현장실습'이다. 소년은 ○○공업고등학교 3학년 현장실습생이었다. 무엇이 이 아이의 등을 떠민 걸까. 혹시 은주와 비슷한 상황에 놓여 있던 건 아닐까. 나는 아이가 입원해 있는 병원을 찾았다.

∧∨∧

문영애 씨에게 자식은 박영수 군(18)뿐이다. 아들은 공부를 그다지 잘하지 못했고, 하려는 의지도 없었다. 공부를 계속하는 게 싫다며 직업계고 진학을 희망했다. 영애 씨는 아들이 인문계에 가길 바랐으나 그 고집을 꺾을 재간이 없었다.

공고에서 아들은 화학공업을 전공하면서 화학약품 다루는 법을 배웠다. 2년 반의 생활은 무사히 마쳤다. 그리고 3학년 졸업반 2학기가 시작된 9월 1일, 도금업체에 취업했다. 그런데 일한 지 며칠 만에 '문제아'가 됐다. 업체 사장과 면담한 학교 담임선생은 아들이 회사 분위기를 망치고 직원 사기를 떨어뜨리고 있다고 전해 왔다. 출근한 지 며칠 되지도 않은 실습생 신분의 아들이 그럴 수 있는 걸까. 엄마는 믿기 힘들었다.

담임은 아들의 말버릇이 문제라고 했다. 무슨 뜻인지 잘 이해가 되지 않았다. 아들이 일하기 힘들다고 심하게 툴툴거렸던 걸까. 회사 대표 말로는 아들이 6개월만 일하고 나간다고 했단다. 업체 입장에서는 그렇게 짧게 일하고 나갈 거면 굳이 일을 가르치며 데리고 있을 필요가 없었다. 업체는 담임에게 다른 학생으로 교체해 달라고 문제를 제기했다.

아들의 병력도 문제였다. 초등학교 때부터 뇌전증을 앓아 온 아들은 약을 먹으며 정상적인 생활을 해오고 있었다. 그런데 이것도 문제가 됐다. 엄마는 아들을 돌려보낸다 하더라도 병력이 기록에만 남지 않게 해달라고 했다. 아들의 장래 때문이었다. 병력이 기록에 남는다면 다른 데도 못 갈까 걱정해서였다.

여러 이야기가 오고갔다. 담임이 업체와 이야기한 끝에 업체에서는 아들을 한 달간 지켜보기로 했다. 담임은 아들에게 앞으로 한 달간 잘해야 한다고 당부했다. 그 말을 엄마는 대수롭지 않게 여겼다. 계속 일할 수 있게 된 것으로 만족했다. 그렇게 한 달이 지날 무렵, 업체에서 아들을 불렀다. 이제 그만 나와도 된다고 했다. 이유는 같았다. 한 달을 하루 남겨 놓은 날이었다. 그렇게 아들은 일한 지 한 달 만에 회사에서 쫓겨났다.

'첫 직장인데, 그렇게 쫓겨나다니 …… 얼마나 자존심이 상했을까.'

엄마의 아들 걱정은 다시 시작됐다. 아들은 회사로 가던 발길을 다음

날부터 학교로 돌렸다. 아들은 취업반에 속해 있었기 때문에 학교에서는 정규 수업이 없었다. 대신 인성 교육, 취업 교육 같은 걸 받는다고 했다. 학교생활이 제대로 될 리 없었다. 아들은 게임만 하다 오는 것 같았다.

게다가 학교에서는 복교한 아들에게 '눈치'를 주는 것 같았다. 주변 얘기를 들어 보니 직업계고에서는 현장실습 나갔다 복교한 학생을 "문제아로 낙인찍고, 죄지은 사람처럼 몰아간다"고 했다. 아들도 그런 대우를 받는 게 아닐까 걱정이었다.

이대로 간다면 아들이 과연 사회에서 제 몫을 다하며 살 수 있을까도 걱정됐다. 재학 중에 취업하지 않으면 딱히 할 수 있는 일이 없어 보였다. 대학을 가려 해도 이미 지원 시기도 놓쳤고 공부할 능력도 안 됐다. 학교에서 매일 그렇게 지낼 수만은 없는 노릇 아닌가. 엄마는 학교에 아들이 다시 현장실습을 할 수 있게 해달라고 애원했다. 하지만 학교는 이미 시기를 놓쳐 쉽지 않은 일이라 했다.

하지만 다행히도 학교는 또 다른 업체를 연결해 주었다. 플라스틱 제조 업체였다. 회사 분위기도 좋고 환경도 깨끗하다고 했다. 엄마는 학교를 믿었다.

그렇게 아들이 새로 일을 시작한 지 8일째 되던 날이었다. 원래는 정오부터 저녁 8시까지 일을 했는데, 그날은 아침 8시에 출근했다. 급히 나가느라 그랬는지 작업할 때 숙지해야 하는 내용을 적은 수첩을 집에 두고 나갔다. 화학 재료를 조합하는 공식, 순서 등이 적혀 있었다. 엄마는 급히 아들에게 전화해서 "수첩을 두고 갔다"고 알렸지만, 아들은 "늦었다"며 전화를 끊었다.

그게 문제가 됐을까. 그날 오후 6시경 아들은 일하던 공장 건물 옥상 4층에서 뛰어내렸다. 투신 직후 병원으로 옮겨졌으나 다리와 머리 등을 심하게 다쳐 인공호흡기에 의존할 정도로 위중했다.

지난 일주일간 아들은 회사에 대해 별 말이 없었다. 엄마는 영수가 왜 뛰어내렸는지 알 수가 없었다. 투신하기 전 아들과 통화한 담임에 따르면 "문신한 형(선임)이 욕을 했다"며 힘든 점을 토로했다고 했다. 담임은 그런 아들을 다독였다고도 했다.

"한 번 더 참아 봐라. 한 번 더 그러면 (업체를) 찾아가서 이야기할 테니, 한 번 더 참아 봐라."

그러면서 아들에게 주의도 줬다.

"너도 잘못한 게 없는지 한 번 생각해 봐야 해."

하지만 무슨 이유에서인지 아들은 전화를 끊자마자, 건물 옥상으로 올라간 뒤 투신했다.

실은 오전에 문제가 있었다는 이야기도 들었다. 아들이 화학 재료를 섞는 작업을 하다 재료를 잘못 배합했다. 결국 그 재료는 사용하지 못하게 됐고 회사에서는 1000만 원의 손해를 입었다고 했다. 엄마는 자신을 탓했다. '내가 아침에 그 수첩만 잘 챙겨 줬어도 그러지 않았을 텐데.'

엄마는 이미 오전부터 아들의 실수를 두고 심한 모욕성 발언이 이어졌을 거란 생각이 들었다. 아들이 투신한 다음 날, 남편과 업체를 찾았다. 작업장 문이 열리니 페인트 냄새가 코를 찔렀다. 부모는 아들이 이렇게 열악한 곳에서 일하는 줄은 몰랐다. 일하는 노동자들 상당수는 조선족 동포들이었다. 가슴이 답답해졌다. 좋은 회사라고 소개해 준 담임선생이 야속했다.

의식을 며칠 동안 찾지 못하다 겨우 정신을 차린 아들은 머리를 심하게 다쳐서인지 단기 기억상실증 증상을 보였다. 영수는 그때부터 지금(2019년 11월)까지도 재활 치료를 받고 있다. 아직 한쪽 다리가 굽혀지지 않아 걷지도 못하는 상태다.

영애 씨는 아들이 이렇게 된 데에는 학교도 일정 부분 책임이 있다고 생각했다. 하지만 학교는 도의적 책임을 다했다는 입장이다. 설 직전 학교에서는 엄마에게 합의서를 보내 왔다. 위로금 430만 원을 줄 테니 더는 학교에 불편과 부담을 주지 말아 달라는 게 골자였다. 위로금을 받으려면 민사소송을 걸지 말라는 것이었다.

학교에서는 아들이 투신한 게 '가정사' 때문이라고 교육청에 보고했다.

평소 부모의 잦은 다툼 및 부모 간 오가는 이혼 이야기에 대해 불만을 느끼고 있던 차에, 다니던 회사 선배와의 다툼이 화근이 되어 분노 조절이 안 돼 발생했다고 추측된다.

영애 씨는 남편과 하루에도 몇 번씩 싸우지만 그 때문에 아들이 자살을 생각할 정도라고는 생각지 않았다. 학교에서 아들을 제대로 관리하고 지도하지 못한 것을 면피하기 위해 내세운 이유 같았다.

하지만 아들은 당시 일을 전혀 기억하지 못했다. 뛰어내릴 때의 충격으로 단기 기억상실증에 걸렸다. 경찰에서도 수사를 진행했으나 기억이 없는 아들은 아무런 진술도 하지 못했다. 경찰은 사건을 무혐의로 마무리했다. 산업재해를 신청하려 해도 아들의 기억이 돌아와야 한다. 의사는 기억이 돌아오려면 최소 6개월에서 최대 2년까지 걸릴 수 있다고 했다.

아들을 그렇게 만든 업체, 그리고 아들이 그렇게 되기까지 내버려 둔 학교를 생각하면 영애 씨는 견딜 수 없이 화가 치민다. 하지만 아들의 기억이 돌아오기만을 기다리는 것 말고는 달리 할 수 있는 일은 없었다.

최근에는 산업재해를 신청했다. 하지만 아이 스스로 뛰어내린 것이기에 이마저도 인정받기란 요원한 상황이다.

김현기 씨도 공업고등학교를 나왔다. 졸업 후 화학 원료 만드는 작은 업체에서 일했다. 맡은 일을 묵묵히 해내면서 회사에서 어느 정도 인정받기 시작했지만, 그때부터 공고 출신에 대한 편견도 느껴지기 시작했다. 늦은 나이지만 전문대에 입학해 공부를 다시 시작했다. 이후 플라스틱 만드는 업체에서 10년 동안 화학 재료를 조합하는 연구개발 업무를 했다. 일을 하다 보니 자기 일이 하고 싶어졌다. 창업사관학교에 입학해서 2년 동안 다시 공부를 한 뒤, 직접 개발한 기술을 토대로 작은 회사를 차렸다. 화학 재료를 배합해 플라스틱 물질을 만드는 업체였다.

2014년 첫해에는 5명의 직원과 일했다. 점차 노하우가 늘면서 기업도 확장했다. 2016년에는 5억이었던 매출이 2017년에는 15억으로 올랐다. 2018년 목표 매출은 40억으로 잡았다. 직원들도 5명에서 13명으로 늘어났다. 이제는 회사가 어느 정도 자리를 잡았다는 생각이 들었다. 자연히 사람에 대한 욕심이 생겼다. 기술로 먹고사는 회사였다. 화학 재료를 어떻게 융합하고 굳게 하느냐에 따라 플라스틱 밀도와 경도가 달라진다. 김 씨는 자신과 같은 기술을 배울 사람을 찾았다.

자신이 나온 전문대에 연락했지만 졸업 시즌이 아니라 올 사람이 없었다. 그래서 회사가 있는 안산 지역의 직업계고에 연락했다. 2017년 10월쯤이었다. 그때는 산학 협약이라는 단어가 무슨 뜻인지도 몰랐다. 나중에 알았다. 현장실습생을 받으려면 6월부터 학교, 중소기업진흥청 등과 논의해서 삼자 협약을 맺어야 했다.

시기는 늦었지만 학교 담당자가 직접 찾아와 관련 내용을 설명하고는 학생 몇 명을 추천했다. 그러나 회사가 원하는 학생은 없었다. 김 씨는 업무 성격을 고려해 화공 계열 학생을 원했지만 학교에서는 현재 미취업 상태인

화공 계열 전공 학생이 없다며 디자인학과, 컴퓨터학과 학생들을 소개해 줬다. 하지만 제품 박스 포장 같은 단순 업무를 한다면 모를까 그쪽 전공 학생을 뽑기는 어려웠다. 직업계고 학생을 뽑으려는 이유는 전문 기술자로 키우고 싶어서였다. 김 씨는 학교의 제안을 거절하고 내년부터 현장실습생을 받기로 했다.

그런 결정을 한 지 2주쯤 지났을까. 학교에서 연락이 왔다.

"화공 계열 학생 한 명이 현장실습 나갔다가 돌아왔는데요. 다니던 회사가 어려워져서 돌아왔다고 해요. 혹시 받으실 생각 있으신가요?"

면접을 봤다. 아이가 담임선생과 같이 회사를 찾았다. 체구가 작은 아이였다. 기술직이라 해도 배합이나 생산품 운반 등 현장에서 힘을 써야 하는 일이 많아서 잘 버틸 수 있을까 걱정이 됐지만 망설일 필요는 없어 보였다. 김 씨 회사는 이전에 병역특례업체를 신청했으나 평균 인력 부족으로 떨어졌다. 현장실습생을 받으면 곧바로 병역특례업체가 될 수 있었다. 받은 학생이 그대로 그 업체에서 병역의무를 이행하면 된다. 김 씨는 아이가 병역의무를 자신의 회사에서 이행한다면, 최소 3년간은 일하겠구나 싶었다. 그리고 자신이 잘해 주면 3년 후, 재계약을 해서 다시 회사에 남을 수도 있을 거라 생각했다. 잘 키운 기술직이 이직하지 않도록 하는 것도 중요했다.

노동조건은 최대한 아이를 배려했다. 한 달 월급은 회사 신입과 똑같이 180만 원을 줬다. 아이를 신입 사원과 똑같이 대우한 것은 신입 사원과 똑같이 키워야겠다고 생각해서였다.

아직 학생 신분이기에 여러 부분에서 배려도 해주었다. 공장이 24시간 돌아가야 하기에 다른 직원들은 주야간 교대 근무를 했지만 아이에게는 야간 근무를 시키지 않았다. 잔업이나 주말 근무도 시키지 않았다. 작은 체구가 걱정돼 힘든 일도 시키지 않았다. 재료 배합을 어떻게 하는지 기술을 가르치려 했다. 아이도 이전에 다닌 회사보다 좋다며 맘에 들어 하는 것 같았다.

하지만 아이는 사회생활을 잘 몰랐다. 일하다가도 은어, 비속어를 내뱉기 일쑤였다. 또 사장인 김 씨를 '삼촌'이라 부르는가 하면, 선임을 '형'이라 불렀다. 어린 나이에 사회생활을 시작해 그러려니 하면서 아이와 몇 살 차이 나지 않는 선임에게 아이를 잘 타이르도록 했다.

"여기는 회사지 학교가 아니야. 학교에서는 네가 선배일지 몰라도 여기서는 막내야. 사장에겐 사장으로, 과장에겐 과장으로 대우해 줘야 해. 그래야 귀여움도 받을 수 있어."

아이는 그런 말을 이해하지 못하는 것 같았다.

"다 친구처럼 지내면 좋은 거 아니에요?"

못 믿을 소리도 자주 했다. 주량이 소주 세 병이라고도 했고, 부모님이 이혼한다며 혼자 살게 될 것이라고도 했다. 또 인터넷 작가로 활동하면서 돈도 많이 벌었다고 했다. 그는 그저 10대 특유의 허세인가 보다 하면서 웃어넘겼다.

그러던 어느 날 문제가 터졌다. 아이가 회사에 온 지 8일째 되는 날이었다. 선임이 아이와 함께 원료통 닦는 일을 시작했다. 하지만 아이는 하기 싫다는 눈치를 빤히 드러냈다. 선임이 한마디 했다.

"하기 싫어? 근데 너 이거 배워야 해. 나중에는 혼자서도 해야 하는 일이야."

아이는 사장인 김 씨가 하기 싫은 일 있으면 선임들에게 시키라고 했다며 계속 일을 안 하겠다고 고집을 부렸다. 선임은 그게 말이 되느냐며 아이에게 재차 싫은 소리를 했다.

"사장이 형들 시켜 먹으라고 했다고? 그게 말이 된다고 생각해? 네가 일을 못할 수 있고, 못하는 게 당연해. 하지만 열심히 하는 게 중요하다고."

아이가 툴툴거렸다. 계속 아이를 타일러 온 선임도 그 순간 화가 났다. 선임은 자리를 박차고 나가며 혼잣말로 중얼거렸다.

"○○, 짜증나네."

선임은 선임대로 아이에게 일을 가르쳐야 했다. 사회생활도 알려 줘야 한다고 생각했다. 선임은 화를 꾹 참고 아이를 공장 밖으로 데리고 나가 다시 타일러 보았다.

"형 말이 이해가 안 돼? 열심히 하라고. 그래야 사장도 과장도 너를 좋게 평가한다고."

아이는 듣는 둥 마는 둥이었다.

"나는 사장도, 과장도 모두 친구처럼 지낼 수 있어요."

답답했다.

"그건 학교에서나 가능한 일이라고. 여긴 사회야."

이야기를 하다 보니 퇴근 시간인 오후 5시를 넘겼다. 다음에 다시 이야기하기로 하고 선임은 아이에게 퇴근을 지시했다. 그리고 남은 일을 하기 위해 자기 자리로 돌아갔다.

아이는 그 자리에서 곧바로 학교 담임선생과 약 15분간 통화를 했다. 그러고는 퇴근 대신 4층 건물 옥상으로 올라간 뒤 뛰어내렸다. 다행히 생명은 건졌지만, 이후 사태는 걷잡을 수 없이 커져 갔다. 아이가 선임에게 욕설을 들은 뒤 투신했다는 게 기정사실화됐다. 회사가 아이에게 힘든 일을 시켰다고 덧붙여졌다. 체구가 왜소해 힘든 일은 시키지도 않는데, 회사에서 온갖 어려운 일을 시킨 걸로 되어 있었다.

우리가 떠다 민 것처럼 됐어요. 아이 치료비부터 당시 병원으로 옮길 때 든 헬기 이송비까지 다 우리가 냈거든요. 그런데 점점 상황이 이상하게 흘러가더군요. 아이 학교에서 달려왔는데, 아이를 담당하던 우리 선임을 앉혀 놓고는 난리를 쳤어요. '당신이 욕했지? 욕했지?' 이러면서 말이에요. 제가 해명했어요. 선임이 지나가는 말로 이러저러한 말을 했다고 했더니 '거봐, 욕했네' 이러더라고요. 상황을 설명하려고 선임이 '제가 청소 같이 하자고 했어요' 이러니까 '이거 봐, 일 시켰네, 일 시켰어. 누가 신입을 그렇게 일 시키나' 이러더라고요. 아니, 아이에게 청소도 못 시키나요? 불러다 놓고 놀게 할 거면 우리가 뭐하러 현장실습생을 받나요? 정말 별의별 생각이 다 들더라고요.

학교와 면담 이후 모든 게 업체 탓으로 결론 났다. 여섯 군데 방송사가 회사를 찾아왔다. 모 방송사는 전혀 상관도 없는 엉뚱한 쓰레기장을 찍어서는 이곳이 아이가 떨어진 곳이라고 보도하기도 했다. 그 모습을 보니 헛웃음마저 나왔다.

고용노동부에서 특별 감독을 실시했고, 안산 경찰서에서 아이의 투신 사건을 조사했다. 회사 차장은 조사만 네 번을 받았다. 선임도 경찰 조사를 받아야 했다. 회사에 있던 총 14대의 CCTV 녹화본도 모두 가져갔다. 아이와 선임이 대화를 나눌 때, 주변에 있던 직원들도 모두 조사를 받았다.

하지만 경찰은 특별한 문제점을 잡아내지 못했다. 노동부는 아이의 건강검진 내용과 일일 근무 일지가 없다는 이유로 각각 5만 원의 과태료만 부과했다. 경찰 조사도 무혐의가 나왔다.

이 과정에서 김 씨는 학교가 여러 차례 거짓말을 했다는 걸 알게 됐다. 아이는 업체의 경영난으로 학교로 돌아온 게 아니라 태도 문제로 복교하게 됐다는 게 경찰 조사에서 드러났다. 그제야 퍼즐이 맞춰지는 듯했다.

"전 회사에서도 우리 회사처럼 사장에게 삼촌이라 하고, 일을 시켜도 제대로 안 했다면 업체에서 돌려보내지 않았겠어요?"

게다가 학교에서는 아이의 뇌전증 병력 또한 알려 주지 않았다. 약을 먹어 괜찮건 아니건 업체에서 아이의 지병을 알고 있어야 만일의 사태에 대비할 수 있을 텐데, 그것마저도 원천 봉쇄한 셈이다. 학교에 속았다는 생각밖에 들지 않았다.

"어머니는 애를 얼마나 잡았길래 투신했냐고 해요. 우리는 좋은 일 하자고 뽑았는데, 정말 크게 실수했구나 싶었죠."

김 씨는 앞으로 직업계고 학생은 절대 뽑지 않을 생각이다. 적어도 군대는 다녀온 사람을 채용하려 한다. 그동안 손해도 막심하다. 경찰 조사를 받는 동안은 물론이고 노동부 현장 점검 때도 공장 설비를 중단해야 했기 때문이다. 당연히 매출은 하락했고 그때 꼬여 버린 자금 유통 문제는 아직까지 해결되지 않고 있다. 그는 불운에서 그만 벗어나고 싶은 생각에 공장에서 굿까지 했다.

〰〰〰

투신한 영수가 다니던 공업고등학교는 경기도 내에서 취업률 순위로 10위 안에 드는 학교다. 마이스터고를 포함한 순위이기 때문에 이는 상당히 높은 수치다. 반대로 말하면 그만큼 학교가 취업률에 신경을 썼다는 얘기이다.

사실 직업계고에서는 학생의 취업률이 '전부'라 해도 과언이 아니다. 취업률이 낮을 경우 신입생 모집이 안 되기 때문이다. 2019년도 신입생의 경우(2018년 12월 기준), 부산 지역 총 33개 직업계고 중 23개 학교만이 겨우 신입생 정원을 채웠다. 인천은 총 26개교 가운데 12개교가 정원 미달이었다. 만성 신입생 미달 사태를 겪는 직업계고로서는 학생들에게 선택의 기준이 되는 취업률에 사활을 걸 수밖에 없다. 신입생이 줄어 학급 하나가 없어지면 교사 2명의 일자리가 사라진다. 더구나 미달 사태가 계속될 경우, 교육부는 인근 직업계고와의 통폐합을 유도한다. 한마디로 학교가 없어지는 것이다.

또한 교육부는 매년 각 시·도 교육청을 평가하는 기준에 특성화고 취업률 지표를 포함시킨다. 전체 100점 만점 중 4점('특성화고 취업률'에 2.5점, '특성화고 취업률 향상도'에 1.5점)이 배점된다. 여기서 '고용의 질'과 관련된 지표는 없다. 이 평가에 따라 각 지역 시·도 교육청에 인센티브가 차등 적용되기 때문에 교육청들은 고용의 질보다 취업률에 매달릴 수밖에 없는 구조다. 또 교육청은 정부로부터 더 많은 예산을 배정받기 위해 각 학교별로 인센티브를 차등 부여하는 경쟁의 사슬이 이어진다.

일선 학교에서는 취업 여부로 학생들을 분류한 현황판이 교무실에 설치되는가 하면, 교문에 취업생 사진과 이름을 부착한 현수막이 내걸리기도 한다. 또 학교 복도에는 조기 취업생의 얼굴과 반, 이름 등을 적은 입간판이 서있는 풍경도 연출된다. 인천의 J 직업계고의 담벼락에는 전년도 공무원 시험에 4명이 합격했다는 대형 현수막이 걸렸다. 여기에는 합격한 네 명의 사진도 찍혀 있었다. 서울의 S 직업계고는 합격한 학생의 이름과 사진, 합격한 업체 등을 상장 형식으로 만들어 학내 게시판에 붙여 놨다.

한편, 업체에서 되돌아온 학생, 즉 복교생들에게는 빨간색 이름표를 부착하도록 하면서 노골적으로 낙인찍기를 하는 학교도 있다. 학교는 현장실습에 나가기 전 학생들에게 다음과 같은 서약서를 쓰도록 한다.

서약서

위 본인은 현장실습파견에 동의하며 교칙과 파견 근무하게 되는 회사의 사규를 엄수할 것은 물론 현장실습 근무 장소 무단 이탈 및 학생 신분에 어긋나는 일이 없도록 열심히 현장실습에 임할 것을 약속합니다. 만일 실습 중 본인의 과실로 인한 안전사고에 대하여도 학교 측에 책임을 전가하지 않겠음을 보호자 연서로 서약합니다.

∧∨∧

영수가 다니던 학교도 그랬을까? 영수의 담임은 "할 말은 많지만 참겠다"면서 아이에게 문제가 있다는 뉘앙스를 풍기며 입을 닫았다. 학교 측은 인터뷰 요청에 예민한 반응을 보였다. 학교 측의 말을 종합해 보면 학교는 영수에게 나름대로 많은 신경을 썼다. 이 학교는 업체에서 돌아온 복교생을 재취업시키지 않는 게 원칙이었지만 영수는 예외였다. 영수 어머니 때문이었다.

아이가 학교로 돌아와서 더는 안 보내려 했어요. 그런데 부모는 아이가 졸업해도 취업을 해야 하니, 학교에 있을 때 취업을 알선해 달라고 부탁했어요. 물론 아이 담임은 만류했죠. 아이의 현 상태로는 문제가 많다며 졸업 후 취업하는 게 좋겠다고 어머니를 설득했어요. 하지만 어머니는 포기하지 않고 학교가 취업에 나서 달라고 적극적으로 요청했어요. 결국 마지못해 담임이 업체를 섭외한 거예요.

학교 측은 아이의 부모가 현장실습을 원할 경우 이를 막을 방도가 없다고 설명했다. 사실 직업계고를 나온 뒤 취업하지 않는다면 대학에 가야 하는데, 부모로서는 이것이 여의치 않았던 것이다. 졸업 후, 혼자 힘으로 취업한다는 건, 더욱 쉽지 않다. 졸업 시즌인 2월이면 직업계고 졸업생의 경쟁

상대인 전문대 졸업생들이 사회로 나오기 때문이다. 재학 중에 학교를 매개로 하면, 졸업 후보다 일자리를 구하기 더 쉬울 뿐만 아니라 개인이 일자리를 구하는 것보다는 좀 더 양질의 일자리를 얻을 수 있다. 학교를 통해 업체의 건전성을 보장받을 수 있기 때문이다.

그런데 취업률에 그토록 목을 매는 학교가 복교생을 재취업시키지 않는 이유는 뭘까?

복교한 아이들은 인성 교육, 취업 적응 교육 등이 부족하다고 판단해 졸업 때까지 취업 대신 추가 교육을 하는 게 기본이에요. 복교생들은 다 그렇게 하고 있어요.

학교에서는 복교한 영수에게 개인적인 문제가 있다고 판단한 셈이다. 하지만 학교 측은 영수의 생활 태도나 문제점에 대해서는 구체적 언급을 꺼렸다. 아이의 개인 정보는 함부로 발설할 수 없다는 이유에서였다. 학교에서 영수의 뇌전증 병력을 회사에 알리지 않은 것도 이런 이유에서였다. 물론 여기에는 영수 어머니의 당부도 작용했다. 어머니는 아들의 병력이 알려질 경우, 취업길이 아예 막혀 버리지 않을까 전전긍긍했다.

개인사는 학교생활기록부에도 못 쓰게 돼 있어요. 설사 실수로 적혀 있더라도 다 지워야 해요. 알고 있다 해도 학교는 말하면 안 돼요. 개인 정보잖아요. 그런데 그렇게 민감한 개인 문제를 학교에서 먼저 업체에 알려 주고 '아이를 받겠느냐'고 묻는다고요? 말이 안 돼요. 그러다 문제가 생기면 누가 책임집니까.

학교 측은 업체 측에서 영수의 병력과 생활 태도를 문제 삼는 것이야말로 문제라고 했다.

업체에서 면접을 보고 학생을 뽑았잖아요. 그런데 이제 와서 아이에게 문제가 있는 것 같다고요? 그건 말이 안 돼요. 면접 없이 무작위로 채용한 것도 아니고, 정상적으로 면접 다 보고 채용했잖아요. 그리고 학생이 현장실습하는 동안 학교에서 제대로 관리하지 않았다고들 하는데, 그렇지 않아요. 아이는 담임선생과 문자도 주고받고 통화도 자주 했어요. "회사가 너무 좋다" "신나고 행복하다" 이런 문자도 보냈어요. 관리를 잘못했다는 지적은 사실관계를 모르고 하는 소리예요.

학교는 사건 후, 교육청과 노동부 조사를 받았으나 별다른 시정 조치가 내려지지는 않았다.

우리가 알고 있는 건 업체가 아이를 기술자로 키우려 했다는 거예요. 그래서 아이에게 한 업무만 하도록 한 게 아니라 수련 차원에서 이것저것 다양한 업무를 가르쳤다고 해요. 큰 업무를 주는 게 아니라 일을 가르치는 도중이었죠. 그러다 보니 가혹행위나 부당한 지시를 내릴 여지도 없었고요.

그렇다면 영수의 담임은 이 사건을 어떻게 바라볼까. 영수를 1학년 때도 맡은 바 있던 그는 인터뷰 요청을 정중히 거절하며 말을 아꼈다. 담임은 복교한 영수의 재취업을 위해 직접 업체를 찾아간 사람이었다. 또 영수가 일을 하는 중에도 수시로 문자와 통화를 한 것도 사실이다. 영수가 처음으로 실습 나간 업체에서 영수의 행동거지를 가지고 문제 제기를 하자 직접 업체를 방문해 문제를 해결하려 한 사람도 그였다. 영수가 투신한 이후에는 병원을 매일같이 방문하면서 아이의 상태를 살폈고, 사후 대책과 관련해서도 여러 부분에서 노력했다. 담임선생 입장에서는 할 수 있는 일은 다한 셈이었다. 하지만 그는 업체와 영수 어머니, 언론으로부터 이 사태의 책임자로 지목받고 있었다.

∧∨∧

학생, 업체, 그리고 학교. 이들 셋의 이해관계는 서로 긴밀하게 맞물려 있는 만큼 책임 소재를 서로에게 미루기도 쉬운 구조다. 업체에서는 문제 있는 학생을 학교에서 추천해 줬다며 책임의 화살을 담임선생과 학교에 돌린다. 학생의 어머니는 아이가 그렇게 열악한 현장에서 일하도록 했을 뿐만 아니라 그렇게 될 때까지 제대로 관리하지 못한 학교를 탓한다. 하지만 학교는 법적으로는 물론 도의적으로도 할 수 있는 일은 다 했다고 말한다. 어머니는 업체도 용서가 안 된다. 아이가 그렇게 뛰어내릴 때까지 괴롭힌 걸로밖에는 보이지 않는다. 학교도 학생을 제대로 관리하지 않은 업체가 이번 사태를 책임져야 한다고 생각한다.

　과연 누구의 말이 맞는 걸까? 어느 쪽이 사태의 진실에 가까운 걸까? 시스템 내부는 생각보다 복잡했다. 학생들은 학교와 업체의 이해관계 속에서 방황할 수밖에 없어 보였다. 이런 현장실습 시스템은 무엇을 위해 존재하는 걸까. 학생 입장에서는 '안전'도 '미래'도 보장되지 않고, 업체 입장에서는 '숙련도'를 기대할 수 없으며, 학교 입장에서는 '관리'의 어려움을 호소하고 있는데 말이다. 그리고 이 모든 시스템의 배후에는 '취업률'에 목을 매고 있는 정부가 있었다.

3장

'공돌이 · 공순이'의

계보학

/ 공고에서 마이스터고까지 /

복잡하게 얽히고설킨 박영수 군의 사건을 취재하면서 은주의 죽음에는 단순히 '죽음의 외주화'로만 설명되지 않는 또 다른 문제가 있다는 생각이 점점 더 깊어졌다. 예전에 산업재해를 노동문제로만 바라보고 작업 현장만을 파고들며 취재할 때는 보이지 않던 것들이 보이기 시작했다. 무엇보다 이 아이들이 소속된 곳은 회사가 아니라 학교였다. 아이들을 이런 일터로 내보내는 것도 학교였다. 아이들은 왜 이런 위험한 일터로 나가게 되는 걸까. 물고기가 떼죽음을 당하면, 그 연못의 수질을 조사하는 게 먼저다. 나는 우선 누가 이런 학교를 만든 건지 거슬러 올라가 보기로 했다.

∧∨∧

1973년 1월 12일 연두 기자회견에서 박정희 대통령은 "중화학공업화"를 선언하는 역사적인 연설을 한다. 그리고 그것을 달성하는 수단 중 하나로 제시한 것이 바로 "전 국민의 과학화", 즉 모든 국민이 누구나 과학기술을 한 가지씩 익혀 기능인이 될 수 있도록 한다는 것이었다.

나는 오늘 이 자리에서 우리 국민 여러분들에게 경제에 관한 하나의 중요한 선언을 하고자 합니다. 우리나라 공업은 이제 바야흐로 '중화학공업 시대'에 들어갔습니다. 따라서 정부는 이제부터 '중화학공업 육성'의 시책에 중점을 두는 '중화학공업 정책'을 선언하는 바입니다. …… 이런 목표 달성을 위해서 범국민적인 과학기술의 개발에 총력을 집중해야 되겠습니다. 이것은 국민학교 아동에서부터 대학생, 사회 성인까지 남녀노소 할 것 없이 우리가 전부 기술을 배워야 되겠습니다. 그래야만 국력이 빨리 신장하는 것입니다.[•]

중화학공업을 육성해서 1980년대 초에는 100억 달러 수출과 1인당 국민소득 1000달러 경제를 달성하겠다는 박정희 대통령의 계획은 당시만 해도 황당한 이야기에 불과했다. 1960년대까지만 해도 우리 산업은 경공업 중심으로 돌아가고 있었다. 1950년대에 진행된 초등 의무교육은 산업계에서 일하는 데 필요한 최소한의 지식을 지닌 값싼 노동력을 제공해 주었다. 하지만 중화학공업은 경공업과는 달랐다. 경공업이 노동집약적이라면 중화학공업은 여기에 자본 집약이 더해져야 가능한 일이었다. 포항제철 같은 공장 하나를 만들려면 막대한 자본뿐만 아니라 일정 수준 이상의 기술력을 갖춘 노동력이 필요했다.

박 대통령은 이와 같은 기술력을 갖춘 노동력을 제공해 줄 기관으로 학교를 선택했다. 공업고등학교를 육성하고 한국과학기술원(KAIST)을 설립한 건 바로 그런 중화학공업화 정책의 일환이었다. 1972~76년, 제3차 경제개발 5개년 계획 기간에는 기능공 양성에 역점을 두었다. 특히 공작 기계공, 금속공 등을 육성하기 위한 직업훈련에 주력했다. 이는 철저한 국가 주도 계획이었다. 당시 과학기술처의 인력 수급 전망을 토대로 매년 학교 수를 늘렸다. 1973~81년까지의 인력 수급 추계에 따르면 과학기술자, 기술공, 기능공의 총 소요 인력은 101만5400명이었는데, 당시 교육기관에서 배출한 인원은 26만9700명에 불과했다. 이 부족한 인력을 양성하기 위해

• 행정안전부 대통령기록원 대통령기록관 대통령연설기록실 연설기록 연설문
(http://www.pa.go.kr/research/contents/speech/index.jsp)

연차적으로 대학과 공업고등학교를 늘려 나갔다. 이 흐름에 따라 공업고등학교의 수는 급격히 증가했다.

직업계고 교육과정도 좀 더 기술적인 부분에 방점을 찍고 변화했다. 전문교과의 이수 단위가 102~154단위로, 전체에서 67%까지 증가했으며, 학과 안에서 다시 심화 전공 과정을 개설할 수 있게 됐다. 또 기술 자격증 소지자에게 병역의무를 단축 또는 면제하는 정책을 실시했다. 공업계 고등학교 이외에도 공공 직업훈련 기관을 확대·설치하고 직업훈련에 관한 특별조치법, 직업훈련기본법 등 사내 직업훈련을 강화하기 위한 법적 조치를 실시했다. 숙련 기능 인력을 단기간 안에 대량으로 공급하기 위한 장치들이었다.*

이런 노력으로 직업계고 학생 수는 크게 증가했다. 1970~80년까지 10년간 직업계고는 124개 교가 늘어 24.5%의 증가율을 기록했고, 학생 수는 연평균 10.5% 증가했다. 이런 수치는 1970년대 후반 크게 늘어나 전체 고등학생에서 직업계고 학생이 차지하는 비율이 45%(1975년 42.3%)까지 증가했다. 그에 따라 직업계고 졸업자의 취업도 지속적으로 늘어나 1960년대 중반 35%에 머무르던 취업률은 1979년 61%까지 상승하게 되었다.

1970년대는 그야말로 직업계고 부흥의 시기였다. 제3차 경제개발 5개년 계획 기간에 31만 명, 제4차에서는 48만 5000여 명의 숙련 기능공이 배출됐다. '산업 역군'(産業役軍)의 시작이었다.

• 『광복 70년의 직업교육 정책 변동과 전망』(한국작업능력개발원), 43-44쪽과 『한국의 교육 70년』(한국학중앙연구원출판부), 70-72쪽과 94-95쪽을 참조.

"공부하기 싫으면, 기술이라도 배워야지."

1970년대생인 내가 어렸을 때, 어른들에게 심심찮게 듣던 소리다. 실제 1980, 90년대의 우리 사회는 기술이 있으면 먹고살 수 있는 세상이기도 했다. 그런데 이런 '잔소리'가 어느새 사라졌다. 1997년 IMF 위기를 맞으며 노동 유연화가 강화되면서부터다. 이전까지만 해도 직영에서 일하던 직업계고 출신들은 이제 하청 노동자, 즉 비정규직 신분으로 떨어졌다. 자연히 임금도 하락했고, 신분도 불안한 신세가 된 것이다.

정부는 이런 상황을 개선하기 위해 직업계고 교육과정 개선을 통해 '고품질' 인력을 양성하려 했다. 김영삼·김대중 정부의 직업계고 정책에서 핵심은 직업교육의 중심축을 중등교육 단계에서 고등교육, 즉 전문대로 이동시킨 것이다. 직업계고에서는 보통교육과 기초 직업교육에 초점을 두고, 고등 직업교육, 전문계 단계에서 보다 전문화된 교육을 받도록 한 것이다.

이런 흐름은 노무현 정부에서도 이어진다. 노무현 정부는 '직업교육 체제 혁신 방안'을 2005년 국정 과제로 정하고, '실업계 고등학교'였던 직업계고 명칭을 '전문계 고등학교'로 변경했다. "지식 기반 사회에서 요구되는 맞춤형 인력을 생산해 내겠다"는 취지였다. 그 일환으로 고등학교 전공과 같은 계열로 대학에 진학할 수 있는 '동일 계열 대학 특별 전형' 비율을 확대하고 대학 입학시험에 직업탐구 영역을 신설, 직업계고 졸업생들의 대학 진학을 좀 더 용이하게 했다.

이렇게 직업계고 졸업생들에게 대학 진학을 확대한 정책의 근거는 지식 기반 사회에서 요구되는 높은 전문성을 담보한다는 데 있었다. 직업계고 졸업생이 단순 기능 인력이 아니라 (대학 교육을 받은) 좀 더 창의적이고 지식 역량을 갖춘 인력으로 성장해야 지식 기반 사회에 적응할 수 있다고

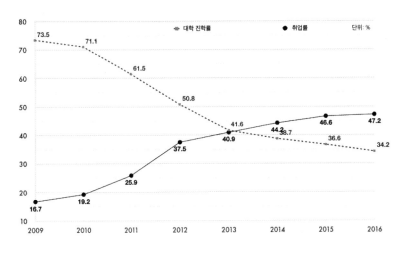

그림 3.1   고교 직업교육 대상자 취업률 및 진학률 추이(자료: 통계청)

판단한 것이다.

그 결과 2009년에는 직업계고 학생들 가운데 73.5%가 대학에 입학하는 진기록을 달성하기도 했다. 그러나 이런 직업계고 졸업생의 기록적인 대학 진학률은 이명박 대통령이 취임한 이듬해인 2009년을 정점으로 매년 뚝뚝 떨어져 2014년에 이르면 38.7%로까지 급락한다(〈그림 3.1〉 참조).

이런 변화의 중심에는 이명박 정부가 국정 과제로 강조한 고졸 취업 활성화 정책이 자리 잡고 있었다. 이명박 정부는 노무현 정부와는 달리 직업계고 학생들의 대학 진학보다는 취업을 유도했다. "너도 나도" 대학에 가는 "학력 과잉" 사회보다는 대학 진학률을 감소시켜 이를 생산직 노동인구로 전환시키겠다는 의도에서였다. 현재 인력 수급에 어려움을 겪고 있는 단순 노무직이나 3D업종에 외국인 노동자를 수혈하느니 내국인의 진입을 유도하겠다는 것이 이런 정책의 기저에 깔린 생각이었다.˚ 그리고 그런 생산직 노동인구로 편입되어야 할 청년들의 대표로 제시된 것은 바로 직업계고 재학생들이었다.

∧∨∧

나는 만인의 건강과 생명을 첫째로 생각하겠습니다. 나의 양심과 정성으로 조리 방법을 익히고 탐구하겠습니다. 나는 조리인의 고귀한 전통과 명예를 유지 계승하겠습니다.

2007년 10월 17일, 이명박 당시 한나라당 대선 후보는 경기도 시흥의 직업계고인 한국조리과학고등학교를 방문했다. 직접 조리모도 쓰고 조리사 복장을 갖춘 그는 학생들과 함께 오른손을 들고는 '조리사 선서'까지 또박또박 따라 했다. 그리고 이내 능숙한 솜씨로 해물 스파게티를 만들기 시작했다. 요리가 완성되자 이 후보는 포크로 면발을 말은 뒤 "내 입맛에는 맞게 했을 거다"라면서 자기 요리를 직접 시식했다.

"여러분은 최고의 요리사가 될 수 있습니다. 전 딸 셋, 아들 하나 있는데, 막내아들이 음식 만드는 일을 하고 싶어 합니다. 우리 부엌에서 요리하는데, 그걸로는 안 될 것 같네요. 여기 와서 배워야 할 것 같습니다. (웃음)"

• 2012년, 고용노동부는 중장기 인력 수급 전망에서 향후 10년간 고졸 인력은 32만 명이 부족한 반면, 전문대졸 이상 고학력자는 50만 명(전문대졸 22만 명, 대졸 26.5만 명, 대학원졸 1.5만 명)이 초과 공급될 것이라는 전망을 내놓았다. 2013년 한국의 대학 진학률은 70.7%로 OECD 평균 60.0%보다 높고, 대학 졸업률은 63.8%로 OECD 국가 중 가장 높은 수치를 기록했다. 2008년의 대학 진학률은 83.3%로 역대 최고치를 기록하기도 했다.

하루 요리 실습으로는 배움이 부족했던지 이 후보가 이날 만든 해물 스파게티는 담당 교사로부터 "짜다"라는 평가와 함께 100점 만점에 65점을 받았다. 그는 "내 입맛에는 딱 맞는데……"라면서 너털웃음을 터뜨렸다.

대선을 64일 앞둔 이 후보의 이런 행보는 직전에 발표한 '특성화고 신설 공약' 때문이었다.

에…… 저는 내년에 집권하면 교육을 바꾸려고 합니다. 어떻게 바꾸느냐? …… 조리가 중요한 학교는 조리 잘하는 학생 뽑으면 되는 거예요. 공 차는 선수 필요하면 공 잘 차는 사람 뽑으면 되는 겁니다. …… 그런 선수를 뽑으면 되지, 뭐 하러 수학 시험 보고 …… 축구 선수가 수학 잘하면 뭐하겠어요? …… 21세기에는 어떤 직업도 귀한 직업, 천한 직업이 없습니다. 예전에는 천한 직업이 있었지요. 양반이 있고 상놈이 있고. 아, 상놈이 아니지 참. (웃음) 지금은 어떤 직업에도 귀천이 없습니다. 분야의 최고가 최고입니다. 어떤 분야든 그 분야 최고가 되면 됩니다. 조리사 중 최고가 되면 과학자가 노벨상 받는 거랑 같지요. 그러니까 자기가 하고 싶은 일에 최선을 다하면 좋겠습니다. 그렇게 생각하세요. 여러분들은 여기 들어온 게 행운이에요.

2007년 대선 당시 이명박 한나라당 후보는 기존 직업계고에 특성화고 300곳을 신설해 지금의 불평등한 교육 구조를 개선하겠다고 발표했다. 학생과 학교의 특성을 살려, 그에 맞는 교육을 진행하고 직업계고 간 경쟁을 통해 실력을 키우게 하겠다는 게 골자다. 하지만 직업계에도 인문계의 특목고와 같은 학교를 만들어 교육 양극화를 심화시킬 것이라는 비판이 쏟아졌다. 이명박 후보가 직접 조리과학고등학교를 찾아 조리모를 쓴 건 이런 비판을 의식해서였다.

그렇게 파스타를 만든 지 64일 뒤, 압도적 표차로 당선된 이명박 대통령은 5년간 '경쟁'에 방점을 찍은 직업계고 정책들을 쏟아 냈다. 마이스터고가 대표적이다. 이명박 대통령은 임기 3년차인 2010년 3월 2일, 서울 수도전기공고 입학식에 참여했다. 물론, 단순한 고등학교 입학식이 아니었다. 이날 수도전기공고에서는 전국 21개 마이스터고가 모여 합동으로 '제1회 마이스터고 개교식'이 치러졌다.

수도전기공고 입학생과 전국 21개 교 학생 대표, 교사, 학부모, 산업계 인사 등이 참석했으며, 이 대통령은 '마이스터고 지정' 문구가 새겨진 학교별 동판을 전달하며 신입생 3600여 명의 첫 출발을 축하했다.

마이스터고는 21세기를 헤쳐 갈 인재를 육성하고 우리 교육을 바꾸기 위한 새로운 도전이자 대한민국의 미래입니다. 미래 세계를 내다보면서 현장에서 창의적이고 진취적인 전문 기술을 습득하고 각자의 흥미와 재능에 따라 실기와 이론을 겸비한 인재를 길러 내게 될 것입니다. 대학을 중퇴한 빌 게이츠 MS 전 회장과 스티브 잡스 애플 회장을 생각해 보십시오. 21세기는 학교 점수나 학벌보다는 창의성이 중시되는 전문인의 시대입니다. 마이스터고는 이처럼 창의성 넘치는 인재를 양성하기 위한 첫걸음이 될 것입니다.

자기 분야에서 최고가 되겠다는 결심으로 열심히 노력한다면 반드시 꿈을 이룰 수 있습니다. 정부는 마이스터고가 성공할 때까지, 땀 흘려 일하는 사람이 사회적으로 존경받는 그날까지 지원을 아끼지 않을 것입니다. 마이스터고의 성공은 기술 강국 한국의 바탕이 될 것이며 지역 성장과 균형 발전에도 크게 기여할 것입니다.

특성화고를 육성하겠다는 그의 의지는 임기 내내 꺾이지 않았다.

∧∨∧

"꿈의 기업 입사 프로젝트"〈스카우트〉. KBS 1TV에서 2011년 11월 9일부터 방영되기 시작한 이 프로그램은 "학력의 벽을 넘어" "오로지 실력과 능력"만으로 평가받는 사회를 위한 특성화고의 발전과 청소년들의 "실질적인 취업 기회 확장"을 표방한 리얼리티쇼였다. 특성화고 학생들이 자신의 학교에 특화된 주제를 가지고 경연을 벌이면, 소위 '꿈의 기업' 10인의 선배 판정단과 각 분야 전문가 판정단이 심사위원으로 참여해 과제 수행 결과와 사회성 등을 기준으로 참가자들의 점수를 매겨, 최종 우승자에게 장학금과 (해당 회차에 참여한) '꿈의 기업'에 입사할 수 있는 기회를 부여했다.

2012년 10월 3일 방영된 프로그램에서는 이명박 대통령의 고향인 포항에 있는 포스코가 '꿈의 기업'으로 참여했다. 포스코와 특별한 인연이 있는 특별 손님도 출연했다. 바로 이명박 대통령이 심사위원 자격으로 깜짝 출연한 것이다.

고졸 학생들이 사회에 진출할 수 있는 기회를 많이 주는 것은 보람된 일입니다. 이 일을 한다고 해서 자발적으로 왔습니다. 평상시 저는 특성화고 학생들이 나오는 이 프로그램을 찾아서 봅니다. 이 자리에 있는 분들 모두 훌륭한 학생입니다. 어려운 환경에서 그렇게 공부할 수 있다는 건 놀라운 일입니다. 많은 젊은이에게 본보기가 될 수 있겠다 생각합니다. 마음이 아파 심사를 못할 듯합니다.

당시 방송에서는 1차 프레젠테이션과 2차 기업 현장 탐방 과정을 거친 네 명의 학생이 포스코 입사를 놓고 경쟁했다. 자신이 직접 발명한 물건을 심사위원들 앞에서 자세히 설명하기도 하고, 자신들이 어떤 환경에서 공부해 왔는지도 어필했다. 부모 없이 할머니 손에 자란 학생의 사연도 소개됐다. 최종 후보로 네 명 중 두 명의 학생이 추려졌다.

"최종 후보로 올랐다. 가장 감사한 사람은 누구인가?"

"이제 어려웠던 과거를 털고 입사하면 미래로 나아가야 하는데, 10년 후에는 어떤 사람이 되고 싶나?"

이 대통령은 최종 후보로 오른 두 명에게 이렇게 질문했다. 학생들은 담담한 어조로 자신들의 10년 뒤 모습을 그려 나갔다.

"앞에 심사위원 자리에 앉아 저와 같은 또래의 사람들을 끌어 주고 싶습니다."

"꿈의 기업에서 기술 명장이 되고 싶습니다. 그리고 오랫동안 자긍심을 가지고 일하고 싶습니다. 자신감을 가지고, 도전 정신으로 그 자리에 오르기 위해 노력하겠습니다."

이날 둘은 프로그램 최초로 동점이 나와 공동 우승을 하게 됐다. 하지만 프로그램 특성상 한 학생만이 '꿈의 회사' 포스코에 입사할 수 있었다. 이 대통령이 나섰다.

"두 사람 모두 훌륭한 인물입니다. 두 사람 모두 뽑읍시다. 전례가 없다고 하지만 전례를 만들면 되지 않겠습니까. 물론, 장학금은 한 명에게만 지급한다고 하니, 제가 나머지 한 명의 장학금을 책임지기로 하겠습니다."

이 대통령의 '과감한' 결단에 두 학생은 감동했다. 할머니 품에서 자란 학생은 카메라를 바라보며 자신을 떠난 부모를 향해 "멋있는 사람이 됐어요. 저를 꼭 찾아 주세요"라고 울먹였다. 그 모습을 보던 이 대통령이 마지막으로 덧붙였다.

"여러분도 성장해야 합니다. 자기도 성장해야 하지만 회사도 성장해야 합니다. 그래야 우리 사회가 성장하는 것입니다. 여러분이 용기를 줄 수 있습니다. 부탁합니다. 여러분과 같은 환경에서 나온 사람들도 '나도 할 수 있다'는 생각을 가졌으면 합니다."

이명박 대통령의 퇴임길에도 특성화고 이야기는 빠지지 않았다. 퇴임을 며칠 남기지 않은 2013년 2월 7일, 이 대통령은 인천 전자마이스터고 졸업식에 참석했다. 2010년, 수도전기공고 입학식 때 "졸업식에도 참석하겠다"고 했던 약속을 (비록 같은 학교는 아니지만 같은 마이스터고라는 점에서) 지킨 셈이었다. 이날 이 대통령은 이렇게 소회를 밝혔다.

불과 3년 전 입학식 날 그때 여러분 모두가 내가 속한 분야에서 최고가 되겠다는 다짐을 했습니다. 나는 여러분의 졸업식에 꼭 다시 오겠다고 약속했고요. 학력도 중요하지만 그보다는 능력으로 평가받는 사회가 반드시 돼야 합니다. 오늘 졸업식 축하드립니다.

이 대통령이 임기 중 입학식과 졸업식에 모두 참석한 학교는 마이스터고가 유일했다. 이날 헬기로 학교에 도착한 이 대통령은 입학식 내내 자리를 뜨지 않았다. 학생 대표들은 그런 이 대통령에게 감사의 마음을 전하는 편지를 읽어 내려갔다.

마이스터고를 전폭적으로 지지해 준 데 대해 감사드리며, 앞으로 사회적 편견을 깨고 마이스터고 출신이 잘한다는 평가를 받도록 노력하겠습니다.

이 대통령은 뿌듯한 미소를 지어 보였다. 졸업식 이후 이어진 기념 촬영에서도 이 대통령은 졸업생 모두와 수차례에 걸쳐 사진을 찍었다.

이 대통령은 마이스터고가 만들어지기 직전인 2009년 원주정보공고(현 원주의료고)를 시작으로, 2010년 3월 수도전기공고, 2011년 9월 광주자동화설비공고, 2012년 3월 한국바이오마이스터고 등 여러 차례 마이스터고를 방문했다. 2011년 가을, 광주자동화설비공고를 방문해서는 한 학생이 "○○자동차에 취업하고 싶은데 ○○자동차는 고졸자를 뽑지 않는다"라며 하소연하자 이렇게 말하며 아이들을 격려했다.

"미래에는 기업들이 여러분들에게 먼저 러브콜을 보내올 것이고, 마이스터고 학생들을 뽑지 않은 기업들은 후회할 것입니다."

대통령의 이런 행보 때문이었을까. 마이스터고 출신 첫 졸업생 3400여 명 중 93% 이상이 취업을 확정지었다. 2013년 당시 신입생 경쟁률은 3대 1에 달할 정도였다. 이 대통령이 졸업식에 참석한 인천 전자마이스터고의 경우, LG전자, STS반도체통신 등 협약 기업들과 산학 협력을 추진했고, 첫 졸업생 142명 중 98.6%인 140명이 정규직으로 취업하는 데 성공했다.

졸업식으로부터 열이틀이 지난 2월 19일 퇴임연설에서도 이 대통령은 자신의 업적으로 마이스터고와 특성화고를 언급했다.

학력 중심 사회를 지양하고 능력 중심 사회를 열기 위해 마이스터고와 특성화고를 집중 지원함으로써 신 고졸 시대를 열었습니다. 저는 지난 2월 7일 마이스터고 졸업식에 참석해서 졸업생들의 자신에 찬 모습과 학부모들의 밝은 표정에 큰 감명을 받았습니다. 글로벌 경제위기로 인한 취업난 속에서도 100% 가까운 취업률을 기록한 것을 보면서, 능력 중심 사회로 변화해 가는 가능성을 보았습니다.

그의 생각대로 한국 사회는 5년 만에 '학력'이 아닌 '능력'으로 평가받는 사회가 된 것일까? 그가 생각했던 '능력 중심 사회'란 무엇이고, 우리 사회는 그 목표에 얼마만큼 다가간 것일까? 나는 그들의 목소리로 이 물음에 답해 보고 싶었다.

4장

우
리
들
의

슬기로운 학교생활

이명박 대통령은 임기 5년 동안 다양한 일들에 골몰했다. 4대강을 파헤치는 일이나 제2롯데월드를 쌓아 올리는 일, 부자들의 세금을 내리는 일 등이 주요 관심사였지만, 그중에는 특성화고도 있었다. 혹자는 그의 특성화고에 대한 애정이 "역대 어느 대통령보다 각별했다"라고 평가할 정도였다.

하지만 실제 특성화고 아이들의 삶은 어땠을까? 이명박 정권을 거치며 직업계고 아이들의 삶은 나아졌을까? 이명박 정부의 특성화고 정책은 정말 능력 중심 사회를 만들어 낸 것일까? 내가 만난 LG유플러스 홍은주, 안산 반월공단 박영수 군은 이명박 정부 때 만들어진 특성화고를 졸업한 아이들이었다. 또 뒤에서 이야기할 제주 음료 공장의 이민호 군, 건설 현장의 박정환 군, 군포 외식업체 김동균 군 등도 마찬가지다.

하지만 특성화고 출신 아이들을 찾기란 쉽지 않았다. 주변에선 특성화고 재학생은 고사하고 졸업생조차 찾기 힘들었다. 그러고 보니 서울이라는 대도시에서 기자 생활을 하는 내 주변은 정치인이나 보좌관, 교수나 시민 활동가 등 모두가 하나같이 대졸자들이었다. 작은 공장의 노동자나 자동차 정비소의 정비사, 수화기 너머 상담사로 존재하는 특성화고 졸업생들과 나는 연결 고리가 없었다.

게다가 간신히 찾아낸 이들도 대부분이 자기 목소리를 내는 데 서툴렀다. 그나마 인터뷰를 하겠다고 약속했던 학생들도 막상 만나기로 한 날이 되면 잠적해 버리기 일쑤였고, 일방적으로 연락을 끊고 사라지는 일이 비일비재했다. 누군가에게 자기 이야기를 하는 데 익숙치 않다 보니 나오는 행동들이었다. 나는 천천히 그들과 나의 연결 고리를 찾아 가기 시작했다.

1994년은 그야말로 다사다난했다. 38도를 넘나드는 폭염이 30일 넘게 계속되며 3384명의 목숨을 앗아 갔고, 절대 죽지 않을 것 같던 김일성이 사망했으며, 성수대교가 무너지고, 지존파가 잡혔다. 지나고 보니 개인적으로도 중요한 해였는데, 그해 나는 고등학교 진학을 앞둔 중3이었다. 당시 내가 다니던 중학교는 한 학급당 55명의 아이들이 총 15개 반으로 한 학년을 구성하고 있었다. 이 가운데 성적에 따라 반에서 30등까지가 인문계 고등학교로 진학했고, 나머지 30등 이하는 직업계 고등학교로 가거나 인문계 야간 고등학교로 가야 했다.

이런 '선택'에 학생 개인의 의사가 반영될 여지는 없었다. 무조건 성적순이었다. 만약 30등 이하가 인문계 고등학교에 가겠다고 하면 몽둥이로 '설득'의 과정을 거쳤다. 학교 입장에서는 인문계고에 떨어질 학생에게 지원을 허락하긴 어려웠다. 진학률이 그 학교의 수준을 보여 주는 건 그때도 마찬가지였다.

문제는 25~30등, 즉 인문계에 갈 성적이 간당간당한 아이들이었다. 나름 자구책도 마련했다. 3학년 2학기에는 자리 배정을 새롭게 했다. 칠판을 마주 보고 좌우, 그리고 맨 뒷자리에 직업계고에 갈 학생들을 배치했다. 그리고 맨 앞에 성적이 간당간당한 아이들이 배치됐다. 나름 특별 관리였던 셈이다.

3학년 2학기 중반 즈음이면, 직업계고는 입학 여부가 이미 결정 나있었다. 수업을 들을 '필요'가 없는 그들이 면학 분위기를 흐릴 것을 학교는 경계했다. 교사들은 직업고계에 갈 애들에겐 "떠들 거면 그냥 자라" "너희가 지금 고입 준비하는 애들 인생 책임질 거냐" 같은 말들을 아무렇지 않게 내뱉었다.

그속에서도 튀는 아이들은 있었다. 반에서 5등 정도 하는 친구였다. 굳이 직업계고를 가겠다고 고집을 피웠다. 담임이 따로 불러서 '사랑의 매'를 퍼부어도 꿈쩍하지 않았다. 결국 그 친구는 고집대로 직업계고에 진학했다.

한 번은 궁금해서 그 친구에게 왜 거길 가려 하냐고 물었던 적이 있다. "그냥……." 그 친구의 대답은 그게 다였다. 나는 이 책을 쓰면서야 알게 됐다. 그 한마디가 얼마나 복잡한 의미였는지.

∧∨∧

10, 11월만 되면 직업계고는 입학 설명회 시즌을 맞는다. 교육청에서 주최하는 설명회부터 학교별, 입시 학원별로 진행하는 설명회까지 학교들은 다양한 루트를 통해 아이들을 끌어모으는 데 총력을 기울인다. 이런 설명회를 보면, 직업계고 내에서도 부익부 빈익빈이 존재한다. 학교의 인지도, 취업률, 유명세 등에 비례해 학생들이 몰려드는데, 유명 직업계고는 경쟁률이 3대 1에 달할 정도로 치열한 반면, 그렇지 않은 학교는 신입생 유치에 말그대로 목을 맨다.

이런 직업계고 가운데는 교사들이 직접 중학교를 방문해 예비 입학생들에게 학교를 설명하는 시간을 갖는 곳도 있다. 중학생들 입장에서는 고등학교 진학에 대해 이렇다 할 정보가 없다 보니 이런 설명회는 효과를 제법 발휘한다. 직접 교실까지 와서 학교 자랑을 늘어놓으면, 열다섯 살 아이들의 마음이 흔들리는 건 당연하다. 최민정 씨(19)도 마찬가지였다.

수원 역 인근 커피숍에서 만난 민정 씨는 직업계고를 졸업한 지 두 달도 채 되지 않았다. 동그란 금테 안경에 곱게 한 갈래로 묶은 검은 머리가 인상적이었다. 만화책에서 톡 튀어나온 듯한 귀여운 인상이었지만 입에서 나오는 이야기들은 산전수전 다 겪은 사회인 같았다. 목소리는 주변 소음에 쉽게 묻혀 버릴 만큼 작고 주저하는 말투였지만, 학교와 사회에서 자신이 직접 겪었던 일들을 이야기할 때는 단호했다. 그녀는 만약 다시 돌아간다면 직업계고에 가지 않을 거라고 했다.

민정 씨가 직업계고에 입학한 이유는 중학교 3학년 때, 입학 설명회 식으로 인근 고등학교 교사가 찾아와 학교 자랑을 늘어놓았기 때문이다. 민정 씨가 다니던 학교는 수원에 있었는데, 사실 수원 인근의 직업계고 가운데 높은 레벨의 학교는 없었다.

> 사실 저는 그때 온 선생님의 설명을 듣고 혹 넘어갔어요. 만화 그리는 걸 엄청 좋아했거든요. 그런데 당시 선생님이 자기네 학교에 오면 디자인을 배울 수 있다고 했어요. 전문적으로 컴퓨터로 작업하는 것도 배우고, 무엇보다 캐릭터 디자인을 할 수 있다고 했거든요. 음 …… 졸업 후에는 그쪽 방면으로 취업도 할 수 있다고 했고요. 아, 그리고 앞으로 이쪽 분야가 유망하다고 했어요. 전산회계 학교(상고) 같은 데서도 설명을 왔지만, 저는 이 학교를 가야겠다 생각했죠. 음 …… 지나고 보니 그땐 왜 그렇게 생각했는지 잘 모르겠어요.

디자인을 배우고 싶으면 대학을 가도 되지만 민정 씨에게는 선택의 폭이 넓지 않았다. 집안 형편이 좋지 못했을 뿐만 아니라 공부도 잘하지 못했다. 일찌감치 디자인을 배워 취업해서 부모님의 부담을 덜어 드리고 싶었다. 대학생 오빠를 보면서 대학에 다닌다는 게 돈이 얼마나 드는 일인지 잘 알고 있었기 때문이다.

빨대로 딸기 셰이크를 들이키는 모습은 영락없는 여고생이었지만, 속내는 이미 어른이 다 된 것 같았다. 그런 그녀에게 나는 차마 집안 형편이 어떤지 자세히는 묻지 못했다.

또 다른 직업계고 졸업생 박영민 씨(19) 역시 직업계고를 가게 된 건 집안 사정을 비롯한 주변 환경 때문이었다.

저희 집이 꽤 가난해요. 더럽게 말이에요. …… 마침 노원구 쪽 LH에 당첨돼서 그쪽으로 이사를 갔어요. 거기서 동네 아는 형이 집 근처 IT고등학교를 다녔는데, 그 형을 보면서 학교가 좋다고 생각했어요. 제가 미쳤죠. 그때는 왜 그런 생각을 했는지 …… 그 형을 보고 '착각'을 해서 그 학교에 입학했어요. 허탈하죠? (웃음) 공부도 엄청 못했고, 뭐 하고 싶은 것도 없었거든요. 사실 …… 그런 거 있잖아요? 음 …… 잉여? 맞다. 딱 그거였어요. 잉여. 잉여였어요.

제가 중학교 때 세월호가 터졌거든요. 그냥 막연히 정치를 하면 좋겠다 생각했어요. 세월호 참사를 보면서 정치인들이 너무 멍청하고 답답하다고 생각했거든요. 왜 저따위로 하나 싶었어요. 왜, 그런 거 있잖아요? 아이들 죽게 만든 어른들은 싹 다 잡아서 감옥에 쳐 넣어야 하는 거 아니에요? 그런데 그걸 안 하대……. 어이가 없어서 …… 답답했어요. 나라면 저 희생자들의 눈물을 닦아 줄 수 있을 거 같았거든요. 그런데 사춘기가 끝날 즈음이었던 거 같아요. 아 그 있잖아요? 내가 디디고 있는 땅바닥을 알게 됐다고 해야 하나 …… 우리 집이 더럽게 못 산다는 것과 내가 정치인을 하기엔 엄청나게 공부를 못한다는 걸 알게 됐죠. 헐렝이었죠. 쩝. 내 위치를 잘 알게 됐다고 해야 하나요? 내가 어떤 걸 선택할 위치에 있지 않다는 것을 알게 됐다고 해야 하나요? 일단 특성화고 가서 빨리 취업한 뒤, 재직자 특별 전형으로 대학을 가자고 생각했죠.

6호선 새절역 인근 커피숍에서 만난 영민 씨는 여느 직업계고 졸업생들과는 달리 내게 명함을 건넸다. 정의당 지역위원회에서 객원 기자로 활동하고 있었다. 여전히 정치에 대한 관심은 놓지 않고 있던 것이다. 약간 통통한 외모의 그는 거친 말투로 거침없이 말을 이어 나갔다. 마음속 화가 가라앉지 않는 듯했다. 간간이 욕설이 뒤섞인 '사자후'가 쏟아졌다. 학교와 사회에서 받은 상처를 내가 괜시리 휘적거린 듯했다. 열변을 토하는 그에게 나는 달리 해줄 말이 없었다.

∧∨∧

김민수 씨(19)는 공부를 소홀히 하다 특성화고에 입학한 경우이다. 강남역 인근에서 만난 민수 씨는 하얀 얼굴에 곧은 머리, 동그랗고 얇은 검은 테 안경을 쓴 매우 단정한 이미지였다. 예의도 발랐다. 약속 시간 10분 전, 문자로 조금 늦을 것 같다고 연락이 왔다. 다른 직업계고 학생들에게서는 볼 수 없던 매너였다. 기자인 내 질문에도 대기업 면접관한테 답하듯 깍듯이 했다. 우스갯소리를 해도 긴장한 표정은 사라지지 않았다. 어떤 질문을 던져도 미리 준비한 것처럼 정리된 답변이 돌아왔다.

중학교 때 민수 씨는 게임에 빠져 공부를 거의 하지 않았다고 솔직히 고백했다. 중3 여름 때 내신 백분율이 71%였다. 중2 때가 가장 심했는데, 게임에 정신이 팔려, 엄마에게는 매일같이 도서관에 간다고 거짓말하고는 PC방으로 직행했다. 그랬더니 기말 고사 수학 시험지를 보는데, 아는 문제가 하나도 없었다. 결국 다 찍었고 수학 점수는 18점이 나왔다.

"그때 바로 정신을 차렸어야 했는데, 그러지 않고 계속 게임만 했죠. 그때를 생각하면 자기 자신에 대해 뭔가를 놓아 버린 시기가 아니었나 싶어요. 너무도 후회가 돼요. 그때 왜 그랬을까……. 아쉽고 안타깝기만 하죠."

민수 씨는 여전히 깊이 후회가 되는지 자신의 무릎을 내리쳤다.

아버지가 없는 민수 씨는 홀어머니 밑에서 자랐다. 새벽 6시에 일하러 가는 어머니의 문소리에 잠을 깨 하루를 시작했다. 그 시작은 바로 게임이었다. 눈을 뜨면 곧바로 노트북을 열고 지난밤 늦게까지 하던 게임을 시작했다. 집에서 학교까지는 걸어서 10분 거리. 8시 학교 등교 시간까지 2시간의 게임 시간이 주어진 셈이다.

하교 후에도 마찬가지였다. 곧바로 집으로 달려와서는 게임에 빠져들었다. 늦은 저녁, 일을 마치고 들어온 어머니는 그런 민수 씨를 보고도 잔소리 한마디 하지 않았다. 스스로 깨닫기를 기다리는 게 어머니의 교육 방식이었다. 민수 씨는 어머니 얘기만 나오면 고개를 숙였다.

제가 엄마 입장이었으면 속이 터졌을 듯해요. 저는 형제가 없어요. 저 혼자예요. 중학교 때 막연히 그런 생각을 했던 거 같아요. '내가 이렇게 계속 놀면, 우리 엄마는 누가 먹여 살리나.' 저 말고도 형제가 있었다면 그런 생각은 안 했을 것 같아요. 더 놀았겠죠. (웃음) 다행히 외동이라 그런 생각 하면서 정신 차리려 노력한 거 같아요. 고등학교 올라가서는 게임으로 닳고 닳은 노트북을 버렸어요.

민수 씨는 사실 직업계고가 뭐하는 곳인지도 몰랐다. 중학교를 졸업할 즈음, 발등에 불이 떨어지고 나서야 부랴부랴 성적에 맞춰 지금의 학교를 선택했다. 민수 씨는 이 당시를 설명하면서 그나마 자신 있는 표정을 지었다.

처음에는 엄마가 터무니없이 저더러 의사가 되라고 하셨어요. 그래서 아무 말 없이 엄마에게 제 성적표를 보여 줬죠. 엄마는 제가 특성화고에 간다니 탐탁치 않아 했어요. 하지만 뭐 별수 있나요. …… 특성화고에 가면, 자기만의 기술을 갖게 되니 취업도 잘될 거라 생각했어요. 엄마를 생각해서라도 고등학교 가면 중학교를 전라북도 전주에서 졸업한 이명균 군(18)은 사투리가 잘 어울리는 목소리를 지니고 있었다. 그러나 인터뷰 중에는 사투리를 쓰지 않으려고 꽤나 노력하는 눈치였다. 명균 군은 집이 전주였지만 고등학교는 다른 지역 특성화고로 진학했다. 나는 전주에도 특성화고가 있는데 멀리 익산까지 간 이유가 궁금했다.

그러자 검게 그을린 얼굴 위에 검은 뿔테 안경을 걸친 명균 군은 부끄러운 듯 웃으며 손사래를 쳤다. 덩치가 산만 한 명균 군은 그제야 열여덟으로 보였다.

"전주는 아무래도 학교 레벨이 높아요. 성적이 나름 있어야 특성화고에 입학할 수 있어요."

명균 군도 민수 씨처럼 내신이 좋지 않았다. 학교를 잘 나가지도 않았고, 대부분의 시간을 컴퓨터게임으로 날려 보냈다. 밤늦게까지 게임을 하다 보니 늦잠 자기 일쑤였다. 공부에서 멀어지는 건 당연했다. 집안에서도 명균 군에게 직업계고를 권했다. 큰아버지, 둘째 큰아버지 모두 공고 출신이었다. 기능장인 큰아버지는 자기 공장을 운영하고 있었다.

"어차피 그 성적으로 인문계 가봤자 다른 애들 (성적) 깔아 주는 것밖에 안 된다. 차라리 공고 가서 기술 배우는 게 이득이야."

명균 군도 비슷한 생각이었다.

둘째 큰아버지 아들이 인문계를 나왔는데. 거기 갈 때 큰아버지랑 많이 싸웠어요. 큰아버지는 공고를 가라고 하고 형은 인문계를 간다고 고집을 부려서요. 결국 형은 전주에서 대학교까지 나왔는데, 졸업 후에는 딱히 취업할 곳이 없다 보니 가게 점장을 했어요. 취업하고 나서 그럭저럭 생활은 됐는데, 그 형이 나중에 결혼을 하고 나니까 문제더라구요. 결혼을 하면 자기 혼자만 사는 게 아니니까요. 이전에는 혼자 생활하니 가게 점장 월급으로도 감당이 됐는데, 결혼을 하니 그게 안 되더라구요. 아기도 태어나고 …… 결국 고민하다 큰아버지 공장에 들어갔어요. 그때 형이 제게 그런 말을 했어요. "상위권 아니면 인문계 가지 말고 공고에 가서 기술 배워라." 자기 경험에서 우러나온 말이라 그랬는지 제게는 콕 박히는 말이었어요.

명균 군은 나름대로 자신의 조건과 배경에서 최선의 선택을 한 셈이었다.

〈〈〉〉

반면, 상대적으로 집안 환경이 좋고 성적이 우수한 학생들 가운데서도 직업계고를 선택한 아이들이 있다. 성지민 씨(19)도 그랬다.

지민 씨를 만난 곳은 천호동 주꾸미 골목 인근이었다. 지민 씨는 고등학교 때 이 골목의 주꾸미 가게에서 아르바이트를 한 적이 있다고 했다. 집안 형편이 어려워 한 일은 아니었다. 다양한 경험을 해보고 싶었고, 번 돈으로 친구들과 신나게 놀고도 싶었다. 넉살도 좋았다. 내게 자기 경험을 자랑하면서 주꾸미 골목 몇 번째 가게가 제일 맛있다고 조언해 주기도 했다.

인터뷰 내내 지민 씨는 자신만만했다. 지금까지 만나 본 아이들과는 달랐다. 인터뷰도 본인이 하고 싶어 나왔다고 했다. 이전에 방송사와 인터뷰를 해본 적이 있는데 그 경험이 꽤나 재미있었다며 내 앞에서도 내내 망설임 없이 말을 이어 갔다.

지민 씨는 중학교 때부터 이미 '준비된' 학생이었다. 상위 10% 안에 들 정도로 공부를 잘했지만 전략적으로 직업계고에 진학하기로 결정했다. 지민 씨는 자기 성적으로 인문계고를 가면 그저 그런 학생이지만 직업계고에 가면 특출난 학생이 될 수 있다고 생각했다. 실제로 지민 씨는 서울 소재 직업계고를 수석으로 입학했다.

> 장기적으로 생각했어요. 차라리 특성화고를 가서, 공부 못하는 친구들과 경쟁하면 어느 정도 승산이 있지 않을까 생각했죠. 특성화고는 인문계보다 학업 수준이 낮잖아요. 여기서 내신 1등급 받으면, 대학 가기도 쉽겠다 생각했어요. 특성화고 특별 전형을 노린 거죠. 여기서 1등을 하면 학교장 추천서를 받을 수 있고, 그러면 서울 중하위급 4년제 대학은 무난히 간다고 생각했어요. 그렇게 전략적으로 계획을 짠 거죠. 물론 이건 제가 짠 건 아니고 중학교 때 다니던 수학 학원 선생님이 이야기해 준 거예요.

지민 씨가 직업계고를 가겠다고 하자 부모님은 완강히 반대했다. 두 분 다 대학을 나오지 않았기 때문에 자식은 기필코 대학을 보내고 싶어 했다. 부모님 눈에는 직업계고 아이들이 오토바이 타고 다니면서 본드 불고 패싸움이나 하는 애들로 보였다. 하지만 자식의 고집은 꺾을 수 없었다.

"인문계 가서 이도 저도 아니게 되면 누가 책임질 거예요?"

마이스터고 출신 정은수 씨(21)도 상황이나 목표 의식 면에서 지민 씨와 비슷했다. 자신이 다니는 회사 인근의 음식점에서 은수 씨는 중학교 때부터 그려 온 자신의 인생 설계도를 차근차근 설명해 주었다. 그녀는 자신이 그린 인생 설계도를 아직 시작도 하지 않았다고 했다. 퇴근 직후 만난 은수 씨는 화장기 없는 얼굴에, 흰 스웨터를 입고 검은 머리를 아무렇게나 질

끈 동여맨 수수한 스타일이었다. 현재 하는 일, 그리고 앞으로의 인생을 위해 준비하는 것들도 많아 보였다. 인터뷰가 끝난 뒤에는 회사 기숙사에서 프로젝트를 준비해야 한다고 했다.

은수 씨 역시 중3 때 내신으로는 상위 10% 안에 드는 학생이었다. 실제로 마이스터고 입학생들의 내신 성적을 살펴보면, 지역민 전형으로 들어온 입학생을 제외하고, 상위 20% 내외로 상당히 높게 나타난다. 은수 씨가 입학할 때인 2015년 당시, 입학 경쟁률은 16 대 1. 마이스터고를 졸업하면 취업이 잘된다는 소문이 나서 학생들이 많이 몰렸다. 취업의 질도 여느 직업계고보다 상당히 높아 공기업과 대기업으로 가는 애들도 많았다.

하지만 은수 씨가 마이스터고를 선택한 이유는 좀 달랐다. 자신만의 특기, 전문성을 찾고 싶었다. 공부는 잘하지만, 계속해서 공부를 하고 싶진 않았다. 공부를 잘해서 좋은 대학에 가고, 그리고 거기서 졸업하면 원하는 일을 할 수 있다는 건 잘 알고 있었지만 그러려면 대학을 마치는 스물네 살까지 죽어라 공부만 해야 할 것 같았다. 그러기엔 시간이 아까웠다. 싫어하는 공부만 하면서 10대 후반과 20대 초반을 보내고 싶지 않았다. 마이스터고를 진학한 건 나름 전략적 결과였다.

우리 사회가 대학 중심 사회인 건 잘 알고 있어요. 마이스터고를 졸업한 뒤, 회사에 들어가도 3년 후에는 대학에 진학할 수 있어요. 사이버대도 열려 있고 편입도 할 수 있죠. 사이버대 나와서 정규대학에 편입하는 식으로 가는 걸 고민했어요. 그래서 고등학교 졸업 후, 3년간은 차별받는 3년이라 생각해요. 이후 대학 가면 그런 차별은 없어질 거라 생각했고요. 그런데 입학하고 보니 저만 그런 생각을 한 게 아니더라고요. 우리 학교 애들은 다 그렇게 생각하고 여기 왔더라고요.

마이스터고는 실력 있는 기술직 '장인'을 키워 낸다는 취지로 만들어졌다. 그런데 졸업 후 대학에 진학할 경우, 그 취지가 무색해지기 때문에 졸업 후 3년간은 대학 진학을 금지했다. 하지만 우리 사회가 이미 대학 중심으로 돌아간다는 것을 체화하고 있는 아이들에게 그런 취지대로 살아갈 생각 따위 없었다.

∧∨∧

일반적으로 대한민국 청소년들의 77%는 인문계 고등학교를 졸업하면서 대학에 진학할 때 자신의 전공을 고민한다. 대학이야 성적에 맞춰 지원하면 되지만 전공은 또 다른 문제다. 자기 적성이 무엇인지 모른 채 고등학교 3년을 책 속에만 파묻혀 지내기 때문이다. 그러다 보니 전공 선택은 쉬운 일이 아니다. 무엇을 배우는지도 모른 채, 그저 주변 선배, 친구나 인터넷에서 얻은 정보를 가지고 선택하는 경우가 많다. '지식정보학과'가 첨단 지식정보사회를 공부하는 곳인 줄 알고 들어갔는데, 책을 분류하는 법을 배우는 '문헌정보학과'라는 사실을 알고는 황당해 하는 경우도 있다.

그래도 대학에서는 운신의 폭이 넓어 잘못된 선택도 다시 수정할 길이 많다. 전공이 자기와 맞지 않다고 느낀다면, 전과도 가능하고 복수 전공을 할 수도 있고, 여차하면 편입이나 재수도 가능하다. 그게 아니라면, 인턴이나 아르바이트 등을 통해 자신이 하고 싶은 일을 찾아갈 수도 있다. 그만큼 대학생에겐 다양한 선택지가 열려 있다. 그리고 우리 사회는 이들을 두고 꿈을 찾아 노력하는 청년이라 말한다. 대학생들의 시행착오는 실패가 아니라 더 높은 곳으로 도약하기 위한 준비 과정이다.

그보다 세 살 어린 중학교 3학년 때 자신의 전공을 선택해야 하는 직업계고 학생들은 어떨까. 고3이 돼서도 좀처럼 잡을 수 없는 미래가 중3에게 잡힐 리 없다. 그런 상황 속에서 아이들의 선택 아닌 선택을 결정짓는 건 당연히 주변 환경이다. 가족과 가정 형편, 주변 친구들이 이들의 선택을 좌우한다. 직업계고 진학 학생의 상당수가 가정 형편이 어렵거나, 성적이 부진한 학생인 이유도 여기에 있다. 여러 연구에서도 이런 사실은 확인된다.

전라남도 소재 중학교 3학년(4개 학교 267명)을 대상으로 실시한 설문 조사 결과를 보면, 가정의 월평균 소득이 높을수록 직업계고 진학 선호도가 낮아지는 점이 확인된다. 연구 기준상 가정의 월 평균 소득이 한 단위 증가할 때, 특성화고 진학 결정은 0.797배로 감소했다. 또한 직업계고 진학 요인으로는 경제성(27.3%)이 가장 높게 나타났으며, 개인의 적성(19.4%), 사회적 안정성(18.5%), 사회적 인식(7.7%)이 그다음 순이었다.[*]

가구소득이 진학에 미치는 영향도 확인된다. 정보 공개 청구를 통해 얻은 서울시 교육청 자료를 보면, 2017년 기준으로 일반고(인문계)의 경우, 중식비 지원 학생 비율이 전체의 13%(2만7766명)인 데 반해, 특성화고는 전체의 35%(1만6565명)에 달한다. 중식 지원 대상은 기초생활수급대상자, 한부모가족보호대상자, 특수교육대상자, 차상위계층 등이다.

보다 주목해야 할 부분은 가족 중 직업계고 출신이 있을 경우, 직업계고 진학률이 상당히 올라간다는 점이다. 가족 중 직업계고 재학생 또는 졸업생이 있을 경우, 그렇지 않은 학생보다 직업계고에 진학할 가능성이 2.308배 높은 결과를 보였다.[**] 이는 결국 (가족이든 친구든) 주변인의 정보

[*] 오석영·임정만, 2012, "중학생 진학 진로 인식 분석 : 서울 지역 중학생 희망 고교, 고교 계열별 비교,"『아시아 교육연구』13권 4호, 275-96쪽.
[**] 최병덕, 2017, "중학생의 특성화고 진학 의도에 영향을 미치는 요인에 관한 연구"(전남대 교육대학원 석사 논문), 33쪽.

가 아이들의 고교 진학에 절대적인 영향을 미친다는 뜻이기도 하다. 이는 소위 '사회적 자본'의 영향력 때문이다.

일례로, 중산층 가정의 부모는 퇴근 후 아이들에게 책을 읽어 주고, 숙제를 도와주며, 주말에는 각종 박물관, 미술관 체험을 시키는 등의 일련의 노력들을 쏟아부을 수 있다. 또 자신들과 비슷한 수준의 다른 부모들과의 관계를 통해 진학 정보를 얻을 수도 있다. 반면, 빈곤 계층 부모는 아이들에게 이런 사회·문화적 혜택을 제공하기 힘들다. 그런 정보를 어디에서 얻어야 하는지조차 알지 못하는 경우가 대부분이다. 빈곤층 부모의 경우, 장시간 육체노동에 종사하는 이들이 많다. 이들이 하루 종일 고된 일을 한 뒤, 집에 와서 아이들을 위한 정보를 수집한다는 건 쉬운 일이 아니다. 시간을 유동적으로 쓰기 어려운 직종일 경우, 정보 수집에 의지가 있더라도 물리적 한계가 발목을 잡는다. 자연히 아이들 교육에 개입할 여지는 더욱 줄어든다. 부모는 아이들을 내버려 두고, 부모 제약에서 벗어난 아이들은 자기 방식대로 비슷한 처지, 즉 계급적으로 비슷한 친구들과 어울리는 구조가 만들어진다. 이것이 바로 사회적 자본의 영향력이다.

∧∨∧

고등학교 시절 내게는 박대수라는 친구가 있었다. 또래보다 덩치가 컸던 그를 우리끼리는 '돼북선'이라 불렀다. 이 별명이 붙게 된 건 그의 덩치와 담배 때문이었다. 우리는 독서실을 아지트 삼아 놀았다. 인적 드문 독서실 뒷골목에서 담배도 많이 피웠다. 대수는 특히 하루에 담배 두 갑을 해치우는 골초였다. 단초가 된 담배를 거꾸로 물고 풍선 불듯 바람을 넣으면 필터 부분으로 연기가 뿜어져 나갔다. 동그란 필터에서 일정하게 한정 없이 나오는 연기가 거북선에서 나오는 연기와 비슷했다. 그는 늘 이 재주를 우리들 앞에서 시연하곤 했다.

대수가 독서실을 아지트로 택한 건 누나들 때문이었다. 독서실에 간다고 하면 누나들의 감시망을 벗어날 수 있었다. 대수는 삼대독자로, 위로 누나가 셋이나 있었다. 부모님은 둘 다 맞벌이를 했다. 살림은 넉넉지 않았다. SH공사에서 최초로 지은 영구 임대 아파트에 살았다. 아버지가 사업을 하다 집이 크게 기울었고 그 기울어짐은 좀처럼 회복되지 못했다. 10평 남짓의 아파트 큰방 하나에 누나 셋과 부모님이 지냈고, 침대 하나 겨우 들어가는 작은방이 대수 차지였다. 돌아가신 할머니가 귀하게 키워야 한다며 고집을 부려 내준 대수만의 공간이었다. 이따금 누나들이 볼멘소리를 했지만 그때마다 할머니의 역정이 쏟아졌다.

"우리 귀한 손자인데, 니들이 뭔 상관이냐. 자고로 사내는 배포 크게 키우라고 했다. 그래야 큰일을 해."

배포와 혼자 방을 쓰는 게 무슨 상관인지는 모르겠으나 한창 사춘기 시절 독립 공간을 마다할 이유는 없었다.

공부는 잘하지 못했다. 아니, 못했다는 게 더 맞는 표현일 것이다. 임대 아파트에 사는 또래 친구나 형들은 대부분 공고나 상고를 갔다. 그게 아니면 학교를 그만두고 자의반 타의반으로 일찌감치 직업전선에 나섰다. 대수는 그러기 싫었다. 아슬아슬하게 인문계 고등학교에 진학했다. 중학교 때는 그럭저럭 혼자 공부하는 것으로도 중간은 갔는데, 고등학교 진학 후에는 이마저도 쉽지 않았다. 나름 공부는 했지만, 학교 성적은 바닥에 가까웠다. 수업을 도통 알아들을 수가 없었다.

집안 형편상 학원이나 과외는 먼 나라 이야기였다. 상고를 나와 일찌감치 사회생활을 하는 누나들도 자기 앞가림하기 바빴다. 가끔 출근하다

등교를 준비하는 대수를 발견하면, 교복 바지에 꼬깃꼬깃 5000원짜리 지폐를 넣어 주는 게 전부였다.

그런 대수가 안타까웠던지 큰누나가 독서실비를 내주었다. 하지만 그때 이미 대수는 공부를 포기한 상태였다. 혼자서 복잡한 수학과 발음도 어려운 영어를 극복할 자신이 없었다. 대신 친구들과 술, 담배, 그리고 당구를 즐겼다. 그러다 보니 용돈은 늘 부족했다. 집에서 나오는 돈은 정확했다. 회수권과 저녁 밥값을 제외하면 수중에는 담배 한 갑 살 돈도 모이지 않았다.

대수는 언제부턴가 유흥비를 마련하기 위해 주말에 인력소를 나가기 시작했다. 운이 좋으면 팔려 나가 공사 현장에서 일했다. 그렇게 하루 일해서 손에 쥐는 돈이 4만5000원. 돈은 벌어도 벌어도 늘 부족했다. 친구들과 '내기 당구'에라도 질 경우 답이 없었다. 한 번은 머리 깎을 돈까지 몽땅 잃은 적도 있다. 대수의 학교는 두발 규제가 엄격했다. 이마로 머리카락이 3센티미터 이상 내려오면 안 됐다. 학교 정문에서 학생부 선생이 늘 기다란 가위를 들고 서있었다. 3센티미터를 넘으면 몽둥이찜질과 더불어 그 긴 가위가 사정없이 쥐 파먹은 머리를 만들어 버렸다. 이발할 돈마저 잃을 경우, 대수는 '바리캉'이 있는 친구 집에서 자기 머리를 직접 밀어 버렸다. 흠씬 두들겨 맞고 삭발할 바에는 그냥 자기 손으로 삭발하는 게 낫다고 생각했기 때문이다.

그런 대수 주변에는 친구들이 많았다. 당시만 해도 친구들 사이에 인기가 많은 이유는 두 가지였다. 공부를 잘하거나, 싸움을 잘하거나다. 대수는 후자였다. 덩치도 좋았을 뿐만 아니라 배포도 컸다. 성격은 순했다. 누가 먼저 건드리기 전까지는 싸우는 일이 없었다. 자기 힘을 과시하지도 않았다. 누나들이 그렇게 대수를 키워 준 덕이었다. 자연히 친구들이 그의 주변에 몰렸다. 그것이 화근이었을까.

한 번은 학교 앞 당구장에서 친구들과 내기 당구를 치던 중이었다. 대수 학교엔 중학교와 고등학교가 함께 있었다. 대수가 다니는 학교 중학생이 당구를 치며 시끄럽게 떠들었다. 담배를 입에 물고는 '개○○' '씨○○○' 등의 욕설을 끊임없이 내뱉었다. 참다못한 대수가 중학생을 불러 조용히 하라고 했다.

"선배들이 당구 치는데, 담배나 꼬나물고 …… 입에는 걸레를 물었냐. 조용히 좀 치자. 니들은 예의도 없냐."

그 중학생은 당구장을 떠나는 듯했지만, 문제는 그 다음에 터졌다. 중학생은 학교 아이스하키 부원이었다. 대수에게 앙심을 품고 고등학교 선배들을 데려왔다.

"어떤 새끼가 당구장에서 담배 핀다고 지랄이야."

덩치 좋은 녀석들이 당구장 문을 박차고 들어왔다. 대수도 학교에서 한두 번씩 본 애들이었다. 조용히 좀 하라고 했다고 이렇게 떼로 달려드는 상황이 당황스러우면서도 우습게 느껴졌다.

"니가 뭔데 우리 애들한테 이래라 저래라 지랄이야. 너 뭐야? 별 그지 같은 놈이 지랄하고 있어. 야, 그냥 꺼져. 재수 없으니까."

설전 뒤에 주먹이 오갔다. 대수는 분이 가라앉지 않았다. 선배만 믿고 덤비는 그 중학생을, 그리고 덩치와 숫자만 믿고 싸움을 걸어오는 그들을 참을 수 없었다. 하지만 운동부를, 그것도 숫자도 모자라는 상황에서 당해낼 재간은 없었다. 사태는 당구장 주인이 경찰을 부른 뒤에야 진정됐다. 다음 날 대수는 담임선생 앞으로 불려 갔다. 대수를 본 담임은 다짜고짜 뺨을 때리기 시작했다.

"너 같은 폭력배 새끼는 죽어야 해. 니가 살아서 뭐하냐. 죽어. 모든 일을 다 주먹으로 해결하려고 하지? 왜 당구장은 가고 지랄이야. 나가 죽어.

이 새끼야."

대길레 자루를 일본도처럼 휘두르는 담임 때문에 대수는 교단에서부터 교실 끝까지 밀려났다. 전날 싸운 얼굴에 붓기가 아직 가라앉지도 않은 상태였다. 순간 부모님 얼굴이 생각났다. 얼굴을 두 팔로 가리는 것 말고는 달리 할 수 있는 일이 없었다. 대수는 자신이 아무 잘못도 하지 않았다고 생각했다. 싸움을 걸어온 건 그들이었고, 맞기도 자기가 더 많이 맞았다. 잘못했다고 빌었으면 금방 끝이 났을까. 어쨌든 대수는 이를 악물고 버텼다. 담임은 숨이 턱까지 차오른 뒤에야 그쳤다.

이후 대수는 한 달 동안 A4 15장의 '깜지'를 매일 써내야 했다. 15장 가운데 한 장이라도 모자라면 담임은 또다시 일본도를 들었다. 대수는 하루 한두 시간도 못 자며 죽어라 깜지를 채웠다.

하지만 대수와 싸운 아이스하키 부원들은 아무런 처벌도 받지 않았다. 그들은 학교에 상당한 기부금을 낸 아이들이었다. 그들이 입학할 당시 학교에 아이스하키부가 만들어졌다. 사립 초등학교 때부터 아이스하키를 한 애들이었다. 아이스하키 감독 월급도, 아이스하키팀 전용 버스도 모두 그들 부모의 호주머니에서 나왔다. 대수는 가끔 복도에서 그들을 만나면 눈에서 불똥이 튀었지만 달리 할 수 있는 일은 없었다. 같은 곳에 있지만 다른 세상의 아이들이라는 것을 받아들여야 했다.

졸업 후 아이스하키부 아이들은 체육 특기생으로 대다수가 연세대에 입학했다.

∧∨∧

"야, 니들 여기 한 공간에 같이 있으니깐 서로 친구 같지? 등신들아, 정신

똑바로 차려. 이 앞에서 머리 박고 책 붙잡고 있는 애들은 말이야, 졸업하면 니들 인생에서 만날 수 없는 애들이야, 알아? 인생의 궤적이 다른 애들이라고. 지금 책상 위에서 점심 겸상하니 별반 차이 없다고 생각하지? 나중에 봐라. 이 앞에 앉은 애들이 검정 세단 타고 다닐 때, 니들처럼 공부 안 하고 사고 치는 놈들은 꾀죄죄한 작업복 입고 다닐 테니깐."

고3 때 담임은 늘 이런 말을 입에 달고 다녔다. 고등학교 때 소위 '잘나가는' 애들은 공부를 잘하거나, 싸움을 잘하는 아이들이었다. 담임의 말 때문이었을까. 막무가내로 주먹을 휘두르는 애들도 공부 잘하는 애들은 건드리지 않았다. 그들도 저들과 자신들 사이에는 넘을 수 없는 선이 존재한다는 것을 본능적으로 알고 있는 듯했다.

학교는 성적으로 아이들에게 등급을 매겼다. 인문계 고2 여름방학 무렵은 이미 각자가 갈 대학이 정해진 시기다. 선생들이 애써 수업을 하지 않았다. 들을 애들만 들으라는 식이었다. 고2 때부터는 대놓고 엎드려 자도 괘념치 않았다. 반도 쪼개서 '직업반'을 따로 만들었다. 대학에 갈 성적이 안 되는 아이들을 모아 따로 반을 만들었다. 일종의 작은 '직업계고'였다.

고1 때부터 진행된 보충수업은 아이들을 성적별로 등급화해 각기 다른 반에서 수업을 받도록 했다. 이른바 '등급별 맞춤형' 수업. 학교에서는 성적순으로 짠 게 아니라고 이야기했지만, 반에 모인 아이들의 면면을 보면, 그 말이 거짓이라는 것은 금방 드러났다.

등급별로 수업 분위기는 완전 딴판이었다. 공부 잘하는 애들이 모인 반은, 떠들거나 조는 애들이 한 명도 없었다. 반면, 최하위 등급반은 공부하는 애들이 많아야 서너 명에 불과했다. 나머지는 자거나, 만화책을 보는 식이었다. 하지만 학교는 이를 보며 '면학 분위기'가 조성됐다며 만족스러워했다.

내가 나온 고등학교는 인문계였지만, 이런 식의 등급별 줄 세우기와 차별은 직업계고도 마찬가지였다.

우리 사회에서 고등학교 때는 이미 계층화가 확립되는 단계라고 해도 과언이 아니다. 인문계고는 외국어고, 과학고 등 특수목적고등학교와 자율형사립학교, 그리고 학군별로 서열이 정해져 있다. 직업계고도 마찬가지다. 마이스터고를 정점으로 취업률·(대학)진학률에 따라 순위가 정해진다. 주목할 점은 이런 학교 간 서열화는 학교 내 학생들도 등급화한다는 것이다.

높은 서열로 올라가려는 학교나 기존 서열을 지키려는 학교들이나 모두 서열의 기준이 되는 취업률과 대학 진학률에 목을 맬 수밖에 없다. 그리고 이들 수치를 가장 효율적으로 올리는 방식은 잘하는 학생들에게 모든 재원과 노력을 투입하는 것이다. 이는 학생 간 계층 분리를 더욱 공고히 하는 역할을 한다. 이미 벌어진 계층 간 차이를 더욱 벌어지게 하는 것이다.

이런 서열화는 아이들의 실제 삶에 어떤 영향을 미칠까? 박영민 씨의 학교생활을 살펴보자. 그가 다닌 학교는 서울의 한 특성화고로 그는 여기서 스마트전자통신과를 전공했다. 학과 소개에 따르면 영민 씨는 이런 것들을 배워야 했다.

> 통신 및 전자회로에 관한 지식과 기능을 바탕으로 네트워크를 구축하고 운용할 수 있는 능력을 키우며, 각종 전자기기 제작 및 설계 능력을 기른다.

그러나 영민 씨가 지난 3년간 배운 것이라고는 전자회로 납땜질뿐이었다. 영민 씨는 납땜질의 '땜'자만 들어도 속이 울렁거린다.

아니, 제 손이 엄청 떨리거든요. 그런데 땜질을 할 때면, 선생님이 꼭 저한테 와서는 '어이구, 그것도 제대로 못하냐. 등신아.' 이러면서 머리를 때리고 가요. 참나. 손 떨리는 게 그러고 싶어서 그러냐고요. 수전증이 있는 건데 …… 그래도 어떻게든 납땜질만 죽어라 했어요. 그거만 시키니까요.

입학 설명회에서는 컴퓨터 시스템, 서버 안정 구축 등을 배우면서 전자기기에 대한 전반적 이해를 높인다고 들었다. 하지만 들어와서 보니 전혀 딴판이었다.

전사통신과 관련한 그 어떤 특성화고도, 신린상고 같은 상류층 빼고는, 3학년 때까지 전자기기 기능사 자격증 하나 따는 거 말고는 아무것도 없어요. 왜 그런 줄 아세요? 그게 있어야 병역특례 업체에 갈 수 있으니까요! 생각해 보면 바보 같은 건데 …… 그거 하나 바라고 3년 동안 납땜만 배우는 거예요. 어휴. 특성화고 취지가 전문 기술 인재 양성이라고 하지만, 단순히 보면, 여학생들과 산업체에 가지 못하는 남학생들은 취업률의 희생양이 되는 거예요. 이게 뭐하는 짓인지 모르겠어요. 근데 또 학생들이 입학하면 이런 '삽질'을 다시 시작한다니까요.

물론, 전문 강사를 불러서 컴퓨터 시스템을 관리하는 방법이나 네트워크를 구축하는 기술 등 전공을 심화해서 가르치는 방과 후 수업을 하기도 한다. 이들 수업은 자격증을 위해 "납땜질만 가르치는" 정규 과정과 달라서 돈을 내고 들어야 하는 수업이다. 또 학생들이 알아듣기 어려울 정도로 수준이 높은 것도 문제다. 전문 강사는 학생들에게 어느 정도 기본 지식이 있다는 전제하에서 가르친다. 하지만 영민 씨를 포함한 상당수 학생들은 그런 기본 지식을 배워 본 적이 없다.

"결국 돈 낭비죠. 특성화고 출신의 전문 강사들은 아이들 수준을 알아서 그나마 맞춤형으로 가르치지만, 인문계고 나와서 대학 나온, 그러니까 특성화고가 뭔지를 아예 모르는 강사들이 하는 말은 정말 한 개도 못 알아들어요."

그나마 학원에 다니며 보충수업을 들은 극소수 학생들만 방과 후 수업을 이해할 뿐이다. 자연히 수업 시간에 게임만 하는 학생들이 부지기수다. 굳이 이렇게라도 방과 후 수업에 참여하는 이유는 산업체에 지원할 때 가산점이 붙기 때문이다. 또 취업할 때 이력서에 한 줄이라도 더 쓸 수 있다.

잘 모르시겠지만, 특성화고에서도 공부 잘하는 애들을 따로 선발해서 '엘리트 반'을 운영해요. 학교도 나름 노력을 하는 거예요. 공기업이나 보안 업체 같이 좋은 업체에 보내려는 거죠. 지나고 생각해 보니, 미친 짓이었던 거죠. 명문 고등학교도 가기 어려운 공기업을 우리 같은 똥통 학교 출신이 가겠다고 설쳤으니 말이죠. 우리 학교 같은 곳은 보안 업체에 들어가는 게 제일 잘된 거예요. 어차피 여기서 아무리 공부 잘해도 공기업은 못 가요. 애들 수준이 그럴 수준이 안 돼요. 네? 보안 업체가 뭐하는 곳이냐고요? 아 …… 이런 거까지 설명해야 하네. 아, 그 왜 국회 가면 검색대에 가방 놓고 검사하는 기계 있잖아요? 그거 만들고 수리하는 업체예요.

영민 씨가 다니던 학교는 서울 지역에서도 입학하는 학생의 성적이 매우 낮은 축에 속한다. 영민 씨도 공부를 못하는 학생이었다. 공부를 안 하던 습관은 고등학교 와서도 달라질 수 없었다. 게다가 딱히 공부할 이유도 찾지 못했다. 학교에서도 대학에 진학할 게 아니라면 공부는 안 해도 된다는 식이었다. 아이들도 졸업할 때, 자격증 하나만 따면 그만이라고 생각했다.

"학교에선 '어차피 해도 안 되는 애들'이라는 낙인이 찍혀 있어요. '엘리트반' 말고는 알아서 하라는 식이죠."

그나마 영민 씨는 '납땜질' 실습만은 열심히 했다. '나도 산업체에 갈 수 있겠지' 싶었다. 그런데 결국 떨어졌다. 영민 씨는 아직도 못내 아쉽다.

> 생각하면 진짜 짜증나는 거죠. 학교에서 그나마 가르쳐 준 게, 납땜밖에 없거든요. 강압적으로 이거(전자기기 기능사)는 무조건 따야 한다고 해서 겨우 땄는데, 결국은 산업체에서 떨어졌죠. …… 수전증이 문제였어요. 그래도 납땜질만은 정말 열심히 했는데 …… 이거 하나만은 정말 잘해야겠다고 해서 했는데 …… 전 3년 동안 암것도 안 한 사람이 된 거에요.

IT산업 디자인을 전공한 민정 씨는 학교에 입학한 뒤에야 자신이 속았다는 것을 깨달았다. 어릴 때부터 만화 캐릭터 그리는 게 취미였던 그녀는 캐릭터 디자인이나 웹 디자인을 배울 수 있다는 '감언이설'에 넘어가 직업계고를 선택했다. 하지만 학교에서는 캐릭터 디자인이나 웹 디자인은 고사하고 포토샵 사용법도 제대로 가르쳐 주지 않았다.

> 진도를 빼기 위한 수업, 시간 때우기 위주 수업이 전부였어요. 저는 정말 열심히 하려고 했거든요. 제대로 디자인 배워서 저만의 캐릭터를 만들고 싶었어요. 그러려고 이 학교에 온 거고요. 등 떠밀려 온 것처럼 학교에서 지내고 싶지 않았어요. 근데 학교 현실은 자꾸 저를 등 떠밀려 온 학생처럼 만들어 버리더라고요. 전공 수업은 대부분 실무로 진행됐는데, 학생들한테 뭘 하라고만 하지 어떻게 한다는 방법은 알려 주지 않았어요. 예를 들어, 어떤 포스터를 주면서 포토샵으로 똑같이 만들라고 해요. …… 솔직히 학생들이 그걸 어떻게 하겠어요. 포

토샵 단축키밖에 배운 게 없는데요. 미치는 거죠. 대체 뭘 어떻게 하라는 건지…… 답답했어요.

방과 후 수업 교사들은 대부분 전직을 살려 학교로 들어온 이들이 많았다. 즉, 직장에서 디자인 관련 업무를 하던 이들이 교사로 취업한 것이다(이들의 경우 교사 자격증이 없어도 가능하다). 그래서 그런지 아이들 눈높이에 맞춰 가르치는 데는 서툴렀다.

"본인이 디자인 잘하는 거랑 그걸 가르치는 건 또 다른 문제잖아요. 실무는 능하지만 교육은 잘 못하는 케이스랄까요? 그래서 솔직히 그런 교사들이 하는 수업은 제대로 알아듣는 학생이 거의 없었어요."

답답함을 견디다 못한 민정 씨는 같은 불만을 가진 친구들과 함께 몇 차례 교사에게 따지기도 했다.

"포토샵을 학교에서 배운 적도 없는데 어떻게 해요?"

돌아오는 답은 한결같았다.

"다른 애들은 잘하는데 너네만 그러면 어떻게 해? 스스로 좀 잘해 봐."

실제 잘하는 학생이 있기는 했다. 따로 학원을 다니며 포토샵 같은 걸 배운 친구들이었다. 하지만 극소수에 불과했다. 민정 씨처럼 집안 형편이 좋지 않은 아이들이 전문 학원까지 다니기는 어려웠다. 학교는 민정 씨 같은 학생들을 '투명 인간' 취급했다.

분당에 있는 특성화고에 입학한 김고은 씨(19)는 어릴 때부터 요리에 관심이 많았다. 학교 홍보 설명회를 듣고 한눈에 반한 것도 그 때문이었다. 초콜릿이나 빵 만드는 기술을 가르쳐 준다고 했다. 학교를 졸업하면 제빵사가 될 수 있겠다 싶었다. 물론, 성적이 나쁜 것도 특성화고에 들어가게 된 이유 중 하나였다.

고은 씨는 나를 만날 때도 점심을 먹지 못했다며 음료 말고도 빵을 주문했다. 키는 180센티미터가 훌쩍 넘어 보였고 덩치도 매우 컸다. 짧은 머리를 하고 있는 고은 씨는 매우 터프해 보였다. 하지만 주문한 빵 한쪽 귀퉁이를 통통한 손으로 부여잡고는 조심스레 오물오물 뜯어 먹는 모습은 영락없는 여고생이었다. 아이돌 남성 그룹을 좋아하는 고은 씨는 친구들과 만나면 빵을 먹으며 자신들이 좋아하는 아이돌 얘기하는 게 낙이라고 했다.

빵을 좋아해서 이 학교에 입학했지만, 학교에서 가르치는 내용은 고은 씨의 기대와는 전혀 달랐다. 실습 위주인 줄 알았던 수업은 인문계 정규 수업과 비슷했다. 제빵과 관련된 건 하나도 배우지 못했다. 실습도 거의 없었다.

부푼 꿈을 안고 입학했는데, 아무것도 해주는 게 없었어요. 실험이나 제빵 같은 건 전혀 안 하더라고요. 1학년 때부터 전공 수업이 있었는데, 대부분 이론 수업이었어요. 저는 빵 만드는 실습을 하고 싶었는데 말이죠. 인문계 수업이랑 거의 비슷했어요. 전공 관련해서는 거의 배우지도 못했죠. 있어도 일주일에 네 시간 정도? 제가 상상한 것과는 전혀 달랐어요. 당황했죠. 이럴 거면 뭐 하러 이 학교에 왔나 싶었어요. 차라리 제빵 학원 가는 게 나았겠다 싶었죠.

고은 씨는 2학년 때, 취업 대신 대학에 갈까도 고민했다. 어차피 취업도 쉽지 않아 보였기 때문이다. "솔직히 그때까지 취업할 마음도 없어서, 자격증도 하나밖에 없었어요. 환경기능사인데, 따기 쉬워서 따두었어요. 그런데 이 자격증은 취업할 때 거의 도움이 안 되거든요."

하지만 이내 대학은 포기했다. 공부할 자신이 없었다. 한참 공부와는 담을 쌓고 지내다 보니 다시 책상에 앉는 것도 엄두가 나지 않았다.

돈을 어서 벌고 싶은 생각도 컸어요. 내가 먹고 싶은 음식 마음껏 먹고, 아이돌 공연도 실컷 다니고 싶었어요. 친구들이랑 밥 먹을 때 내가 돈도 좀 내보고 내가 돈 벌어서 알아서 쓰고 싶었어요. 대학을 가면 그런 시기가 더 늦어지잖아요. 그래서 다시 취업을 결심했죠.

하지만 전공과 관련된 수업을 제대로 받은 적도, 관련 공부를 해본 적도 없었다. 아이들이 하나같이 이렇게 아무것도 배우지 못하게 된 이유는 뭘까.

∧∨∧

영민 씨가 다니던 직업계고는 서울에서도 커트라인이 매우 낮은 학교였다. 취업률은 상당히 높았지만, 문제는 전공과는 거의 상관없는 쪽으로 취업을 가게 된다는 것이었다. 80%에 육박하는 취업률은 3D 업종으로 빠진 학생들의 취업률까지 반영된 수치였다. 특히 3D 업종으로 빠지는 아이들은 성적이 낮은 아이들이었다.

저도 우리 학교가 왜 그렇게 취업률이 높은지 모르겠어요. 정말 어이없는 일이죠. 말하기도 부끄러운데, 우리 학교는 머리가 돌인 애들이 간다고 정평이 난 곳이거든요. 아무래도 선생들이 '푸시맨'처럼 학생들을 취업 현장에 밀어 넣다 보니 그렇게 취업률이 높은 게 아닌가 싶어요. 학교에서는 공무원이나 공기업 쪽으로 취업할 수 있게 일부 학생들을 선발해서 따로 반을 편성했는데, 모조리 실패했어요. 어이구, 민망해라. 애들 수준이 형편없으니 그렇죠. 게다가 선생들이 그런 반을 운영해 본 적도, 공기업 쪽에 취업을 준비해 본 적도 없는데, 어떻게 성공하겠어요. 어이없는 짓이었죠. 애들도 바보가 아니니 더는 그런 도전을 안 하죠. 실패하면 어떻게 해요? 흥미도 없어요. 선생이 시켜서 그런 특별반에 들어가는데, 아무리 우리 학교에서 공부를 잘해 봤자, 학교 수준이 낮아서 다른 학교와 비교하면 상대가 안 되죠. 그래도 그런 반에 들어갈 수 있는 게 특혜이긴 해요. 어쨌든 학교에서 관리받는 거니까요.

학교에서 특별반에조차 들지 못한 영민 씨는 고3 당시 총 열 군데 면접을 봤다. 모두 학교에서 추천해 준 업체였다. 하지만 그들 사이에 일관성이나 선별 기준은 찾아볼 수 없었다. 공통점은 대부분 단순 업무를 하는 곳이라는 것뿐이었다. 영민 씨는 '정말 학교가 취업률에 목을 맸구나' 싶었다. 그나마 괜찮은 업체에서 면접을 보면, 남는 건 모멸감과 수치심뿐이었다.

기억에 떠올리기도 싫은데 …… 한번은 학교 모의면접 때, 금영 노래방 기기 수리 업체 이사 분이 모의면접 심사관으로 들어왔어요. 왜인지는 모르겠는데, 그 분이 저를 잘 봤나 봐요. 모의면접이 끝나고 따로 불러서는 마음에 든다며, 자기가 자리를 마련할 테니 회사에 면접을 한 번 보러 오라고 했어요. 웬 횡재인가 싶었죠. 전 부푼 마음으로 면접을 보러 갔어요. 으쓱했죠. 회의실 같은 곳에서 면접을 봤는데요. 그때 면접관이 이것저것 묻더라고요. 긴장한 저는 생각나는 대로 막 지껄였어요. 그런데 갑자기 면접관 중 한 분이 제가 다니는 학교 이름을 묻더라고요. 사실 학교 이름을 말하기가 너무 쪽팔려서 조그마한 목소리로 '○○IT특성화고예요'라고 하니, 모르는 눈치더라고요. 사실 우리 학교는 특성화고로 전환하면서 이전에 쓰던 학교 이름을 버렸거든요. 면접관이 특성화고 이전의 학교 이름을 묻더라고요. 아, 정말 미치겠더라고요. 저는 사실 이전 학교 이름을 말하고 싶지 않았거든요. 왜 그랬냐고요? 워낙 악명이 높았거든요. 학교 앞에는 늘 오토바이가 오가는 그런 곳이에요. 깡패 소굴이라는 별명까지 있었죠. 그런데 차마 대답을 안 할 수가 없더라고요. 기어가는 목소리로 "원래 ○○공업 고등학교입니다"라고 하니, 잠시 '거기가 어디지?' 하는 표정을 짓더니 이내 박장대소를 하더라고요. 제가 다니는 학교가 진짜 어딘지를 알았던 거죠. 정말 부끄러워서 미치는 줄 알았어요. 제 얼굴이 시뻘게지니깐, 면접관도 그렇게 대놓고 웃은 게 미안했나 봐요. 그런데 웃음은 멈추지 못하더라고요. 고개를 책상 밑으로 숙이고 계속 웃었어요. 젠장. 그때 느꼈던 수치심은 이루 말할 수가 없어요.

내가 왜 그런 대우를 받아야 하죠? 학교가 '똥통'이라고 거기 다니는 학생까지 '똥' 취급을 받아야 하나요? 제가 쓰레기통에 있는 쓰레기가 된 느낌이었어요. 그런데 쓰레기통 안에 금반지가 들어갈 수도 있는 거 아닌가요?

영민 씨는 자기가 졸업한 고등학교가 증오스럽기까지 했다. 어서 빨리 대학에 진학해서 고졸 학력을 지우고 싶을 뿐이었다.

〰〰

키가 180센티미터가 넘고 덩치도 좋은 김고은 씨는 중학교 2학년 때, 태권도 공인3단 단증을 딸 정도로 운동신경이 좋았다. 특기를 살려 고2 여름방학 때, 태권도 사범으로 아르바이트를 시작했다. 돈이 필요해서 시작한 일이긴 했지만 그녀가 한 일은 허드렛일이 대부분이었다. 아이들에게 태권도를 가르치는 시간보다 청소하는 시간이 곱절 더 많았다.

체육관 청소는 모두 저한테 시켰어요. 죽어라 청소를 하다 보면, 내가 여기 애들을 가르치러 온 건지, 아니면 청소를 하러 온 건지 헷갈릴 정도였어요. 한 달 120만 원 받기로 하고 들어왔는데, 체육관 문 여는 오후 1시부터 밤 10시까지 일했어요. 그렇게 2주 정도 지났나? 더는 못하겠다 싶더라고요. 그만두겠다고 했더니 관장이 그간 일한 돈이라며 8만 원을 주더라고요. 황당했죠. 2주 일했으니 60만 원 받는 게 계산상 맞잖아요. '왜 이것밖에 주지 않느냐'고 따졌더니, 제가 태권도 도복을 몰래 가져갔다며, 그 비용을 빼고 준다는 거예요. 어이가 없어서 …… 저는 그런 적이 없거든요. 난 가져간 적도 없는데, 왜 내가 사라진 도복 값을 치러야 하느냐고 따졌지만, 경찰에 신고하겠다고 그러더라고요. 너무 화가 나서 그러라고 했죠. 어이가 없는 건, 사라진 도복이 새것도 아니라고 하더라고요. 이건 뭐…….

그렇게 악다구니로 싸운 끝에 받아 낸 돈은 20만 원이 안 됐다. 억울했지만 더 싸우기도 싫었다. 그녀는 자신이 '후진' 직업계고에 다니기 때문에 겪는 일이라며 애써 분을 삭였다.

'후진' 학교를 다니는 고은 씨의 전공은 바이오화학이었다. '후진' 학교 내에서도 '꼴통과'로 불리는 과였다. 담배를 피우는 친구들은 물론, 등하굣길에 오토바이를 타고 다니는 애들도 부지기수였다. 그러다 사고로 죽은 친구도 여럿이었다. 바이오화학과 학생들에게는 '공부 못하고 놀기 좋아하는 애들'이라는 딱지가 붙어 있었다.

학교에서 이들은 '골칫거리' 아니면 '투명 인간'이었다. 소프트웨어학과, 정보통신과, 전자제어학과 같은 과는 취업이 비교적 잘됐지만, 바이오화학과는 취업률이 거의 바닥이었다. 아이들 실력에 분명 문제가 있었다. 학교가 노골적으로 공부 못하는 학생들을 바이오화학과로 밀어낸 때문이었다. 학교는 이런 학과별 격차를 이용해 전략적으로 다른 학과 중심으로 취업을 주선했다. 고은 씨 학과 취업률이 바닥인 이유였다.

> 학교 안에서도 차별이 심했어요. 선생들은 열심히 수업 듣는 애들, 자기 말 잘
> 듣는 애들만 예뻐했죠. 그게 어쩔 수 없다고는 생각해요. 선생도 사람인데 자기
> 말 잘 듣는 애들에게 더 관심이 가지 않겠어요? 그래도 공부 못한다고 상대조
> 차 안 해주는 건 좀 그래요. 취업 관련해서 뭐라도 도움을 구할라 치면 알아서
> 하라는 식이에요.
>
>   취업할 때는, 선생이 예뻐하는 애들이 항상 먼저예요. 그 애들이 취업도 먼
> 저 하고, 들어가는 곳도 규모가 있는 좋은 회사들이었어요. 그렇게 선별된 아이
> 들이 좋은 회사로 빠진 다음, 나머지 애들을 남는 일자리에 배치하는 식이에요.
> 저 같은 경우는 고3 때 담임이 초짜였어요. 우리가 첫 제자였죠. 그것도 차별이
> 에요. 고3 때는 취업에 목을 매는데, 초짜 선생이 왔으니 뭘 알겠어요? 학교에
> 서 우리 반 취업을 포기했다는 뜻이었죠.

∧∨∧

그렇다면 직업계고에서 상위권을 차지하는 아이들의 학교생활은 어떨까. 성적이 낮고 가정 형편이 어려워 직업계고에 진학한 김민수 씨는 고등학교 1학년 때부터 열심히 공부에 매달렸고, 그 결과 전교 2등까지 해봤다. 담임 선생도 놀랐고 친구들도 독하다고 혀를 내둘렀다.

   1학년 때는 국·영·수 중심으로 수업이 진행됐지만 2학년부터는 전공 위주로 전환됐다. 민수 씨가 다닌 학교는 전공이 기계과와 자동차과로 나뉘어 있었는데, 2학년 때 둘 중 하나를 선택해야 했다. 민수 씨는 자동차과에 가기로 했다. '기계'는 뭔가 거대하고 딱딱해 보였지만, '자동차'라면 조

립이나 수리 등 여러 기술을 배울 수 있겠다 싶었다.

고등학교 1학년 때, BMW코리아미래재단에서 주최하는 '영 엔지니어 드림 프로젝트'에 참여한 것도 자동차를 전공으로 택하는 데 큰 영향을 미쳤다. 물론, 이 프로젝트를 민수 씨에게 소개해 준 곳은 학교였다.

일단 BMW가 하니깐 좋은 프로그램 같았어요. 그래서 지원했죠. 학교에서도 밀어줬고요. 제가 공부를 잘했거든요.

이 프로그램이 특이한 게, BMW 현장에 있는 분과 우리 학교 학생 세 명이 한 달에 한 번씩 만나 대화를 할 수 있었어요. 한 달에 한 번씩 정기적으로 만나 자동차와 BMW에 관한 이야기를 들었어요. 담당자 분에게 제가 궁금한 점을 물어보면 정성껏 알려 주셨죠. 저는 그때 마음을 굳힌 거 같아요. 자동차를 전 공하고, 이 회사에 들어가야겠다고.

학교 수업은 이론 위주였다. 자동차 수리와 관련된 일을 하고 싶다는 구체적인 꿈을 가진 민수 씨에게는 부족하게 느껴졌다. 도움이 안 되는 건 아니지만, 확실히 도움이 된다는 생각도 들지 않았다. 좀 더 실무적인 일을 배우고 싶었던 민수 씨에게 이 프로젝트는 큰 도움이 되었다. 민수 씨의 경험은 여기서 그치지 않았다.

고등학교 2학년 여름방학 때였어요. 직업 인턴 프로그램으로 현장에 가서 일할 수 있는 기회가 생겼죠. 거기서 많이 배웠어요. 직접 고객 차를 만지고, 현장 직원들이 일하는 모습을 보는 것만으로도 뭔가 느끼는 게 많았어요. 고객 응대도 직접 했거든요. '아, 현장은 이렇게 굴러가는구나' 이런 느낌? 좀 더 있고 싶어서 당시 작업반장에게 부탁해서 2주 더 있었어요. 프로그램 기간은 2주였는데

4주 있었던 거죠. 반장도 제가 신통한지 흔쾌히 허락해 주더라고요.

물론, 직업 인턴 프로그램에 참여한 학생은 학교 내에서 한 손 안에 꼽힌다.

ᐱᐯᐱ

서열의 꼭대기에 위치한 아이들은 대체로 성실하게 노력하는 친구들이 많았다. 중학교 성적이 상위 10% 이내였던 정은수 씨는 마이스터고에 입학한 뒤, 3년 내내 죽어라 공부만 했다. 입학식에서 오른손을 들고 선서한 내용은 아직도 잊히지 않는다.

"할 수 있다. 즉시 한다. 반드시 한다. 될 때까지 한다. 나의 꿈은 마이스터."

은수 씨는 정말 무엇이든 될 때까지 했다. 은수 씨가 들어간 경기도 소재 마이스터고는 취업률이 90%를 넘었다. 취업의 질도 좋았다. 절반 정도가 공기업·대기업에 취업했다. 다른 직업계고에서는 공기업 취업이 '하늘의 별 따기'여서 전교에서 한두 명만 들어가도 성공한 셈이었지만 이곳은 달랐다.

공기업·대기업 말고도 갈 곳은 많았다. 삼성 1차 밴드(하청) 회사로 들어가는 학생도 많았다. 그만큼 학교 이미지가 좋았다. 물론, 당시 이명박 정부의 전폭적인 지원도 무시 못 할 요인이었다. 학교는 학생들에게 물심양면으로 지원을 아끼지 않았다.

앞서 취업한 선배들한테 학교가 신신당부를 했다고 해요. 니들이 잘해야 후배들도 좋은 평가를 받는다고 말이죠. 사고 안 치고, 성실히 일해야 기업이 학교를 믿고 계속 학생을 받는다고 했어요. 선배들의 부담도 컸지만, 그래도 잘해줬으니까 여태 취업률이 90% 이상을 계속 유지하고 있겠죠.

은수 씨는 1학년 때 메카트로닉스학과에서 전기전자 제어와 자동화 시스템 등 전자산업의 기반과 관련한 기초 수업을 받았다. 그리고 2학년 때는 세부 전공을 정해 심화 수업이 진행됐다. 은수 씨는 세부 전공으로는 전기전자 제어를 택했다. 1학년 때 인문계 1, 2학년 과정을 모두 마스터해야 했다. 2학년으로 올라가면 인문계 과목 비중이 줄어들며 전공과목이 늘어나기 때문이다. 심화 과정에서는 대학 때 배우는 공업 수업, 공업 영어 등도 배웠다.

열심히 하는 만큼 친구들끼리의 견제도 치열했다. 은수 씨가 교실에 둔 책이 없어지는가 하면, 필기 노트도 자주 사라졌다. 없어진 책과 노트에는 중요한 구절에 밑줄이 쳐져 있을 뿐만 아니라, 주요 내용을 정리한 포스트잇이 붙어 있었다. 그렇게 사라진 책과 노트가 한두 권이 아니었다. 여러 번 없어진 뒤로는 비밀번호가 걸려 있는 사물함을 이용했다. 그래도 없어졌다. 아침에 교실에 도착하면, 사물함 '자물쇠'가 풀려 있었다. 결국, 은수 씨는 필기한 노트를 복사해 따로 보관해 두는 방법을 택했다.

팍팍한 학교생활이었지만 나름의 재미도 찾았다. 학교는 추운 겨울날에도 온풍기 가동을 최소한으로 한정했다. 전기료 때문이었다. 게다가 개인 온풍기는 화재 위험 때문에 금지했다. 밤늦게까지 공부해야 하는데도 특정 시간만 되면 곧바로 온풍기가 꺼지다 보니 공부가 제대로 될 리 없었다. 자구책으로 학생들은 '해킹'으로 학교 온풍기 시스템 제어권을 풀어 원하는 시간에 온풍기가 운영되게 했다.

'아침 기상나팔'도 마찬가지였다. 4인 1실로 된 기숙사 방에는 소형 스피커가 있다. 학교에서는 이를 통해 간단한 지시 사항을 전달했다. 하지만 학생들은 이 스피커를 좋아하지 않았다. 아침 기상 시간에 울리는 군대 팡파르도 스피커를 조작해 거의 들리지 않도록 했다. 그러다 선생이 오면 다시 키우는 식이었다.

3학년 때는 쉬지 않고 시험이 이어졌다. 인문계 고등학교에서 모의고사를 치르듯 마이스터고에서는 각종 국가기술 자격시험을 치러야 했다. 대략 3개월에 한 번 시험이 다가왔다. 각종 자격증과 어학 점수도 필요했기 때문에 여기에도 상당한 시간을 투자했다. 방학 때도 마찬가지였다. 어학 연수를 가거나 교류 대학에 가서 수업을 받았다. 모두 학교가 매개체 역할을 했다. 학교는 다양한 프로그램을 연결해 주거나 소개해 주었다.

> 방학 때는 어학연수를 가거나 국내 대학 연계 프로그램에 참여해요. 어학연수 프로그램도 있고 교환학생 프로그램도 있어요. 어학연수는 전교생이 한 번은 꼭 가요. 비용은 학교와 학생이 반반씩 부담해요. 원래 전액 학생 부담인데 어학 인증을 받아 오면 경비의 절반을 학교에서 부담해 줘요. 그러다 보니 대부분이 해외로 나가고, 너도 나도 가니까 안 나갈 수 없게 돼죠. 갈 생각이 없던 애들도 모두 나가요.

은수 씨는 어학연수로 중국을 다녀왔다. 그곳 회사도 방문하고 교육도 받았다. 선생님이 직접 모든 일정과 프로그램을 짜줬다. 현지 기업에 연락해서 방문 일정을 잡고 적합한 프로그램을 알아본 뒤, 은수 씨에게 의향을 물어보고 확정하는 식이었다. 학교는 이처럼 상당한 의지를 가지고 학생들에게 다양한 경험을 독려했다.

학교는 학생들에게 각종 외부 대회 참여도 적극 유도했다. 학생들도 웬만하면 대부분 대회에 참여하려 했다. 그것이 향후 취업에서 자신의 포트폴리오가 되기 때문이다. 은수 씨도 고등학교 내내 기술 연구반에서 로봇 이동 알고리즘 프로그램을 만드는 작업을 했다. 쉽지는 않았다. 은수 씨 전공은 전기전자 제어인데 여기에 프로그램 짜는 작업까지 하다 보니 방학 동안에도 두문불출해야 했다. 그 결과 그해 기능올림픽 모바일 로보틱스 분야에서 동메달을 수상하기도 했다. 그에게 '노력의 배신'은 없는 것처럼 보였다.

∧∧∧

그렇다고 최상위 등급의 직업계고를 다닌다고 차별이 없는 건 아니었다. 그 안에서도 학생 간 등급이 나뉘어 있다.

서울에서도 최상위권 직업계고를 다닌 김현정 씨(25)는 3년 내내 차별에 시달렸다. 현정 씨는 마이스터고에 진학한 은수 씨와 마찬가지로 중학교 졸업 성적이 상위 10% 안에 들 정도로 공부를 잘했다. 나름 공부에 자신도 있었다. 하지만 직업계고에 진학하면서 이는 한순간에 깨졌다.

어디부터 이야기를 해야 할까요? 시작은 입학 고사였어요. 모의고사 비슷한 시험이었는데, 수능 영어와 수학 문제를 풀었죠. 그리고 그 시험 결과로 1등부터 250등까지 일렬로 줄을 세웠어요. 그중 상위 50명만 엄선해서 엄청난 혜택을 주면서 시작했어요. 우리 학교는 '얼리버드룸'이라는 독서실이 있었는데, 모든 시설이 완비된 최신식 독서실이었어요. 그곳을 이용할 수 있는 우선권을 그 상위 50명에게 줬죠. 장학금도 챙겨 줬어요. 저는 사실 나름 공부는 잘한다고 생각하면서 특성화고에 왔거든요. 그런데 그 50명 안에 못 든 거예요. 너무 충격을 받아서 한동안 방황했어요.

제가 다닌 특성화고는 특성화고 내에서도 알아주는 '엘리트' 학교였어요. 자연히 공부 잘하는 학생들이 각자의 목적을 가지고 입학했죠. 학교 다닐 때 친구들은 딱 두 부류였어요. 한쪽은 집에 돈이 없어서 무조건 졸업 후 취업을 해야 하는 부류가 있었고, 또 한쪽은 대학 가기 위해 진학한 부류였어요. 인문계고를 가면 내신 관리가 안 되니까 특성화고에 온 거죠. 이 둘 간의 차이는 너무나 명확했어요. 대학에 가려고 온 친구들의 특징은 이미 초·중 방학 때 단기 유학을 다녀왔다는 거죠. 하나같이 영어를 너무 잘해요. 저는 그게 너무나 신기했어요. 그런 친구들은 비싼 고액 과외도 엄청 했어요. 정말 대학을 쉽게 가려고 이곳에 온 거죠. 인문계에서는 내신 1등급을 해도 서울 상위 대학에 가기 어려우니까 전략적으로 여길 온 거예요.

현정 씨는 집안 형편이 어려워 직업계고를 선택했다. 그런 현정 씨가 대학에 가기 위해 이곳에 온 아이들과 어울리기는 쉽지 않았다. 대체로 그런 목적으로 이곳에 온 아이들은 집안 환경이 좋았다. 부모들도 자주 학교를 방문하면서 아이들에게 신경 썼고, 학교는 그렇게 대학 진학을 위해 들어온 아이들을 특별 대우했다.

교장이 아이들 대학 진학률에 목숨을 걸었다는 이야기까지 나왔어요. 왜 그러냐고요? 취업이든 대학 진학이든, 뭐든 높기만 하면 그만이니까요. 학생을 유치하기만 하면 되니까요. 우리 학교는 '진학'으로 유명하거든요. 몇 년 전에 서울대도 보냈어요. 학교에 플래카드가 붙었죠. 학교도 전략적으로 서울대 진학을 홍보 수단으로 적극 활용했어요. 자연히 부모들 사이에 소문이 퍼졌고, 대학 가려는 애들이 엄청 몰리게 됐죠. '여기 오면 대학에 쉽게 갈 수 있겠다' 생각하는 거죠. 인문계에서는 내신 1등급을 받아도 못 가는 대학을 여기서는 2등급만 받아도 갈 수 있다고 하더라고요. 그게 우리 학교의 메리트였어요.

그런데 그렇게 전략적으로 우리 학교에 온 친구들은 딱 봐도 집에 돈이 많아요. 걔들 돈 쓰는 거 보면, 부익부 빈익빈이 뭔지 알겠더라고요. 걔네들은 야자(야간 자율학습)도 안 하고 집에 가요. 그 시간에 과외 아니면 영어·수학 학원을 다니는 거죠. 저 같은 경우는 무조건 학교 공부만 열심히 하면 성적에 문제없을 줄 알았어요. 그런데 그게 아니었어요. 학교 수업만으로는 과외 같은 걸 하는 애들을 따라잡지 못하겠더라고요. 내신은 어떻게 되는데, 모의고사 성적은 아무리 해도 안 되는 거예요. '멘붕'이 왔어요. 자퇴까지 고민했죠. 저보다 더 적응 못하는 친구들은 1학년 때 자퇴하거나 전학 간 친구들도 많아요.

그나마 저는 2학년 때는 어느 정도 적응해서 성적이 올랐어요. 그때 아직도 잊을 수 없는 일이 있었는데, 원가회계 과목이었어요. 그 과목 수행평가에서 제가 1등을 했는데요. 선생님이 저를 교무실로 부르더라고요. 칭찬을 해주시려나 싶었는데 대뜸 '네가 1등을 할 정도로 공부를 잘했냐?' 이러더라고요. 당시 진학을 목표로 하는 남자애가 저랑 동점으로 공동 1등을 했거든요. 그 아이만큼 제가 잘할 줄 몰랐다는 건데, 전 그 얘기가 너무나 상처가 됐어요. 그날 집에 가서 엄청 울었어요. 사실 진학을 목표로 하는 애들은 학교 수업을 안 들어요. 내신이 중요하지 않거든요. 대신 수능 과목인 국어, 영어, 수학 시험을 잘 봐요. 그렇게 공부하는 애들과 저를 비교하면서 제가 그 정도인지 몰랐다고 하니 너무 자존심이 상하더라고요. 저도 과외 받고 학원 다니면 걔네들보다 성적이 나으면 낫지, 못하지는 않을 거라 생각해요. 저랑 다르게 좋은 가정환경에서 태어난 것뿐인데 …… 하지만 선생들은 그런 학생들을 엄청 예뻐했어요. 그런 애들 부모들이 학교에 엄청 신경을 썼거든요. 학교도 자주 와서 선생을 만나고 가요.

학생들에게 떡도 돌리고 햄버거도 쏘고 그래요. 자연히 교장, 교감, 선생 모두 좋아하고 더 신경을 썼죠.

현정 씨는 학교가 그런 아이들을 학업적으로 특별대우해 주는 것까지는 참을 수 있었다. 하지만 취업에서까지 혜택을 주는 모습을 보면서 분노를 넘어 허탈하기까지 했다. 어차피 대학 진학을 위해 들어온 아이들인데, 좋은 취업 자리까지 그 애들에게 돌리는 현실을 보면서 입술을 깨물 수밖에 없었다. 취업을 위해 어쩔 수 없이 이곳에 들어온 자신이 한없이 작아졌다.

교장은 취업 준비하는 애들을 대놓고 싫어했어요. 복도에서 애들을 만나면 아무 이유 없이 그냥 손에 든 막대기로 몸을 툭툭 쳤어요. 만만한 거죠. 반면, 대학 준비하는 애들한테는 그렇게 살가워요. '공부는 잘되고 있냐? 필요한 건 없냐?' 이런 식이에요.

그런데 정말 화나는 건, 좋은 취업 자리도 걔네들 몫으로 돌아가더라고요. 이명박 대통령이 '고졸 채용'에 엄청 신경 썼잖아요. 제가 고3이었던 2011년에 대기업이랑 공기업에서 특성화고 학생들을 많이 뽑았어요. 우리 학교에도 지원하라는 의뢰가 들어왔는데, 그중에는 산업은행도 있었어요. 웃겼던 게, 그러면 그간 취업을 준비해 온 학생들이 지원해야 하잖아요. 그런데 걔네들을 제치고 그간 대학 진학을 준비해 온 남자 한 명과 여자 한 명이 지원했어요. 결국 붙었고, 지금까지 잘 다니는 걸로 알고 있어요. 정말 미친 듯이 화가 났어요. 그런 기회를 준 건 선생이잖아요. 희한하죠? 진학을 목표로 3년 동안 준비하다가, 갑자기 괜찮은 곳에 취업 자리가 나오니, 휙 가버리고 …… 박탈감이 컸어요. 그런 분위기에서 취업을 고민하는 저와 제 친구들은 갈팡질팡했어요. 취업 준비하는 제가 이상한 애 같았죠.

2010년 5월 12일, 안병만 교육과학기술부 장관은 이명박 대통령 주재 고용전략회의에서 "고교 직업교육 선진화 방안"을 보고한다. 당시 691곳이던 직업계고를 2015년까지 마이스터고 50곳, 특성화고 350곳 등 총 400곳으로 재편하는 게 골자였다. 당시 마이스터고는 21곳이었고, 특성화고가 168곳이었다. 이 가운데 350곳으로 확대되는 특성화고는 정부 부처와 지자체 등의 지원을 받아 대학 진학이 아닌 취업을 목표로 하는 산학 협력형으로 전환하기로 했다.

대학에 직업계고 특별 전형 입학 제도를 신설해 취업과 진학의 가능성을 모두 열어 둔 노무현 정부 때와 달리, 이를 대폭 축소해 취업 정책에 집중하도록 한 것이다. 노무현 정부 때 만들어진 '전문계 고등학교'라는 명칭도 '특성화 고등학교'로 바뀌었다. 요리·미용 등에 특화된 특성화고는 이전부터 있었으나 이를 좀 더 많은 학교로 확대하면서 직업계고를 대표하는 학교 유형이 된 셈이다.

이런 정책의 요체는 '경쟁'이었다. 그리고 그 기준은 학생들의 취업률이 사실상 전부였다고 해도 과언이 아니다. 취업률을 기준으로 정상적인 직업교육이 어려운 소규모 직업계고는 단계적으로 통폐합하거나 일반계고로 전환하고, 직업계고 교육과정을 산업계 수요를 반영해 재편하도록 한 것이다. 국·영·수 중심의 학업성취도 평가도 '직업 기초능력 평가'로 대체해, 평가 결과에 따라 정부 지원을 차등화하도록 했다. 또한 마이스터고로 지정된 뒤, 3년 후 취업률과 교육과정 등을 조사해 요건이 미흡하면 교장을 교체하거나 지정을 아예 취소하기로 했다.

사실 직업계고 교사들은 아이들의 이중 구조에 늘 고민스러워 한다. 박영민, 김고은, 최민정 등 앞에서 소개한 사례에서처럼 아이들 사이에는 실력은 물론 학업 의지에서도 현격한 차이가 존재하는 게 현실이다. 그러다 보니 일선 교사들은 수업 난이도를 어느 기준에 맞춰야 할지 고민이다.

게다가 직업계고에서는 아이들의 직업교육은 물론, 공교육으로서 담당해야 할 인문교육도 만족시켜야 한다. 이런 상황에서 기술과 관련된 직업교육을 한다는 것은 일반 학원이나 교육원에서 가르치는 것보다 질이 떨어질 수밖에 없다. 더구나 직업교육을 가르치는 학원 등은 학생 스스로 목적의식을 가지고 찾아오는 경우가 대부분이기 때문에 학생들의 열의나 의지가 높다. 그만큼 학습의 효율성도 좋다. 반면, 여러 학생들이 뒤섞인 학교에서는 그런 열의나 의지를 찾아보기 힘들고 지배적인 분위기에 휩쓸리기 마련이다.

그렇다 보니, 학교는 잘하는 학생과 못하는 학생 간 등급을 나누고, 그에 따라 학급을 나눠 관리하는 방식을 취하고 있다. 그리고 이런 방식은 취업률과 대학 진학률에서 효과를 발휘한다. 하지만 학교교육이 상위 등급 학생들에게만 초점을 맞추다 보니, 그렇지 않은 학생들이 방치되면서 많은 문제들을 낳고 있었다. 내가 만난 아이들이 그랬다.

∧∨∧

직업계고에서 불평등을 심화시키는 대표적 장치는 '특별반'이다. 여기에 속한 학생과 그렇지 못한 학생 사이의 간극은 상당하다. 수업의 질, 선생이 학생을 다루는 방식에서부터 취업 정보 혜택에 이르기까지 모든 것이 차별적이다. 더 심각한 문제는 이렇게 나눈 뒤에는 이동이 거의 불가능하다는 점이다. 일단 특별반에 들어간 학생들이 일반 학급으로 내려가야 할 정도로 부진한 성적을 내는 경우는 매우 드물다. 반대로 일반 학급 학생이 특별

반으로 올라가기도 거의 불가능하다. 반별로 제공되는 교육 서비스와 면학 분위기 등이 기존의 위치를 고착화하기 때문이다. 이런 방식은 아이들에게 어떤 영향을 미칠까.

2014년, 한국청소년정책연구원이 전국 초등학교 4학년부터 고등학교 3학년까지 1만484명의 학생들을 상대로 조사한 인권 실태 연구를 보면 아동·청소년의 차별 피해 경험에서 가장 주요한 사유가 '학업성적'이었다. 최근 1년 동안 "공부를 못한다는 이유로 차별 당한 경험이 있다"는 학생이 30.5%로 수치 자체가 매우 높을 뿐만 아니라 다른 유형의 차별에 비해 학생들 사이에 더 광범위하게 경험되고 있었다.

국가인권위원회에서는 특정 교과목 성적을 기준으로 '우수반'을 편성하고, 나머지 학생은 보통반에 배치한 사례에 대해, 학생 개인의 과목별 수준과 다양한 수요를 충족하는 교육이라기보다는 '평반=열등반'이라는 꼬리표를 달아 주고 낙인을 찍는 결과를 초래하는 학급 편성이라고 판단했다. 학교에서는 이를 능력에 따른 '수준별 학급 편성'이라고 주장했다. 하지만 인권위원회는 평반 학생들은 무시당하고 차별당한다고 느끼며 '열등적 자아상'을 가지게 되고, 이런 의식의 고착화는 학생들의 정신적·교육적 발전을 저해한다고 판단했다. 또 국가인권위원회는 성적 우수자에게만 자율 학

• 차별 피해 경험에서 '학업성적' 다음으로는 연령을 이유로 한 차별이 25.5%, 성별을 이유로 한 차별이 24.3%, 외모나 신체 조건 등을 이유로 한 차별이 23.3%, 지역을 이유로 한 차별이 5.4%, 가정 형편에 따른 차별이 3.8%, 종교를 이유로 한 차별이 3.4% 순이었다("한국 아동·청소년 인권 실태 연구 IV: 총괄 보고서," 한국청소년정책연구원, 2014, 271-72쪽). 여기서 가정 형편에 따른 차별은 3.8%에 불과했다는 점이 눈에 띄는데, 이는 가정 형편과 학업성적은 밀접한 관계를 맺고 있음에도 '학업성적=개인 능력' '가정 형편=주변 환경'의 관념이 작용하고 있기 때문으로 보인다.

습 전용실을 제공한 학교에 대해서도 마찬가지로 '학생들 사이에서 차별적 인식을 조장하는 효과'를 우려했다.

하지만 학교는 그런 차별이 학생들에게 미치는 해악을 애써 무시하며 현실론을 이야기한다. 공부에 대한 의지가 없는 애들까지 신경 쓸 수 없다는 주장이다. 정부가 학교를 등급별로 차등 지원하는 것처럼, 학교도 같은 방식으로 학생들을 지원하는 관행은 일반화된 지 오래다.

사람들은 좋은 교육을 받고 훌륭한 성적을 거두면 좋은 직업을 가질 수 있다고 생각한다. 그리고 좋은 직업은 현재 자신이 발 딛은 곳에서 한 단계 높은 계층으로 올라설 수 있도록 해줄 거라고 믿는다. 사람들은 이런 과정과 결과를 가리켜 '공정'이라 말한다. 하지만 여기에는 간과된 부분이 있다. 모두가 좋은 교육을 받을 수 있는 건 아니라는 점이다. 또 모두가 훌륭한 성적을 거둘 수 있는 것도 아니다. 그러기 위해선 수많은 '혜택'들이 필요하다. 부모의 경제력과 관심이 아이들의 학업 성적에 부여하는 혜택은 굳이 말할 것도 없다. 학교교육은 그런 불평등의 효과들을 조금이라도 완화할 수 있는 것이어야 한다. 최소한의 조건은, 가장 열악한 처지에 있는 학생부터, 가장 높은 삶의 조건을 지닌 학생까지 모든 학생에게 동등한 교육의 기회를 부여하는 것이다.

하지만 현실은 어떨까. 지금의 학교교육은 오히려 이런 불평등을 더욱 고착화시키려 한다. 성적에 따른 차별을 학교가 조장한다. 성적에 따른 차별은 능력에 따른 차별이기에 필요할 뿐만 아니라 공정하다고 말한다. 성적이 낮은 학생들에 맞춰 교육을 하다 보면, 정작 성적이 좋은 학생들에게 피해가 간다. 성적에 따라 위계화된 구조에서 낮은 곳에 위치한 학생들은 열악한 교육 환경을 받아들이는 게 당연하다. 어차피 성적이 낮은 학생들은 배우려고 하지도 않기 때문에 그들을 교육시키는 건 쓸데없는 짓이다.

하위 등급의 학생들을 이미 '실패한 자'로 규정하면서 본연의 의무를 포기하는 셈이다.

하지만 이런 논리는 성적과 능력이 만들어지는 과정은 살피지 않는다. 부모의 부와 권력이 만들어 내는 효과에 대한 고려는 없다. 학생 개인의 능력 부족은 '열등반'을 통해 '처벌'한다. 그리고 그 처벌이 끝나면 어디서도 알아주지 않는 졸업장과 자격증만 쥐어 준 채 사회로 몰아낸다.

5장

취

업

전쟁

내 어머니는 칠남매 중 밑에서 두 번째였다. 형제들 중 유일하게 서울에서 살았다. 내가 초등학교 때였다. 15평 빌라에서 할머니를 모시고 살던 어머니는 갑자기 코딱지만 한 마루에 벽을 쌓고는 2평 남짓 되는 방을 만들었다. 창문도 없는 방이었다. 대낮에도 불을 켜지 않으면 깜깜해 창고 같았다.

어머니가 그 방을 만든 데에는 이유가 있었다. 어머니의 조카, 즉 오빠의 아들이 서울에 취업을 했다. 달리 갈 곳이 없던 조카를 우리 집에서 받아 주기로 한 것이다. 그렇게 나는 사촌형과 같이 살게 됐다.

지방에서 갓 고등학교를 졸업하고 올라온 형은 우리 집 인근의 자동차 정비소에 취직했다. 자동차 정비 기능사 자격증을 가지고 있던 형은 고등학교 때 씨름과 마라톤을 했던지라 체력도 좋고 덩치도 좋았다. 그 체력 때문인지 형은 정말 열심히 살았다. 아침 8시가 되기 전에 집을 나섰고, 저녁에도 밤 10시가 넘어 들어오는 경우가 비일비재했다. 더 늦은 새벽에 들어올 때면, 깜깜한 창고 같은 방에서 코 고는 소리가 들려왔다.

찌그러진 차체를 펴고 도장 일을 하는 형의 손에는 지문이 거의 남아 있지 않았다. 차의 철판을 매일 같이 문지르다 보니 사라졌다고 했다. 손에는 늘 바셀린을 발랐다. 매주 어머니에게 건네는 작업복에는 바늘 크기의 구멍이 사방팔방 뚫려 있었다. 불똥이 튄 자국이었다. 대체 어떤 일을 하길래 그런 자국이 남나 싶었다. 한 번은 주말에 형이 일하는 자동차 수리 공장을 찾아갔다. 과자를 사달라고 조르기 위해서였다. 그곳에서 형이 일하는 모습을 멀리서 지켜보다 나는 이내 발걸음을 돌렸다. 정확한 이유는 뭐라 말할 수 없었지만 시커먼 기름때를 여기저기 묻히고 땀범벅이 되어 차와 씨름하는 형의 모습이 낯설다 못해 충격으로 다가왔던 것 같다. 철없는 나이였지만 그런 형을 불러내 과자를 사달라고 할 수는 없었다.

그런데 어느 날 형은 얼굴에 멍 자국이 들어서 돌아왔다. 아버지가 어떻게 된 일이냐고 물었다. 그러자 형은 머리를 긁적이며 "회사 선배에게 맞았다"라며 웃었다.

일하는데 정신 못 차리면 많이 맞습니다. 다 그런 거 아닙니까. 그리고 좀 맞아야 정신도 바짝 들고 일도 제대로 배운다 아입니까. 다 저 잘되라고 선배들이 혼내고 그러는 깁니다. 제가 일을 제대로 하면 그러겠십니까. 아유, 걱정하지 않으셔도 됩니다. 다 맞으면서 크는 거 아닙니까.

그렇게 말하고 형은 씽긋 웃어 보였다.

∧∨∧

청년들이 제 발로 자유롭게 초원을 달릴 수는 없다는 건 이미 알고 있다. 그래서 일찍부터 사회라는 자동차의 톱니바퀴가 되기로 결심했다. 그런데 차에 탑재되자마자 자신의 톱니가 갈려 나가는 걸 느낀다. 마모되고 마모되어 더 이상 기능할 수 없게 된 후에 느끼는 기분, 그것이 엉망감이다.

지금 결정권을 가진 중장년 기성세대는 비포장도로에 맞는 변속기어로 단련되었다. 속도보다는 힘과 안정성이 중요한 1단 톱니바퀴가 그들이다. 그런데 어느덧 이 사회에는 곳곳에 고속도로가 깔리게 되었고, 청년들은 작은 힘으로 부드럽게 속력을 낼 수 있는 3단 기어에 맞게 길러졌다. 그런데 그들이 일터에서 만나는 조직 문화와 일 방식은 여전히 맨땅에 헤딩하는 1단 기어다. 운전

대를 잡은 사람들이 익숙한 기어이기 때문이다. 변속기를 1단에 놓고 가속페달을 한껏 밟으니, 3단 기어들은 톱니가 갈려 나갈 수밖에 없다.*

고등학교를 졸업하고 취업하는 아이들에게 선택의 여지는 거의 없다. 특히 등급이 낮은 학생들의 경우, 선택은 불가능하다. 되는대로 취업을 한 뒤 죽어라 적응하는 수밖에 없다. 학교에서 무엇을 전공했는지, 적성이 무엇인지는 중요하지 않다. 그저 주어진 일에 최선을 다하고, 그 일자리에 최대한 자기를 맞춰야 한다. 김고은 씨도 마찬가지였다.

경기도의 ○○디지털학교를 나온 고은 씨는 전공을 살려 요리하는 직업을 찾고자 했다. 3학년 2학기 중반쯤, 코엑스에서 열린 취업 박람회에서 수제 초콜릿을 만드는 커피 전문점 면접을 보게 됐다. 정규직 자리였다. 몇 개의 체인점을 둔 기업이었는데 수습 기간에는 월 130만 원을 준다고 했다. 그래도 고은 씨는 초콜릿 제조법을 배울 수 있다는 생각에 가고 싶었다. 그런데 담임선생이 반대했다. 최저임금을 받지 못하는 게 마음에 걸렸던 듯했다. 나중에 다른 곳에 취업시켜 준다는 말만 믿고 그는 커피점을 포기했다. 하지만 지금도 그곳을 포기한 게 못내 아쉽다.

신나서 담임에게 붙었다고 말했더니 가지 말라고 하더라고요. 아르바이트라면서. 하지만 정규직 채용이었어요. 물론, 수습 기간이 있었는데, 그걸 두고 담임은 알바식이라고 한 거였죠. 나중에 취업시켜 준다는 말만 믿고 포기했는데, 지금 생각하면 거기 갈 걸 그랬어요. 체인점도 여러 개 있고 꽤 규모가 컸어요. 그

• 이충한, 2019, "위기에 빠진 것은 '청년'이 아니라 '사회'다," 『황해문학』 103호, 47-48쪽.

리고 제가 초콜릿 좋아하는데, 거기서 초콜릿 만드는 법도 배울 수 있었어요. 제 전공(바이오화학과)도 살릴 수 있고요.

그렇게 취업이 엎어지자 고은 씨는 불안해질 수밖에 없었다. 반에서 현장실습을 나가지 않은 학생은 단 두 명뿐이었다. 취업을 책임져 주겠다는 담임은 아무런 신경도 쓰지 않았다. 태권도 3단 유단자였던 고은 씨는 어쩔 수 없이 대형 마트 보안 요원으로 취업했다. 한 달 120만 원을 받았다. 하지만 얼마 못 가 그만뒀다. 자존심이 상해서다. 고은 씨는 오랫동안 운동을 했기에 덩치가 보통 남성보다 컸다. 짧은 머리에 바지 정장을 입고 입을 앙다물고 있으면, 건장한 20대 남성으로 보였다.

보안 요원으로 매장 내에 서있으면, '아저씨, 화장실 어디에요?' 이렇게 묻는 손님들이 많았어요. 수치심에 얼굴이 달아올랐어요. 제가 보기엔 이렇게 보여도 민감한 열아홉 살이란 말이에요. 그래도 어쩌겠어요. 정성껏 화장실 가는 방향을 알려 줬어요. 그런데 그분들이 제 목소리를 듣고는 놀라는 거예요. 남자인 줄 알았는데 목소리가 여자니깐. 거기서 한 번 더 부끄러워지는 거죠. '어이, 총각'은 기본이었어요. 온종일 서있는 것도 힘든데, 이런 말까지 들으면서 일을 해야 하나 하는 회의가 들었어요. 결국 보름 정도 하고 그만뒀죠.

이후에는 지인 소개로 연예인 경호원 일을 했다. 콘서트 경호를 담당했는데, 힘에 부쳤다. 팬들이 공연 무대에 접근하지 못하도록 경호원끼리 깍지를 끼고 몸으로 바리케이드를 짜야 했다. 그래야 무대로 달려드는 팬들의 접근을 안전하게 막을 수 있었다.

이것도 답답하더라고요. 솔직히 제가 운동을 했지만, 힘이 남자들만큼 세지 않아요. 뭐, 또래 여성보다는 세겠지만요. 그런데 공연장에서 연예인 팬들이 저를 남자로 알고는 힘껏 미는 거예요. '남자니깐 이 정도는 버티겠지' 이런 생각인가 봐요. 저는 버틸 재간이 없는데 …… 그렇게 온 힘을 다 쓰고 집에 오면, 녹초가 됐어요. 체력적으로 견디기 힘들었죠.

결국 고은 씨는 경호 일도 얼마 못 가 그만뒀다. 그렇다고 고은 씨가 일할 때 끈기가 없거나 책임감이 없는 건 아니었다. 고은 씨는 고등학교 때 1년 넘게 커피점에서 아르바이트를 했다. 평일 오후 5시부터 밤 11시까지, 주말도 없이 일했다. 하지만 그렇게 한 달 일해서 받는 돈이 80만 원이었다. 최저임금은 물론, 주휴 수당, 연차 수당도 주지 않았다. 그래도 일할 수 있다는 데 감사하면서 1년 넘게 버텼다.

이제 와서 말하는 거지만, 주휴 수당 같은 건 전혀 몰랐어요. 어렸잖아요. 2학년 1학기 때였어요. 누가 노동법을 제게 말해 주겠어요. 그리고 그곳은 유일하게 저를 채용해 준 곳이었어요 그런데 최저 시급에 턱없이 못 미치는 돈을 줬어요. 그저 다니면서 이렇게 받는 게 맞는 걸가 하는 생각만 했을 뿐이에요. 솔직히 한 달에 몇 시간 일하는지 계산도 안 했어요. 얼마를 일하든 한 달에 80만 원을 줬는데, 그 돈이 제게는 엄청 큰돈이었거든요. 그래서 넘어갔는데, 나중에는 분하더라고요. 그만두고 나서 퇴직금도 안 줬으니까요. 소송을 할까도 생각했는데, 그게 어디 쉽나요. 사장 얼굴 보는 것도 지치더라고요.

그렇게 돌고 돌아 지금은 휴대전화 대리점에서 전화 개통이나 요금제 변경해 주는 일을 하고 있다. 한 달 130만 원을 받는다.

솔직히 최저임금도 못 받아요. 그런데 편해요. 여태까지 제가 했던 일 중에서 제일 편해요. 손님이 없으면 앉아서 휴대전화를 해도 돼요. 손님 오면 커피 타 주고, 나머지는 판매사가 다 알아서 해요.

고은 씨는 평일 9시 반부터 저녁 8시 반까지, 주말에는 오전 9시 50분부터 저녁 6시 반까지 일한다. 휴일도 있다. 일주일에 한 번 아무 날이나 휴무일을 정해 쉴 수 있다. "수습 기간이 지나면 150만 원을 준다고 해요. 수습 기간은 석 달이고 정직원이 되면 조금씩 올라서 180만 원까지 준다더라고요."

고은 씨는 인터뷰를 마치고 친구들과 술을 마시러 간다고 했다. 나는 좀 안타까웠다. 그녀가 체념하지 말고 좀 더 싸우고 부딪혀서 자기 권리를 찾고 살았으면 싶었다. 끽 소리도 내지 못하고 이리 치이고 저리 치이는 모습이 안타까웠다. 하지만 전형적인 '꼰대질' 같아서 차마 입 밖으로 내지는 못했다.

그리고 얼마 뒤 구의역 김군 2주기 추모 문화제를 취재하러 갔다가 우연히 그녀를 발견했다. 짧은 머리인 건 여전했다. 반갑게 인사를 하려는데 그녀의 손에 들린 피켓이 눈에 들어왔다.

"구의역 아픔이 없는 세상으로 우리가 바꾸자. 전국특성화고졸업생노동조합."

〈〈〉〉

박영민 씨는 인터뷰를 끝내고 면접을 보러 간다고 했다. 피자헛 주문 상담사를 모집한다는 광고를 보고 지원했다. 정식 직원이 아닌 아르바이트 자리다. 내년 대학 진학을 목표로 수능을 준비 중인 그는 용돈 벌이를 하려 아르바이트를 준비 중이다. 이전에는 여러 곳의 직장을 다녔다. 그가 취업 일선에 뛰어든 건 3학년 2학기, 현장실습 때부터다.

> 차라리 다른 학교를 갈 걸 그랬다는 생각이 들 정도로 3학년 때 담임과 갈등이 심했어요. 취업을 주선해 줬는데, 알고 보니 한 달 단기 아르바이트였어요. 저한테는 그런 설명도 제대로 해주지 않았죠. 그래서 취업할 곳을 직접 알아봤어요. 그런데 그렇게 찾은 회사를 담임은 무조건 안 된다는 거예요. 일이 위험하다는 거였죠. 한 번은 알루미늄 가공 회사에 가겠다고 했는데, 담임이 위험하다면서 무조건 안 된다는 거예요. 어이가 없어서 …… 그런데 공장에서 알루미늄을 가공하고 자르는 건 기계가 다 해요. 알루미늄을 기계에 고정하는 일만 사람이 하죠. …… 담임은 공장도 직접 가보지 않고 군이 그런 곳을 왜 가려 하느냐 이러더라고요. 대체 나더러 어쩌라는 건지.

담임이 영민 씨에게 권한 일은 콜센터 상담사 일이었다. 하지만 상담사는 영민 씨 전공인 스마트전자통신과는 아무 상관이 없었다. 스마트전자통신학과에서는 각종 전자기기의 제작과 설계를 배운다.

담임이 그렇게 제안한 데는 나름 이유가 있었다. 사실 영민 씨 학교 학생들 대다수가 콜센터로 취업했다. 그쪽 업체에서 요구하는 학생 수가 가장 많았기 때문이다. 하지만 영민 씨는 상담사라는 직업이 싫었을 뿐만 아니라 학교에서 추천하는 업체를 믿을 수 없었다.

영민 씨가 학교를 불신하는 데에는 이유가 있었다. 3학년 여름방학 때였다. 학교는 영민 씨에게 업체 한 곳을 소개해 줬다. 은행 전산기기 수리 업체라고 했다. 아르바이트 형식으로 일주일 동안 일해 본 뒤, 업체에서 정식 채용 여부를 결정하겠다고 했다. 마다할 이유가 없었다.

영민 씨가 사는 곳은 노원구였으나 회사 위치는 구로구였다. 새벽 5시에 집을 나와 밤 12시에야 들어갈 수 있었다. 하는 일은 간단했다. 은행과 전산 업무를 맺고 있는 카드 회사를 돌아다니며 컴퓨터가 잘 있는지 확인하는 업무였다. 서울 지역 곳곳에 분산된 카드 회사들에 하나하나 발도장을 찍으며 일주일을 버텼다. 배우는 기술은 아무것도 없는 노가다였다.

지금 생각해도 욕이 나오네요. 말은 은행 전산기기 수리하는 업체라고 들었는데, 가서 한 거라고는 발로 뛰는 것뿐이었어요. 오로지 점검 업무만 했어요. 카드 회사에 지급한 우리 회사 컴퓨터가 고장 없이 잘 있는지를 확인하는 거였어요. 일일이 카드 회사들을 방문해서 체크해야 하니 야근도 많이 했죠. 그렇게 5일 동안 일했어요. 거기서 처음부터 5일만 일한 뒤, 정식 채용하겠다고 했거든요. 와, 근데 나중에 자리가 없다고 하더라고요. 그러면서 뭐라고 하는 줄 아세요? 사교성이 없어서 정식 채용이 어렵대요. 지들이 나랑 대화를 제대로 나눠보기를 했어, 밥을 먹기를 했어 …… 황당했죠. 하지만 아무 말도 못하고 나왔어요.

그런데 나중에 알았는데, 다른 애가 바로 채용됐더라고요. 그 업체 알바도 한 번 안 해본 애였죠. 저랑 같은 학과 친구였어요. 직무도 전혀 다른 전화 받는 업무였죠. 화가 머리끝까지 뻗쳤어요. 애초부터 저를 뽑을 생각이 없었던 거죠. 만약 제가 마음에 들지 않으면, 다른 사람이라도 제가 하던 직무에 뽑아야 하지 않겠어요? 그런데 그러지 않고 엉뚱하게 전화 업무 직원을 뽑은 거예요. 이게 무슨 뜻이겠어요? 그냥 그 업체는 기계 점검하는 5일짜리 단기 알바가 필요했던 거예요. 그런데 적절한 사람이 없으니 학교를 통해 섭외한 거고, 재수 없게 제가 걸린 거죠. 학교를 통해 뽑으면 좀 더 싸게 쓸 수 있고, 뒷말도 안 나올 테니까요. 아, 생각하니 다시 욕이 나오네요.

문제는 또 있었다. 5일 일하고 받아야 할 돈이 약 30만 원. 그런데 업체는 영민 씨가 그만둔 뒤 한참이 지나도 돈을 지급하지 않았다. 영민 씨가 매달릴 곳은 학교뿐이었다. 일한 돈을 주지 않는다고 알렸다. 그러자 담임선생은 되레 영민 씨를 나무랐다.

"너는 애가 왜 그러냐? 회사에 배우러 가서는 왜 돈을 내놓으라고 하는 거야. 사회에 대한 예의가 없어도 너무 없네. 네가 거기 가서 한 일이 뭐가 있는데? 너는 생각이 있는 애냐, 없는 애냐?"

5일 동안 일하면서 영민 씨가 배운 거라곤 아무것도 없었다. 발품 파는 잡일에 불과했다. 누가 뭔가를 가르쳐 준 일도 없었다. 하지만 달리 할 수 있는 일이 없었다. 이후부터는 학교나 담임 말은 듣지 않겠다고 생각했다. 그가 보기에 학교는 그런 식으로 늘 현실론을 이야기하면서 학생들을 무시했다.

이런 이야기까지는 안 하려고 했는데요. 우리 반에 음악하고 싶어 하는 친구가 있었어요. 어느 날 수업 시간에 담임이 그 친구에게 노래를 시켰어요. 친구는 성심성의껏 노래를 불렀죠. 그런데 그 노래를 다 듣고 난 담임이 한마디 하는 거예요. "노래 존나 못 하네." 어이없었죠. 그런데 그 친구는 현장실습으로 취업도 했어요. 공부를 어느 정도 했거든요. 하지만 음악에 대한 꿈이 확고했어요. 대학을 가겠다며 회사를 그만뒀죠. 그랬더니 담임이 미친 듯이 욕을 했어요. 한번은 학교 끝나고 담임이 햄버거 사준다고 그 친구를 맥도날드로 데려갔대요. 나중에 들었는데, 담임이 그 친구에게 훈계하다가 화를 못 참고는 먹던 콜라 컵으로 친구 정수리를 때렸대요. "대학은 나중에 가도 되는데 너는 왜 그러냐. 그리고 너 어차피 대학 못 간다. 네 수준에서 무슨 대학이냐." 이랬대요. 그런 얘기는 우리 반 애들한테도 늘 했기 때문에 별로 놀랍지 않았는데 다만 애를 때린 게 놀라웠어요. 대체 뭔데 사람을 때려…….

또 한번은 2학년 때부터 대학 진학을 준비한 친구가 있었어요. 그 친구는 열심히 해서 자신이 가려던 대학에 갔거든요. 합격 통보를 받은 이후부터 그 친구는 학교에 안 나왔어요. 그런데 담임이 어느 날 수업 시간에 그 친구 험담을 하는 거예요. "지방에 이름 없는 대학 나부랭이에 들어갔다"면서. "쓰레기라서 쓰레기 같은 대학에 갔다"고 하더라고요. 어이가 없었죠. 사실은 그렇지 않았거든요. 그 친구는 서울 소재 자기가 원하는 대학에 간 거였어요.

학교에서는 학생들이 대학 가는 걸 무척 싫어했어요. 취업률이 떨어지니까. 그러니 대학 간 애들한테 대놓고 '쓰레기'라고 욕하는 거죠. 애들은 또 그걸 믿고. 그런 식으로 대학 가면 '등신' 되는 분위기가 만들어지면서 자연히 대학 가려는 마음을 접게 되는 거죠. 이게 학교인가요?

이런 패배자 의식은 복교생들에게도 주입됐다. 현장실습 갔다가 '복교'하는 학생은 아무도 없는 교무실에 하루 종일 앉아 있도록 했다. '복교하면 이렇게 된다'는 본보기였다. 교사들도 그런 '패배자' 낙인찍기에 동참했다. 아직 현장실습을 가지 않은 학생들에게 복교한 학생을 가리키며 "이런 것(현장실습)도 못 견디는 ○○"라고 했다. 그러면 아이들도 그에 따라 복교생을 놀려 댔다.

그런 분위기 속에서 영민 씨도 취업은 해야 했다. 영민 씨는 아르바이트 이후에도, 학교에서 추천해 주는 여러 업체에서 면접을 보았다. 단순 업무가 아닌 기술을 배울 수 있는 곳으로 가고 싶었지만 선택의 여지는 없었다. 여러 차례 면접을 봤으나 모두 낙방이었다.

"학교에서는 저를 등신 취급하더라고요. 취업도 못 하는 멍청이가 된 거죠. 그런데 제가 정말 그렇게 욕먹을 짓을 한 건가요?"

∧∨∧

최민정 씨 학교에서도 3학년 2학기가 되면서 대부분의 학생들이 현장실습을 나갔다. 하지만 전공을 살려 간 친구들은 거의 없었다. 그나마 전공에 맞춰 취업해도 최저임금은 언감생심이었다.

"디자인직은 최저 시급을 못 맞춰 가는 게 대부분이니깐 한 달 135만 원(2017년 최저임금)이라도 받는 것에 감지덕지해야 해."

담임은 대놓고 이렇게 말했다. 민정 씨는 11월에야 첫 현장실습을 가게 됐다. 국가에서 지원해 주는 취업 프로그램에 참여하려 기다리던 중, 담임교사가 면접을 보라며 업체를 소개해 줬다. 다른 학생이 간 곳인데, 처우가 좋다고 했다. 가고 싶지 않았지만 담임교사의 권유를 뿌리칠 수 없었다. 아직도 민정 씨는 그날의 면접을 잊지 못한다.

> 업체 사장이 면접을 봤어요. 현수막이나 포스터 같은 걸 제작하는 회사였어요. 그런데 회사 건물이 폐가 같았어요. 집에서도 엄청 멀었어요. 그런데 담임은 좋은 회사 같다면서 저랑 친구랑 둘이 꼭 가라고 했어요. 사장과 면접을 봤는데, 미리 준비한 포트폴리오를 보여 줬죠. 제가 제작한 포스터, 명함 같은 거요. 딱히 뭐를 물어보진 않았어요. 그런데 면접에서 사장이 한 달 월급이 90만 원이라는 거예요. …… 담임선생님은 140만 원이라고 했는데. 직원도 30명이라고 했는데, 그 절반 수준이었고요.

내키지 않았지만 합격했다. 이게 무슨 일인가 싶었다. 면접에서 돌아오던 길에 담임교사에게 애초 말하던 월급과 다르다고 지적했다. 담임은 "회사에 연락해 보겠다"고 했다. 민정 씨는 그 말을 믿고는 일을 시작했다. 하지만 월급에는 아무런 변화가 없었다. 담임은 한 달 90만 원이라는 "현장실습 표준협약서"에 도장을 찍어 줬다. 민정 씨는 90만 원 받고 일하라는 무언의 압력으로 받아들였다. 두 달 가까이 그곳에서 일했다. 주문받은 현수막 같은 걸 디자인하는 일이었다. 이미 배운 기술들로 충분히 할 수 있는 일이었고, 새로 배울 건 없었다.

현장실습 표준협약서를 보니 우리가 회사에서 디자인 기술을 배워야 하는데, 그런 게 일체 없었어요. 다른 직원과 똑같이 일했죠. …… 회사에서 주문받는 사이트가 있는데, 거기서 제가 직접 주문받고, 이후 고객과 전화 상담하고, 그런 뒤 디자인하고 인쇄하고 포장하는 일까지 다 했어요. 그러니깐 완전히 일만 죽어라 하는 식이었어요.

근무 환경도 열악했다. 건물 월세가 밀려 수도가 끊긴 적도 있었다. 창문 틈이 벌어져 한겨울 칼바람이 사무실로 밀어닥쳤다. 온풍기가 고장 났으나 사장은 고칠 생각이 없었다. 문제 제기를 여러 차례 했으나 소용없었다. 사장실 온풍기는 제대로 작동됐다.

어느 날은 출근했는데, 회사가 사라져 버린 일도 있었다. 민정 씨에게 아무 말 없이 사무실을 옮긴 것이다. 뒤늦게 이전한 사무실을 찾아가 보니 다 쓰러져 가는 건물 한 채가 있었다.

제가 일한 지 한 달 됐을 때였나? 정식 근로계약서를 쓰겠다고 했는데, 마침 회사에 차압 딱지가 붙었어요. 이게 뭔 일인지⋯⋯. 그러고는 회사 전기가 끊겼어요. 방법이 없죠. 전기가 끊겼으니 일을 할 수 없었어요. 그래서 이틀을 쉬다 회사에 갔는데, 회사가 사라진 거예요. ⋯⋯ 수소문 끝에 이전한 곳으로 찾아갔는데, 정말 더 폐가더라구요. 부랴부랴 갔더니 회사에서는 청소하라며 얼어붙은 대걸레를 주더군요. ⋯⋯ 화장실 물은 얼어서 나오지도 않았어요. 결국 정수기 온수를 대야에 받아 청소했죠.

차압이 들어오면서 전기까지 끊기자 부랴부랴 새 건물로 이사한 것이었다. 문제는 계속 이어졌다. 겨우 사무실 구색은 갖추었으나 끊긴 인터넷이 연결되기까지 일주일이 걸렸다. 자연히 그 기간에 일은 모두 중지됐고, 손님도 급속도로 줄어들었다. 사장은 화살을 최 씨와 친구들에게 돌렸다.

어느 날 저를 포함해 특성화고 학생 네 명을 불렀어요. 손님이 줄어든 게 우리가 일을 제대로 못했기 때문이라면서 우리 월급을 줄일 수밖에 없다고 했어요. 그러면서 저를 콕 집어 '너는 솔직히 하는 것도 없이 편히 사는 거 같지 않냐' 그러더라고요. 수치심에 얼굴이 화끈거렸어요. 하지만 어쩔 수 없었죠. 그는 사장이고 나는 부하 직원이니까.

버텼지만 결국은 견디지 못할 일이 발생했다. 해를 넘겨 2018년이 되자 사장은 또다시 특성화고 학생들을 사장실로 불렀다. 올해부터는 최저임금으로 한 달 153만 원을 줘야 했다. 사장은 그 돈은 줄 수 없다며 선택권을 주겠다고 했다.

사장이 저를 포함해서 특성화고에서 온 애들 넷을 다 부르더니 "너희는 싸게 쓰려고 쓰는 거지, 큰돈 쓰게 될 거면 쓸 이유가 없다"면서 나가라고 했어요. 1월 중순쯤이었어요. 황당했죠. 일은 일반 직원이랑 똑같이 했는데 말예요. 그런데 갑자기 다시 말을 바꾸더니 '선택권을 주겠다'며 나갈 건지 안 나갈 건지 개별적으로 말하라고 하더라고요. 그러면서 자기는 일단 누구를 내보낼지 다 정했다고 했어요. 무슨 말인지 모르겠더라고요. 회사에서는 다 정해 놓았다면서 우리에게 나갈지 말지 선택하라니……. 저를 포함해서 네 명 다 그만두겠다고 마음먹었어요. 그래서 사장실에서 나와 곧바로 법무팀장에게 그만두겠다고 했더니 그러라면서 다음 주 월요일에 한 번만 나와서 사장에게 직접 이야기하라더군요. 그래서 월요일에 또 나가서 사장에게 퇴사하겠다고 했지요. 그러자 사장이 "너 이번 달 말까지 일하겠다고 하지 않았냐" 하더라구요. 그런 말을 저는 한 적이 없거든요. 알아보니 담임이 한 말이었어요. 저는 처음 듣는 이야기라 담임한테 전화를 걸었는데 곧바로 육두문자가 쏟아졌어요. "너는 정신이 있는 애니? 다른 사람을 배려할 줄 모르는구나. 네가 뭔데 일을 이렇게 크게 만드냐? 너는 사회성도 부족하고 참을성도 없는 애구나. …… 다른 애들은 다 참고 일해. 너는 지금 유치원생처럼 굴고 있어." 그러더군요. 하하.

수화기 너머에서 쏟아지는 독설을 민정 씨는 묵묵히 받아 냈다. 그리고 그날 사직서를 쓰고 퇴사했다. 회사를 나오는 길에 다시 담임에게 전화가 왔다. 학교로 나오라고 했다. 학교에 가서 담임에게 그간 자신이 겪은 일들을 털어놓았다. 미처 몰랐다거나 위로의 말이 돌아올 줄 알았다. 하지만 담임은 매몰찼다. "너는 회사에 부정적인 감정밖에 없구나. 그런 일은 다른 애들도 다 겪는 일이야. 네가 참을성이 없는 거지." 그러고도 분이 풀리지 않는지, 담임은 취업지원부 담당 교사에게 직접 가서 해명하라고 지시했다.

이후에도 담임의 괴롭힘은 이어졌다. 이번에는 회사로 나오라고 했다.

자신과 같이 가서 사과해야 한다고 했다. 어쩔 수 없이 회사로 가서는 담임과 함께 머리를 조아렸다. 담임은 회사 사장과 법무팀장에게 "우리 애들이 많이 이상해서 죄송하다. 애들이 못 버텨서 죄송하다" 이 말만 반복했다. 직원들이 괜찮다고 하는데도 반복해서 사무실을 돌아다니며 사과했다. 민정 씨도 어쩔 수 없이 머리를 숙였지만 아직도 자신이 왜 사과해야 했는지 모르겠다.

게다가 그게 끝이 아니었다. 회사는 마지막 달 급여를 주지 않았다. 아무리 전화를 해서 달라고 해도 모르쇠로 일관했다. 결국 노동부에 진정서를 내고 나서야 겨우 받을 수 있었다. 4개월 뒤 통장에 들어온 돈은 55만 원이었다.

나중에 알았어요. 회사에서 학교로 연락을 했더라고요. 학생들이 회사에 문제를 일으키고 있다면서 이런 식이면 학생을 더는 못 받는다고. 그런데 그런 회사는 사람 뽑으면 안 되는 거 아닌가요? 어떻게 그런 식으로 협박을 할 수 있죠? 그리고 학교도 그런 곳에 학생을 보내면 안 되는 거 아닌가요? 그런데 담임은 "자꾸 회사에 문제 일으키지 마라. 너는 후배들이 안 불쌍하냐"고 하더군요. 저는 안 불쌍한가 보더라고요.

사회란 이런 곳인가 싶었다. 그래도 일은 해야 했다. 집안 형편이 그랬다. 민정 씨는 최근 현수막을 디자인하는 비슷한 업체에 또다시 취업했다.

원래 다니던 분이 말도 없이 안 나와서 급하게 아르바이트 식으로 일을 시작했어요. 여기는 그래도 가르쳐 주는 사람이 있고, 최저 시급은 준다고 해요. 좋아해야 하는 걸까요? 좋아해야겠죠?

소위 잘나가는 학교를 다니는 학생들은 어떨까. 마이스터고를 졸업한 정은수 씨는 친구들이 선망하는 공기업이나 대기업에는 가지 않았다. 미래가 밝지 않다고 생각했기 때문이다. 입사 초기에는 나이에 비해 많은 돈을 벌수 있겠으나 전망이 없다는 게 그녀의 판단이었다.

> 우리 학교 출신들은 공기업 아니면 삼성 같은 데 갔어요. 순전히 성적순이었죠. 공기업과 대기업에 졸업생 절반 정도가 갔고, 나머지 30% 정도가 중견 기업에 들어갔어요. 그리고 나머지 20% 정도는 작더라도 연매출 20억 하는 내실 있는 기업에 들어갔죠. 저도 대기업을 준비했어요. 사람들이 3학년이 되면 취업 준비를 하는 줄 아는데 아니에요. 1학년 때부터 준비해야 해요. 1학년 때부터 모든 과목의 내용을 기록하고 개인 포트폴리오를 만들었어요. 다 취업을 염두에 둔 거죠. 그리고 동아리 활동, 각종 대회 참여 등 모든 활동을 기록해요.

그렇게 준비했지만 대기업을 포기한 이유는 좀 더 다양한 일을 배우고 싶어서였다. 능력 있는 사람이 되고 싶었다. 그러기 위해서는 많은 일을 배우고 연마하는 게 필요하다고 생각했다.

> 실력 있는 사람은 자기가 조직을 선택하잖아요. 내가 조직에 읍소하는 게 아니라 조직이 내게 읍소하는 사람이 되고 싶었어요. 그래서 자유롭게 살고 싶었죠. 이직을 하고 싶으면 언제든 할 수 있는 실력을 가지고 싶었어요. 삼성에만 갇혀 있고 싶지 않았어요. 해외에도 가고 싶었어요. 대기업에 가면 맡은 일만 하기 때문에 비전이 없다고 생각했어요.

대기업 내 고졸과 대졸 간 차별도 그녀의 발목을 붙잡았다. 마이스터고 졸업 후, 대기업에서 일하는 선배들의 이야기는 한결같았다. 일은 똑같이 해도 대졸과의 연봉 격차는 상당했다. 게다가 고졸은 일을 잘해도 조직의 필요에 따라 가장 먼저 불이익을 받게 된다고 했다. 설계 가공을 잘하는 친구를 사무직으로 보내는가 하면, 전기전자를 전공한 친구를 기계 쪽으로 보내는 식이었다. 가장 먼저 피해를 보는 직원은 늘 마이스터고 졸업생들이었다.

그런 모습을 간접적으로 지켜본 은수 씨가 대기업을 마뜩찮게 보는 건 당연했다. 그녀는 지금 IT회사를 다니고 있다. 건물 설계도 등으로 50년 후 미래 건물 모습을 예측하는 회사다. 시뮬레이션을 돌려 지진, 바람 등에 건물이 얼마나 안전한지, 어떻게 해야 최적의 설계를 하는지 등을 예측하는 작업을 한다. 공학 기술용 소프트웨어를 개발하고 보급하는 솔루션 회사라고 보면 된다.

여기서 은수 씨가 맡은 일은 '의료 솔루션'. 사람의 뇌를 스캔해 미래에 알츠하이머에 걸릴 가능성 등을 살펴보는 프로그램을 개발 중이다. 워낙 전문성을 요하기에 일은 쉽지 않다.

전체 직원이 300명이 넘는 이 회사에서 고졸 출신은 은수 씨를 포함해 11명에 불과하다. 대부분 대졸자였고, 석사·박사 과정을 밟은 이들도 많았다. 그런 회사에 은수 씨가 들어가기는 쉽지 않았다. 시작은 우연이었다. 지금 회사 대표의 강연을 우연히 들은 게 계기가 됐다. 강연에서 말하는 대표의 비전과 생각이 맘에 들었다. 그는 곧바로 취업을 결심했다.

마침 회사에서는 경연 대회를 준비 중이었다. 무작정 지원을 했고 우연인지 행운인지 경연 대회 예선을 통과했다. 그러자 임원들이 놀라워했다. 경연 대회에 참여한 이들 가운데 고졸은 은수 씨 하나였다. 상은 받지 못했지만, 은수 씨를 좋게 본 회사는 그녀를 특채로 뽑았다.

그렇게 입사한 회사에서 일한 지 1년이 조금 넘었다. 3년 일한 뒤에는 재직 전형으로 대학에 들어갈 계획이다. 물론, 회사도 그대로 다닐 생각이다. 대학 수업은 주말에 연달아 들으면 된다. 좀 더 열심히 노력하면 두 마리 토끼를 잡을 수 있다고 생각한다. 대학 졸업장을 가지고 있는 것과 없는 것의 차이가 얼마나 큰지 그녀는 잘 알고 있다.

아무리 실력이 있다 해도 졸업장은 필요하다고 생각해요. 제가 너무 세상을 빨리 알았나요? (대학) 졸업장을 가지고 있는 것과 없는 것은 천지 차이예요. 고졸보다 능력도 없는데 대학 졸업장 있다고 더 좋은 대우를 받는 경우가 많잖아요.

그녀는 틈틈이 자신이 다닐 수 있는 대학이 어디인지 살펴보고 있다.

∧∨∧

특성화고에 전교 1등으로 입학한 성지민 씨는 취업 대신 대학을 선택했다. 졸업 후 곧바로 취업하는 건 유리하지 않다고 판단했다.

제가 그래도 특성화고에서 3년 있으면서 친구, 선배들과 교류가 많았어요. 조언도 많이 들었죠. 이야기는 한결 같았죠. 결론은 '남들이 알아주는 좋은 직장, 이름만 들어도 아는 그런 직장에 취업하지 않는다면 가지 않는 게 맞다'였어요. 우리 학교 졸업생들의 80%는 듣도 보도 못한 지방 기계건설 회사에 들어가요. 소위 말하는 중소기업이죠. 그게 현실이에요. 거기서 쥐꼬리만 한 월급 받으면서 죽어라 일하다가 안 죽으면 다행이에요. 저는 그러고 싶지 않았어요.

고3 현장실습으로 중소기업에 간 친구들이 학교 내에서 절반쯤 됐다. 가정 형편이 어려운 데다 공부를 못해서 좋은 곳은 못 가는 친구들이었다. 그런 친구들이 돈을 벌겠다고 갔다가 한 달 만에 돌아오는 경우도 비일비재했다.

직장에 들어가는 애들은 정말 이를 꽉 깨물고 갔어요. '이거 아니면 길이 없다'며 각오를 다지고 갔는데도 그렇게들 돌아오더라고요. 제가 너무 궁금해서 이유를 물어보니까 시설이 안 좋은 것은 기본이고, 야간에 일을 시키면서 수당도 안 주고 굴린다고 하더라고요. 더구나 한 달에 한 번 무료 봉사라면서 일을 시키고는 돈을 주지 않는 곳도 있었어요. 일당 빼먹기인 거죠. 그러니 한껏 독기를 품고 들어간 애들도 엄청 실망해서는 독기가 다 빠져서 되돌아오더라고요.

지민 씨는 그런 모습을 보면서 공기업이나 대기업 같은 곳이 아니면 취업은 의미가 없다고 판단했던 것이다.

주관에 따라 다르겠지만, 학창 시절 12년을 아무 생각 없이 다녔다고 하면, 중소기업에 취업해서 한 달에 130만 원 받고 일하는 것도 나쁘지 않다고 생각해요. 그걸 누가 뭐라 하겠어요. 자기가 아무런 준비도 안 한 거니까요. 그런데 그 시간 동안 여러 모로 노력했음에도 대기업에 가지 못한다면 아쉽지 않겠어요? 저는 아쉬웠어요. 그런데 고졸 자격증만으로는 그런 대기업에 가기가 어렵더라고요. 제가 아무리 성적이 좋아도 제가 속한 학교 수준이 그랬어요. 그래서 대학 가는 쪽을 선택했죠.

지민 씨가 진학한 대학은 자동차를 전문으로 다루는 곳이다. 주문 제작 자동차, 일명 '커스텀 카' 만드는 법을 배운다. 지민 씨는 여기서 자동차 도색을 전문으로 배우고 있다. 전국에서 이를 가르치는 학교는 이 대학이 유일하다.

지민 씨가 진학한 대학 학과는 졸업률이 매우 낮다. 작년에는 다섯 명만 졸업하고 나머지 35명이 중퇴하거나 휴학했다. 교과과정이 힘들어 대부분이 중도에 이탈하기 때문이다. 대신 그렇게 졸업문을 통과한 학생들은 좋은 회사에 들어간다. 지민 씨는 그곳에서 버틸 자신이 있다. 대학을 졸업한 뒤에는 서울로 돌아와 취업할 계획이다.

현재 BMW 자동차 정비회사에서 일하는 김민수 씨도 지민 씨와 비슷한 생각이었다. 고등학교 내내 열심히 생활해 온 탓인지 공부를 게을리한 친구들을 바라보는 시선이 냉정했다.

제 친구들 중에는 고등학교 때 공부를 포기한 애들이 상당히 많아요. 그런 친구들은 취업이 거의 안 돼죠. 설사 된다 해도 중소기업이나 열악한 작업장이죠. 그런데 그건 당연하다 생각해요. 회사 입장에서는 학생들을 뽑을 때 뭘 먼저 보겠어요? 학업성적을 보는 게 당연하지 않겠어요? 그런 기준이다 보니 고등학교 때 놀던 친구들은 당연히 취업이 어려울 수밖에 없죠. 제가 입장 바꿔 회사 사장이라도 그런 사람은 쓰지 않을 것 같아요.

현장실습 제도로 BMW 정비회사에 들어온 민수 씨 신분은 아직 인턴이다. 일한 지 이제 다섯 달 정도 됐다. 정직원이 되려면 상당한 시간이 필요하다.

민수 씨에게는 '아우스빌둥'이라는 제도가 적용되고 있다. 한독상공회의소에서 마련한 프로그램으로 일과 학습을 병행하는 독일의 제도를 가져

온 것이다. 6개월은 현장에서 일을 배우고, 6개월은 학교에서 공부하는 식이다. 이렇게 총 5년 과정의 프로그램을 마친 뒤, 시험을 치른다. 여기서 합격하면 아우스빌둥 자격증이 나온다. 이 자격증이 있으면 독일 BMW에도 취업이 가능하다. 이 자격증을 딴 후, 회사에서 민수 씨를 더 쓰겠다고 판단하면, 정식 직원으로 채용한다. 민수 씨가 다니던 학교에서는 민수 씨를 포함해 총 다섯 명이 이 과정을 밟고 있다. 사실상 민수 씨의 향후 5년은 이미 정해져 있는 셈이다.

민수 씨는 그간 이 프로그램에 합격하기 위해 여러모로 노력했다. 담당 선생 지휘로 방학 때 따로 방과 후 프로그램을 만들어 취업 정보를 공유하고 프로그램 합격에 필요한 공부를 했다. 또한 프로그램과는 별개로 맞춤형 반을 만들어 면접 준비도 했다. 그 결과, 민수 씨는 2017년 7월 합격 통지를 받았다.

현재는 6개월 코스인 현장 교육 기간을 끝내고 3월부터 아우스빌둥 과정을 밟고 있는 90명과 함께 BMW와 교류하는 대학에서 공부 중이다. 대학 교수와 트레이너와 함께하는 특별반을 구성해 독자적인 교육과정을 진행하고도 있다. 이 교육과정을 마친 뒤에는 곧바로 군에 입대할 계획이다. 아우스빌둥 과정에 있는 90명이 모두 군대에 간다. 아우스빌둥 프로그램에는 군대를 다녀오는 시기도 특정돼 있기 때문이다.

민수 씨는 지금의 일에 매우 만족했다. 업무는 하루 7시간. 오전 9시에 출근해서 오후 5시에 퇴근한다. 인턴이라 최저임금 수준인 150여만 원을 받지만 자기 나이에서는 상당한 돈이라고 생각한다. 월급은 모두 어머니에게 드리고 용돈을 받아 생활하고 있다. 함께 일하는 선배들도 맘에 든다.

선배들을 통해 배운 것도 많아요. 사실 회사 생활 초기에는 책임감이라는 게 뭔지도 몰랐어요. 학교에서는 그런 게 필요 없잖아요. 그런데 제가 언젠가 일하다 실수를 했는데 선배가 저를 호출해서는 그러더라고요. "나는 너를 가르쳐 줄 의무는 없다. 내 일만 하면 된다. 하지만 이렇게 너를 불러 지적하는 것은 네가 성장하길 바라는 마음에서다. 책임감 없이 행동하면, 회사에도 피해가 가고, 너 자신에게도 안 좋은 영향을 미친다. 실수했다면 스스로 해결해야 한다." 고 등학교 때는 실수를 해도 선생에게 혼나는 정도가 전부였죠. 내 실수가 누군가에게 피해를 준다는 생각은 해본 적이 없었어요. 더구나 선생님들과도 편하게 지내는 편이어서 실수에 너그러웠어요. 그때 퍼뜩 정신이 들더라고요. 뒤통수를 한 대 맞은 기분이었죠. 회사가 학교와는 다르다고 생각한 계기가 됐죠. 지금도 그 선배에게는 감사한 마음이에요.

민수 씨는 이 일을 시작한 뒤로는 한 번도 지각을 한 적이 없다. 술은 조금 마시지만 취하지 않을 정도로만 마무리한다. 술 마시고 지각하면, 자신의 이미지에 해가 될 거라 생각해서다. 술을 마셔도 지각하지 않는다는 이미지를 각인시키고 싶었다. 그렇게 보여 줌으로써 5년 뒤 정식 직원 계약을 하고 싶었다.

정식 직원 이후의 목표도 명확하다. 그의 꿈은 장인이다. BMW 테크니션 레벨은 총 5단계다. '주니어' '테크니션' '시니어 1, 2' '마스터 테크니션'. 마스터 테크니션까지 가기는 매우 어렵다. 차근차근 하나씩 밟아 나가겠다고 생각하고 있다. 그의 꿈이 본격적으로 시작되는 건, 5년 뒤 정식 직원 채용부터다.

나름 짧게 살았지만 느낀 게 있다면 열심히 하면 길이 열린다는 거예요. 사람들이 BMW 하면, 당장 제 이름 석 자를 떠올릴 정도로 기술자, 장인이 되고 싶어요.

왠지 모르게 민수 씨의 자부심 가득한 얼굴에 멍자국이 든 사촌형의 씽긋 웃는 얼굴이 겹쳐졌다.

∧∨∧

이명박 정부에서 추진한 선 취업·후 진학 정책, 고졸 적합 일자리 창출, 공공 기관 및 대기업·금융권에서의 고졸 채용 등은 '눈에 띄는' 성과를 거두었다.* 여기에는 미래의 명장을 기른다는 명분으로 2010년 만들어진 마이스터고가 핵심적인 역할을 했다. 마이스터고는 특성화고 중 정부에서 선별한** 학교로 바이오, 반도체, 자동차, 전자, 기계, 로봇, 통신, 조선, 항공, 에너지, 철강, 해양 등 다양한 기술 분야의 학교들이 포진해 있다.

앞에서도 지적했다시피 이명박 정부의 직업계고 정책의 요체는 '차등'과 '차별'이다. 이명박 정부는 마이스터고 졸업생의 취업을 활성화하기 위해 일반 특성화고와 마이스터고의 예산 분배에 차등을 두었다. 2010년부터 5년 동안 취업률이 높은 마이스터고는 학교당 평균 82억 원의 지원을 받은 반면, 일반 특성화고는 36억여 원에 그쳤다. 2011년도 기준으로 학생 1

---

* 이명박 정부 말기인 2012년 당시 직업계고 졸업생 취업률은 37.5%로 2011년 25.9% 대비 11.6%p 증가했다. 반면, 2012년 직업계고 대학 진학률은 50.8%로 2011년 61.5% 대비 10.7%p 감소했다. 이런 취업률은 이명박 정부가 끝나던 해인 2013년에도 이어졌다. 대학 진학률은 41.6%까지 떨어졌고, 취업률은 40.9%까지 올라갔다. 급기야 취업률이 진학률을 앞질렀고, 2017년에는 직업계고 졸업생의 취업률은 50.6%, 대학 진학률은 32.5%로 격차가 무려 20%p 가까이 생겼다.

** 산업 인력 전문가, 학계·유관 기관 전문가, 정책·현장 전문가로 구성된, 교육부 산하의 마이스터고 지정·운영위원회에서 마이스터고 지정을 신청한 특성화고들 가운데 선별하는 방식을 취했다.

인당 정부 지원금을 보면, 특성화고 453만 원, 마이스터고 649만 원으로 196만 원(1.4배)의 차이가 났다. 자연히 중학교 졸업 성적이 좋은 학생들이 마이스터고에 입학했고 그에 따라 좋은 인력도 갖추게 됐다.

기업들도 마이스터고 졸업생 유치에 나섰다. 대기업과 공기업은 좀 덜했지만 여타 기업들은 앞다퉈 마이스터고 출신들을 데려갔다. 2016년 2학기 기준으로 전국 43개의 마이스터고와 산학 협약을 맺은 기업 수는 4403개에 달한다. 마이스터 학교 1개당 100개의 기업과 협약을 맺은 셈이다. 일반 직업계고에서는 엄두도 내지 못할 숫자다.

자연히 취업률은 높을 수밖에 없었다. 2013년 마이스터고 첫 졸업생 3400여 명 중 90% 이상이 대기업·공기업 등에 취업했고 이 수치는 지금도 상당수의 마이스터고에서 유지되고 있다. 일반 직업계고의 경우, 2017년 기준 50.8%의 취업률을 나타내는 반면, 마이스터고는 93%에 달한다.

광주광역시에 있는 모 직업계고 교사는 마이스터고를 두고 "공부 잘하는 아이들과 못하는 아이들을 서로 분리해 놓은 제도"라고 정리했다.

그래도 이전에는 전교 1, 2등을 하면 삼성이나 기아차 같은 대기업에 들어가는 게 가능했어요. 하지만 마이스터고 설립 이후부터는 그런 이야기가 씨가 말랐죠. 우리 학교에서는 공기업은 물론, 대기업에 들어갔다는 이야기를 몇 년 동안 들어 본 적이 없어요. 자연히 학생들 대부분이 '해도 안 된다'는 열패감에 시달려요. 중학교 때 상위권 애들이 전부 마이스터고에 들어가고 차순위 아이들이 우리 학교 같은 데 들어오니까 학교 간 차등이 생기고, 아이들이 취업해야 하는 기업들에서도 마이스터고 출신을 더 선호하게 됐죠. 게다가 예산까지 마이스터고에 집중되잖아요. 악화일로예요.

이명박 정부의 차등화 정책 속에서 취업률을 늘려야 하는 학교는 아이들을 '사람'이 아닌 '숫자'로 바라보게 되었다. 그리고 이 '숫자'를 늘리기 위해 학교는 분주히 경주했다. 하지만 취업률을 높이는 일은 쉽지 않다. 학생이 취업할 업체를 학교와 교사가 직접 찾아야 하는데, 지자체나 관계 기관의 협조 없이 학교가 자력으로, 그것도 전공과 관련된 업체를 발굴하는 데는 한계가 있을 수밖에 없다. 학교로서는 값싼 노동력을 제공한다는 것 말고는 업체의 참여를 유도할 방법이 없다. 결국 아이들이 착취당한다는 사실을 알면서도 열악한 일자리로 밀어 넣는 일이 비일비재해졌다. 이런 구조에서 아이들은 등급에 따라 '공기업-대기업-대기업 1차 밴드-2차 밴드-3차 밴드'로 분배됐다.

물론 학교는 자기 합리화를 한다. 열악한 일자리가 개선되지 않는 게 자신들의 탓은 아니라는 것이다. 또 불성실하고 능력이 부족한 아이들이 그런 열악한 일자리에 가는 것은 당연하다고도 생각한다. 학교가 문제가 아니라 잘못은 학교 공부를 따라오지 못하는 아이들과 열악한 노동조건의 기업에 있다는 것이다.

∧∨∧

내가 대학에 입학했을 때, 우리 과 정원은 40명이었다. 남자 동기는 고작 여덟 명뿐이어서 서로가 잘 알고 지냈다. 그중 이력이 이색적인 친구, 아니 형이 있었다. 스물네 살에 대학 신입생이 된 형은 미친 듯이 공부를 했다. 남학생들은 대체로 군대 가기 전까지 실컷 놀기 마련이었지만, 그는 그러지 않았다.

사연이 있어 보였다. 학교에 오기 전, 직장 생활도 꽤 했다는 이야기를 들었다. 직장에서 버티기 힘들어 그만두고 공부를 하기로 마음먹었다고 했다. 그렇게 공부하던 형은 결국 과 최상위 성적으로 졸업했다. 직업계고 아이들을 취재하면서 그 형이 떠올랐다. 그때는 몰랐지만, 형이 왜 회사를 그만두고, 대학을 선택했을지 어렴풋이 짐작이 갔다. 형은 늘 이런 말을 하고 다녔다.

"졸업해. 대학 졸업장이 최고야. 다 필요 없어."

명망 있는 직업계고를 나온다 하더라도 사회에서 '고졸'을 바라보는 시선은 차갑다. 2011년 25%, 2012년 37%, 2013년 60%. 이명박 정부는 특성화고 정책을 펼치면서 취업률 목표치를 이와 같이 제시했다. 취업률에 따라 지원금을 달리하고, 목표에 도달하지 못한 학교는 통폐합시키겠다는 계획도 밝혔다. 단기적 실적 위주의 밀어붙이기 정책이었다. 취업률을 높이라고만 했을 뿐, 이를 높일 수 있는 인프라는 전무했다. 임금 및 승진과 후생 복지 등에서 대졸자와의 차별 폐지, 병역 문제 해결 등 고졸 취업 정책이 성공적으로 안착하기 위한 장기적인 정책 비전은 없었다. 여전히 직업계고 학생과 부모들 사이에서는 대학에 가려는 분위기가 지배적이었다. 고졸자에게 덧씌워진 사회적 차별과 편견은 견고했다.

사회 전체적으로 질 좋은 일자리가 늘지 않는 것도 문제다. 이런 상황에서 일선 학교에 취업률 목표치만 던져 놓고, 이를 달성하라고 압박하면 어떻게 될까. 기존의 일자리 '파이'만 나누는 식으로 아이들을 배치할 수밖에 없다. 학교가 기업 등급에 따라 학생들을 등급화해 집어넣는 식이 된 이유다. 그 결과, 취업률은 높아졌으나 부작용은 컸다. 2010년 19.2%로 바닥을 찍었던 직업계고 취업률은, 2011년 25.9%, 2012년 37.5%, 2013년 40.9%로 지속해서 상승했지만, 취업의 질을 살펴보면 결과는 다르다.

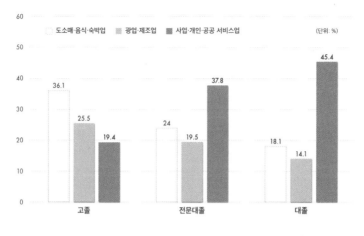

그림 5.1   학력에 따른 산업별 취업 분포(2015년)

통계청 경제활동인구조사를 보면 '신고졸 정책'을 펼쳤던 2010년부터 2015년까지 고졸들의 취업 형태는 달라진 게 없었다. 2015년도 기준으로 보면, 고졸 초기 경력자들(고등학교 졸업 이후의 직장 경력이 5년 이하인 재직자)의 산업별 취업 분포는 도소매·음식·숙박업(36.1%), 광업·제조업(25.5%), 사업·개인·공공 서비스업(19.4%) 순으로 나타났다. 이에 반해 전문대졸 초기 경력자는 사업·개인·공공 서비스업(37.8%), 도소매·음식·숙박업(24%), 광업·제조업(19.5%) 순이었고, 대졸 초기 경력자는 사업·개인·공공 서비스업(45.4%), 도소매·음식·숙박업(18.1%), 광업·제조업(14.1%) 순으로 나타났다(〈그림 5.1 참조〉). 상대적으로 일자리 질이 낮은 서비스업에 고졸자들이 대거 들어가는 구조다. 이 수치는 2010년과 비교해 거의 차이가 없었다.

일자리의 질을 판단할 수 있는 요소로 '기업 규모'를 고려해 보면 2015년 기준으로 고졸이 9인 이하 사업체에 취업한 비율은 48.5%, 전문대졸은 37.8%, 대졸은 27.5%였다(〈그림 5.2 참조〉). 이명박 정부 들어서도 학력

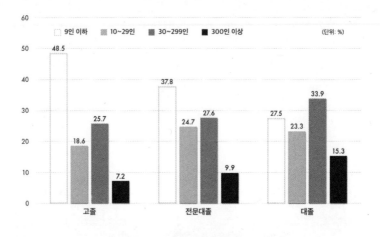

그림 5.2　학력에 따른 기업 규모별 취업 분포

순으로 좋은 일자리에 배치되는 현실은 별반 달라진 게 없었던 셈이다.

　이명박 정부에서 한창 '고졸 신화'를 부르짖던 시기인 2012년, 김현정 씨(25)는 대기업에 취업했다. 이명박 대통령의 말마따나 어려운 환경을 극복하고 '나도 할 수 있다'라는 생각으로 이를 악물고 버티며 공부한 결과였다. 현정 씨가 다닌 직업계고는 서울 지역에서 알아주는 명문으로 세무회계학에 특화된 학교였다. 실력 좋은 학생들도 많아 3학년이 되자 친구들은 대학에 진학하거나 대기업에 취업하는 코스를 밟았다. 하나둘씩 교실을 빠져나가는 친구들을 보면서 현정 씨는 조급해졌다.

　　마음이 급해졌어요. 인간쓰레기 같았죠. 이해 안 가시죠? …… 저는 자랑은 아닌데, 졸업 당시 자격증이 네댓 개 정도 있었어요. 그런데도 한국가스안전공사에 떨어지더라고요. 자신감이 팍팍 떨어졌죠. 교보생명, 한화, LNG생명 등 학력 안 본다는 곳은 죄 지원했는데 마찬가지였어요.

계속 놀고만 있을 수는 없었다. 현정 씨는 실질적 가장이었다. 조그마한 세무사 사무실로 들어갔다. 한 달 월급은 90만 원 남짓. 일한 지 2주 정도 지났는데 직전에 떨어진 금융 대기업에서 시험을 보러 오라는 연락이 왔다. 포기한 지원자가 생긴 것이다. 면접장으로 달려갔다. '설마 되겠어?' 하는 생각과 '그래도 혹시' 하는 마음이 교차했다. 어떻게 면접을 봤는지 기억도 나지 않는다. 면접비 5만 원을 주는 게 좋았던 기억밖에 없다. 다행히 이번엔 합격이었다.

그렇게 해서 현정 씨는 2012년 6월, 카드 영업소에서 총무 일을 시작했다. 1년을 했을까. 이후 심사팀으로 옮겨, 카드 발급을 심사하는 업무를 맡았다. 개인의 카드 발급 요청이 들어올 경우 카드 발급 기준에 부합하는지 살펴보는 업무였다. 그렇게 3년 넘게 일하던 그곳에서 가장 놀랐던 것은 매년 진행되는 희망퇴직이었다.

뉴스에서나 보던 일이 실제 제 눈앞에 펼쳐지니 무척 신기하더라고요. 돈을 많이 줘서 사람을 내보냈어요. 물론, 다들 안 나가고 싶어 하죠. 그런데 회사는 내보내려고 사람들을 들들 볶고 온갖 짓을 다했어요. 어떻게 아느냐고요? 일하던 사무실이 엄청 컸어요. 그래도 전체가 열린 공간이라 다 알아요. 나이 든 부장님이 희망퇴직 대상자가 되면 그분을 팀장이 회의실로 불러내는데요, 그 말소리가 다 들려요. 나이 든 부장님을 계속 압박하는 거죠. 한참 있다가 회의실에서 나오면 둘 다 무척 표정이 안 좋아요. 그러면 얘기가 잘 안 된 거예요. 이후부터 문제가 생기죠. 팀장은 희망퇴직 대상자에게 말도 안 되는 일을 시켜요. 예를 들면, 밖으로 돌아다니면서 고객에게 카드 등록을 해오도록 했죠. 카드 등록 업무는 그런 식으로 하지 않거든요. 그분을 괴롭히려고 일부러 만든 거죠. 그렇게 해도 안 나가면, 아예 다른 부서로 보내 버려요. 희망퇴직자로 선정됐지만 나가지 않고 버티는 사람들만 모아 놓은 곳으로요. 그 부서에서는 카드 대금을 내지 않는 고객을 직접 방문해서 돈 받는 일 같은 걸 시켰어요. 정말 막장 중의 막장이었죠.

현정 씨가 다니던 곳은 철저한 수직 구조였다. 부서장이 어떤 평가를 하느냐가 연봉과 직결됐다. 희망퇴직자를 빠르게, 소리 소문 없이 내보내는 팀장이 좋은 평가를 받고 그에 따라 연봉이 오르는 것이 당연한 수순이었다. 이를 보면서 현정 씨는 사회란 쓸모가 없어지면 가차 없이 버리는 곳이라는 것을 체화했다.

앞에서 말했듯 현정 씨가 취업했을 당시는 이명박 정부 시절이었다. 정부 주도하에 공기업·대기업 같은 곳에도 특성화고 학생들이 들어가던 시기다. 현정 씨는 자신이 '시기를 잘 탔다'고 자축했다. 현정 씨 동기도 대부분이 특성화고 출신이었다. 당시 초임은 연봉 3000만 원이었다.

현정 씨 회사에는 크게 대졸 직군, 대졸 계약직 직군, 그리고 고졸 정규직 직군, 이렇게 세 개의 직군이 존재했다. 현정 씨가 회사에 들어오기 전엔 고졸 직군이 없었다. 현정 씨와 현정 씨 동기들이 회사에 들어오면서 고졸 직군이 생겨났다. 고졸 직군이 하던 일은 이전에는 파견직 등 비정규직들이 맡았던 일이었다. "이게 다 우리 MB님 덕분이라고 생각해요. 지금도 감사하다고 생각해요."

하지만 같은 정규직이라도 출발선이 달랐다. 고졸 직군은 사원으로 시작하지만, 대졸 직군은 주임부터 시작했다. 연봉도 달랐다. 대졸은 초임 연봉이 4500만 원이었다. 같은 일을 하는데도 수당이나 성과급이 달랐다. 모든 부분에서 차이가 있었다. 그리고 그 차이는 이내 차별로 느껴지기 시작했다. 더구나 고졸 직군은 대리까지가 승진의 마지노선이었다. 과장으로 승진하려면 대졸 직군으로 전환해야 했다. 이는 결코 만만한 일이 아니었다.

조건이 상당히 까다로웠어요. 일단 기본적으로 고과가 좋아야 해요. 연차가 10년 이상이어야 하고. 거기에 직무능력시험을 봐야 하고, 영어 성적이 필요했어요. 마지막으로 임원 면접도 통과해야 했죠. 과장부터가 회사 간부였어요. 간부를 뽑는데 그 정도 시험은 필요하다는 게 회사의 기본 정서더라고요.

우리 회사는 직원을 해외 주재소에 보내 주는 프로그램이 있어요. 입사 초기에 지점장이 제게 열심히 해서 미국 지점으로 가라고 했어요. 꿈에 부풀었죠. 열심히 해서 미국 생활을 경험해 보고 싶었죠. 그런데 나중에 보니 고졸 직군은 아예 해외 주재소 가는 프로그램 적용 대상이 아니었어요. 정말 화가 나더라고요.

회사에서 고과는 무척 중요하다. 연봉과 희망퇴직의 기준이 모두 이에 따라 결정된다. 이는 절대평가가 아니라 상대평가다. 1등이 있으면 꼴등이 있는 식이다. 그런데 고과를 매길 때도 부서 안에서 고졸 직군 따로, 대졸 직군 따로 분리해 매겼다. 고과에 따라 수당과 성과급이 지급되는데, 직군 간 그 금액 차이도 상당했다.

저는 이게 차별이라 생각했어요. 어차피 같은 사무실에서 같은 일을 하는 사람들인데, 고졸이냐 대졸이냐에 따라 칸막이를 두고 평가한다는 게 말이 되나요? 부서에 내려지는 하위 고과, 즉 반드시 줘야 하는 바닥 점수가 있어요. 이거는 회사 전략실에서 전체 부서별로 평가를 매기고 그에 따라 최하 평가를 받은 부서에 내려오거든요. 전략실에서 '당신네 부서에서 고과가 가장 낮은 세 명에게 0점을 줘라' 이런 식으로 지시가 내려져요. 그런데 이 0점을 주는 대상은 절대 대졸 직군에서는 나오지 않아요. 무조건 고졸 직군에 할당되죠. 평가는 따로 해

놓고, 하위 평가는 우리만 가져가는 식이었죠.

교육에서도 차별은 존재했다. 현정 씨는 입사 뒤, 2주간 교육을 받고 곧바로 부서에 배치됐다.

고졸 직군은 연수원이라는 곳의 조그마한 강의실에 모여서 아침 9시부터 저녁 6시까지 교육을 받았어요. 그렇다고 무슨 실무를 가르치는 것도 아니에요. 회사의 가치만 죽어라 교육하더라고요. 쓸모없는 내용이었어요. 이후 부서 발령을 받았는데, 업무 교육도 하나 없었죠. 전임 언니가 종종 가르쳐 주는 걸 듣고 스스로 터득해 나갔어요. 그때는 원래 회사는 이런가 보다 싶었죠. 그런데 회사를 다니다 우연히 대졸 신입사원들이 어떻게 교육받는지 알게 됐어요. 그들은 입사하면 한 달 동안 전 부서를 돌아다니면서 일을 경험하더라고요. 그리고 나서 부서가 배정되는 구조였어요. 그리고 신입사원이라 적응하기 어려울 수도 있잖아요. 회사에서는 부서 간부급(과장, 차장)에게 한 달에 5~10만 원을 주면서 멘토링을 하도록 했어요. 술을 사주든 책을 사주든 하라는 거였죠. 특정 시기가 되면 신입사원끼리 1박 2일 교육을 받기도 하더라고요. 그런데 우리 고졸들은 그런 게 아예 없었죠.

그러던 중 현정 씨 동기 가운데 한 명이 회사를 그만뒀다. 입사 1년도 안 된 시점이었다. 이후 동기 몇몇이 순차적으로 사직했다. 그러자 회사에서도 신경을 쓰기 시작했다. 고졸 출신들을 담당하던 인사과 대리가 "뭐가 불만인 거 같으냐"고 물었다. 현정 씨 동기들은 정규직 입사자들처럼 워크숍도 가고, 업무 교육도 받고 싶었다. 자신도 회사에 소속되어 있다는 소속감을 느끼고 싶었다. 현정 씨는 "교육이 부족한 거 같다"라고 답했다.

그러자 회사는 곧바로 입사 1주년을 맞이 워크숍 자리를 마련했다. 입사 후 처음으로 진행된 행사였다. 기대에 부풀었다. 현정 씨 동기인 고졸 출신 33명이 1박 2일 일정으로 대형 버스를 타고 지방으로 떠났다. 그런데 도착해 보니 워크숍 장소는 놀이동산이었다.

웃음밖에 안 나오더라고요. 소속감을 느끼고 싶어서 교육을 해달라고 한 건데 …… 확실히 알겠더라고요. 회사가 우리를 어떻게 생각하는지.

아니꼽기도 했고 치사하게도 느껴졌다. 보란 듯이 대졸자가 되고 싶었다. 일을 하면서 틈틈이 대학 진학을 준비했고, 이내 직업계고 재직자 특별 전형으로 대학에 수석 합격했다. 4년 장학금도 받았다. 그래도 회사는 그만두지 않았다. 회사에서 주는 월급을 포기하긴 쉽지 않았다. 가정 형편상 일을 그만두고 학업에만 몰두할 수는 없었다. 아버지와 이혼한 어머니는 몸이 불편해서 일을 할 수 있는 상황이 아니었고, 하나 있는 언니는 돈 벌 능력이 안 됐다. 현정 씨가 실질적 가장이었다. 하지만 일과 학업을 병행하기란 쉽지 않았다.

대학 입학 즈음이었어요. 갑자기 경영 지침이 바뀌었어요. 신용카드 발급이 24시간 돼야 했거든요. 밤에 홈쇼핑에서 ○○카드로 결제하면 5% 할인해 준다고 호객 행위를 하는 경우가 있잖아요. 그럼 사람들이 5% 할인 받으려고 ○○카드를 새로 발급받아요. 자연히 우리 같은 회사에서는 24시간 내내 그런 사람들에게 카드를 발급해 주기 위해 전화를 받아야 했죠. 원래 한 달에 한 번 당직이 있었는데, 매주 당직을 해야 하는 상황이 생긴 거예요. 학교는 가야 하는데, 매주 당직은 해야 하고 …… 고민하다가 그만둬야겠다고 결심했어요. 사실 이전부터 그만두고 싶은 마음은 굴뚝같았거든요. 다른 일자리를 알아보는 게 낫겠다 싶었죠.

특별히 인수인계할 필요도 없었다. 현정 씨와 똑같은 일을 하는 직원이 스무 명이나 됐다. 사실 회사에 거는 기대나 애정은 일찌감치 접었다. 그만두기 1년 전에도 회사에 사직 의사를 밝혔던 적이 있었다.

당시 타 부서 프로젝트에 차출돼서 일을 했어요. 6개월 정도였나? 그런데 고과가 '최하'가 나온 거예요. 괄목할 만한 실적은 아니었지만, '최하'를 받을 정도로 일을 못하지도 않았거든요. 알고 보니 제가 있던 부서, 그러니까 파견 간 타 부서가 아닌 원 부서가 전체 회사에서 실적 꼴찌를 했더라고요. 그래서 직원에게 주는 '최하' 평가를 꽤나 많은 직원들에게 줘야 하는 상황이었어요. 부서가 최하 평가를 받으면, 직원들이 이를 떠안아야 해요. 그런데 대졸에게는 이런 최하 평가를 주지 않아요. 고졸 직군에서 나눠 가지죠. 제가 있는 부서의 고졸 직군 직원들은 저보다 모두 언니들이었어요. 사실 실적도 저보다 저조했죠. 게다가 저는 타 부서 파견까지 간 상황이잖아요. 상황상 언니들이 최하를 받아야 했어요. 그런데 부서장이 저를 불러서는 '언니들은 결혼도 했고, 자녀도 있지만, 너는 나이도 어리고 미혼이지 않느냐'면서 저더러 최하 고과를 받으라고 했어요. 차마 거부를 못하겠더라고요. 같이 일하는 언니들이었으니까.

그런데 웃긴 게, 저랑 같이 우리 부서에서 함께 차출된 주임이 있어요. 그분은 대졸 출신인데, 같은 고과에서 '최상'을 받았어요. 프로젝트에 참여해서 괄목할 만한 실적을 올렸다는 게 이유였죠. 특진에 상까지 받았어요. 그 사실을 뒤늦게 알고 많이 울었어요. 고생은 고생대로 했는데…… 함께 일해 보면 알잖아요? 일을 잘하는지, 못하는지. 제가 볼 때는 전혀 저보다 잘하거나 그런 게 없었어요. 결국 남는 건, 그분은 대졸이고 저는 고졸이라는 '신분' 차이만 남더라고요. 그게 '최상'과 '최하'로 갈린 이유였어요.

더구나 그때는 몰랐다. 한 번 받은 최하 고과는 결코 회복이 불가능하다는 걸. 이후 현정 씨는 최하 고과를 만회하고자 죽어라 일했다. 그래서 부서 내에서 실적 1등을 차지했다. 그런데 하반기 고과에서 최고를 주지 않았다. 알고 보니 인사 지침상 이전에 최하를 받은 경우, 아무리 실적이 좋아도 최하에서 세 단계 높은 고과만 받을 수 있었다. 지침이 그랬다. 고개를 숙이고 우는 현정 씨에게 담당자는 "네가 1등은 맞지만 최고를 줄 수는 없다"며 등을 두드렸다. 더는 다니고 싶지 않았다. 팀장에게 그만두겠다고 했다. 하지만 팀장은 현정 씨를 끈질기게 설득했다.

"좀 더 하면 승진도 가능해. 너는 가능성이 있어. 해볼 수 있는 데까지 더 해보자. 넌 할 수 있다고. 나도 도와줄게."

회사를 나오면 딱히 할 수 있는 일도 없었다. 현실이 현정 씨를 짓눌렀다. 마지못해 다시 주저앉았다. 나중에 알았다. 팀장의 그런 말들은 '희망 고문'에 불과했다는 것을.

결국 회사를 그만뒀지만, 대학만 다닐 수도 없었다. 1년 동안 낮에는 세무사 사무실을 다니며 저녁과 주말에 대학 수업을 들었다. 세무사 사무실을 그만둔 뒤로는 단기로 이곳저곳을 돌아다니며 돈을 벌었다. 집안의 실질적인 가장 위치에서 현정 씨 상황은 한 발짝도 나아가지 못했다.

대학을 다니면서 든 생각은 우리 사회에서 대학을 다닌다는 건 특혜라는 것이다. 오롯이 공부만 하면서 지내는 또래 친구들을 보면 복잡한 마음이 들었다. 현정 씨는 대학을 졸업하면 자신이 특성화고 출신이라는 사실을 절대 들키지 않도록 하리라 다짐했다. 그 사실이 알려지는 순간, 사회가 자신을 바라보는 시선이 달라지는 걸 느꼈기 때문이다.

> 사람들이 처음 만나면, 대뜸 전공이 뭐냐고 묻잖아요? 제 입장에서는 그런 질문 자체가 매우 무례하다고 생각해요. 어떻게 모든 사람이 대학을 나올 수 있나요? 그럼에도 그런 질문에 민감해 하면 자격지심이 있다는 식으로 비춰져요. 저는 그게 싫어요. 앞으로 전 어디 대학 나왔다고 말하고 싶어요. 우리 사회는 어쩌면 학벌보다는 학력이 더 문제 아닌가요?

∧∨∧

그나마 현정 씨는 명문 특성화고를 졸업해 대기업에라도 들어갈 수 있었던 나은 사례에 속한다(물론, 그녀가 결국 그곳에 발붙일 수 없었다는 점은 주목해야 할 부분이다). 이번에는 현정 씨보다 좀 더 열악한 환경에 처한 '고졸'을 살펴보자. 현정 씨가 속했던 일터가 메이저리그였다면, 지금부터 이야기할 학생들의 일터는 우리 사회의 마이너리그를 보여 준다.

윤은정 씨(25)는* 인문계 고등학교를 그만둔 자퇴생이었다. 일을 해야겠다고 마음먹고 인력사무소 문을 두드렸다. 인력사무소는 한 공장을 소개하면서 자퇴생이 아닌 고졸이라고 말하라고 시켰다. 자퇴생은 공장에서 싫어한다고 했다. 그때 나이 스무 살이었다. 인력사무소에서 시키는 대로 '고졸'이라고 말하자 곧바로 취직이 됐다.

> * 이하 윤은정 씨와 정휘아 씨의 이야기는 "학력 시대, 고졸이 사는 법" 기획 기사를 저자와 함께 연재한 김윤나영 기자의 두 편의 글("인력사무소에서 시작한 고졸 인생"과 "친구를 사귈 때도 예외는 아니었다")을 편집한 것이다. 원본은 〈프레시안〉(2011/11/08, 09) 참조.

첫 일터는 휴대전화 덮개를 만드는 공장이었다. 불량품을 검사하고 흠집 난 제품은 사포로 다듬는 일을 했다. 주간팀일 때는 아침 8시부터 저녁 8시까지, 야간팀일 때는 저녁 8시부터 다음 날 아침 8시까지 일했다. 일이 끝나면 씻지도 못하고 쓰러지듯 잠들었다.

주말에도 일했다. 한 달에 단 하루, 야간에서 주간으로 팀이 바뀌는 날이 쉬는 날이었다. 그렇게 밤낮으로 하루 12시간씩 일해 번 돈은 한 달에 150만 원. 1년을 버티다 결국 그만뒀다. "반장님이 농땡이 피운다고 그렇게 욕을 해요. 그때는 공장에서 먹여 주고 재워 주고 돈도 주니까 좋다고만 생각했어요. 하지만 지금 다시 그 일을 하라고 하면 절대 못할 것 같아요."

윤 씨가 '거짓말 면접'을 하게 된 계기는 5년 전으로 거슬러 올라간다. 아버지 회사에 부도가 났다. 학비를 낼 형편이 안 됐다. 학교에서 이런저런 서류를 떼어 오면 장학금을 줄 수도 있다고 했지만, 아버지는 자존심이 상했는지 "내가 그 돈도 못 내겠느냐"며 마다했다. 결국 한 학기 학비 30여만 원을 못 내서 학교를 그만둬야 했다. 고3 때였다.

그 이후로 윤 씨는 가족으로부터 독립했다. 혼자 살게 되면서 편의점 아르바이트, 음식점 서빙, 공장 일까지 안 해본 일이 없었다. 지난해에는 프랜차이즈 피자 가게에서 아르바이트를 했다.

늘 그렇듯 그때도 고졸이라고 거짓말했어요. 사실 지금까지 모든 알바에서 고졸이라고 얘기했어요. 알바 구인광고에 항상 고졸 이상이라고 돼 있거든요.

한 번은 샤브샤브집에 면접을 보러 갔는데 사장이 학력을 물었다. 검정고시를 준비하고 있다고 대답했다. 사장은 "아직까지 고등학교도 졸업 못하고 어떻게 된 거냐. 나중에 연락 주겠다"고 했다. 물론 연락은 오지 않았다.

안정된 일자리를 구하려고 사무직 면접도 봤지만 아무리 작은 회사라도 졸업 증명서를 요구했다.

사무직 면접에서 고졸이라고 얘기하고 합격했는데, 졸업증명서를 제출하라고 해서 포기했어요. 그다음부터 애초에 고졸 이상만 갈 수 있는 직업은 아예 안 보죠. 그러다 보니까 제가 할 수 있는 일이 뻔했어요.

몇 년은 돈을 버느라 바빴다. 틈틈이 독학하면서 검정고시를 두 번 봤지만 1, 2점이 부족해서 떨어졌다. 검정고시 학원에 가는 것마저 스스로 생활비를 벌어야 하는 윤 씨에게는 쉽지 않았다. 피자 가게에서 아침 10시부터 저녁 10시까지 일하고 나면 학원 갈 시간이 없었고, 일하는 시간을 8시간으로 줄이고 학원에 다니려니 학원비 20만 원이 모이질 않았다.

윤 씨는 검정고시를 포기했다. 마음은 편해졌다. 대신 학력이 필요 없는 네일아트 일을 국비 장학생으로 준비하고 있다. 그는 고등학교를 졸업한다고 해서 끝이 아닌 것 같다고 했다.

고졸 자격을 따고 나면, 학원에 다녀야 하고 학원에 다니면 또 대학에 가야 할 것 같고……. 저는 노력해서 장학금 받으면 되지 않느냐는 말이 싫어요. 공장 다니면서 스스로 공부해 대학 가서 장학금 받는 이야기를 두고 미담이라고 하잖아요. 그게 미담인 이유는 정말 많은 사람이 시도했는데 그 한 사람만 성공했기 때문이거든요. 제가 대학에 가면 누가 장학금을 주나요? 운 좋게 장학금을 받아도 집세며 생활비를 벌려면 학교 다니면서 또 12시간씩 일해야 할 텐데.

학력을 조건으로 내걸지 않는 직업을 준비하는 윤 씨와는 달리, 뒤늦게 대학에 다니는 사람도 있다. 최성준 씨는 낮에는 일하고 밤에는 3년제 야간대학에 다닌다. 컴퓨터 관련 직업계 고등학교에 다니던 최 씨는 졸업하고 바로 일을 하려고 했었다. 그런데 인터넷 서버 기술직이라고 알고 들어간 직장에서 그에게 전화 상담을 시켰다. 하루 8시간씩 일하고 토요일은 격주로 쉬며 받는 월급이 100만 원도 되지 않았다. 회사를 그만둔 그에게 대학에 가라고 설득한 건 '고졸'인 그의 누나였다.

누나가 고등학교 졸업하자마자 취직해서 지금 10년째 한 회사에서 일해요. 10년차인데 아직도 진급이 안 됐어요. 그런 누나를 보고 대학에 가기로 결심했죠. (똑같은 일을 해도) 대졸과 고졸은 초봉 월급만 몇십만 원씩 차이 나고, 진급도 대졸자들만 하니까요.

최 씨는 집에서 통학하며 방학 때는 건설 일용직으로 일하면서 등록금을 벌었다. 그가 다니려던 컴퓨터 기술직 관련 회사에서는 특정 학과 출신을 요구했다. 그렇지 않은 일자리는 대부분 기간제이거나 비정규직이었다.

취업 정보를 찾다 보면 제가 관심 있는 컴퓨터 분야에서는 아무리 작은 회사라도 대부분 조건에 대졸자라고 적혀 있어요. 그런 게 아니면 경력직인데, 고등학교 막 졸업한 사람은 경력이 없죠. 힘들었어요. 애초에 고졸자는 취업 조건에서 지원할 기회조차 안 주니까요.

학력은 연애를 할 때도 제약이 됐다. '스펙'을 따지는 결혼정보업체는 말할 것도 없다. 한 결혼정보업체 대표는 언론 인터뷰에서 이렇게 말했다.

"일단 자격 요건은 남성인 경우는 전문대졸 이상이기만 하면 되고, 여성인 경우는 고졸 이상이면 누구나 가입이 가능하다." 그는 그렇기 때문에 문턱이 그렇게 높지 않다고 말했다. '문턱' 아래 있는 사람들은 돈을 내고 배우자를 만날 기회조차 박탈당하는 셈이다.

친구를 사귈 때도 예외는 아니었다. 집안 사정으로 고등학교를 중퇴하고 곧바로 생업 전선에 뛰어든 윤은정 씨는 "최근에 알게 된 친구가 의대 연구실에서 일했는데, 그냥 친구였는데도 부끄러워서 (학력을) 말 못했다"고 했다.

> 남자 친구한테 고졸이라고 거짓말했어요. 될 수 있으면 아예 학력 얘기를 안 하려 했죠. 남자 친구의 전 여자 친구는 대학생이었어요. 남자 친구한테 난 고등학교도 안 나왔다고 얘기하기 부끄러웠어요. 그 친구가 의대 연구실에 다닌다고 하는 순간 벽이 느껴지더군요. 왠지 특별한 존재 같았어요. 저는 지금까지 대기업에 다니는 사람은 저기 먼 곳에 살고 난 여기 사는 사람이라고 느꼈었거든요. 그 친구도 나와는 다른 세상에 사는 사람 같았어요.

윤 씨는 특히 면접 자리에서 모욕적인 경험을 자주 한다고 했다. 한의원 카운터 아르바이트에 지원했을 때였다. 그는 이력서에 '중퇴' 대신 '고졸'을 적어 넣었다. 원장이 이력서를 보고 "고졸이면 고등학교 때 뭐 전공했느냐"고 물었다. "고등학교라서 전공이 없다"고 대답하자 원장은 웃으면서 "고졸이면 대학 갈 생각해야지 무슨 알바냐"라고 면박을 줬다고 했다.

> (학력 때문에) 사적인 얘기들을 물었어요. '검정고시는 언제 볼 거냐, 대학은 가고 싶은 거냐 안 가고 싶은 거냐' 등등. 어이없었죠. 면접을 보는 게 아니라 개인

신상을 캐묻는 식이었어요. 면접 볼 거 아니면 가겠다고 하니깐 '아직 어리니까 대학이나 가라'는 식으로 계속 그러더라고요. 그놈의 대학이 뭐길래.

때로는 학력 때문에 가족에게 상처를 받기도 한다. 고등학교 검정고시를 본 정휘아 씨(25)는 "어머니가 내 존재를 다른 사람 앞에서 부끄러워한다는 걸 느꼈다"며 "남들 앞에서 내 생활에 대해 거짓 정보를 제공한다든가, 내가 공교육이 싫어서 남들보다 고교를 먼저 졸업하고 곧 대학에 갈 것이라고 말하거나, 아니면 내 존재에 대해 거론하지 않는다"고 섭섭해 했다.

정 씨는 열아홉 살에 독립하면서 자연스럽게 학력을 보지 않는 직종을 찾았다. 하지만 아르바이트를 구하더라도 면접을 볼 때마다 차별적인 시선을 느꼈다. 정 씨는 "한번은 모바일 게임 회사에서 새 게임이 나오면 테스트하는 일에 지원했다"며 "한 달 월급 100만 원에 정규직도 아니었는데 거기서 '우리 회사에는 고졸이 없다'고 비아냥"거렸다.

우여곡절 끝에 직장을 구하고 동료들에게 인정받아도, 대학에 가야 한다는 이야기는 꼭 나왔다. "회식 자리에서 사람들이 내가 걱정돼서 해주는 얘기인 건 알겠지만 불편한 말들을 해요. '너 정도면 대학 들어갈 수 있는데 언제까지 여기서 있을래?'라고요. 챙겨 주는 건 고마운데, 막상 들으면 기분이 그렇지 않아요."

대안교육기관을 찾았지만 그곳에서도 괴리감을 느끼기는 마찬가지였다. 지난해 그는 고졸·한 부모 가정·취약 계층 청소년과 청년을 대상으로 한 대안교육센터에 갔다.

인문학 시간이었어요. 그런데 이 사람들이 먹고사는 걸 알까 싶을 정도로 아름다운 얘기만 해요. 나는 당장 밥 사먹을 돈이 없는데. 거기서 내 생존에 대한 고려는 없었어요. 왜 그런 거 있잖아요. 공지영 씨 글 보면 온실 속의 화초처럼 살았던 사람이 '세상이 너무 더럽고 살기 힘든 것 같다'고 하는 뉘앙스. 거기에는 명문대생과 대기업 출신이 많은데 서로 선생님이란 호칭도 안 쓰고 닉네임만 불러요. 계급 간 격차를 없애려는 혁신적인 규칙이라는데, 그걸 하면 뭐해요? 소개하면 이 사람 스펙 다 나오는데. 학력 차별은 싫다고 하면서 이 사람은 대기업에서 일하다 온 대단한 사람이라고 해요. 그 사람의 인생에 대해 전시하죠. 이럴 거면 차라리 출신 대학까지 속 시원하게 밝히지.

진보적인 단체에서도 그는 가끔 소외감을 느꼈다.

거기도 좋은 대학 출신인 사람들이 많아요. 대학생들과 청년 그룹에서 앞으로 뭘 할 건지 논의할 때도 '청년' 이야기하면서 대학생 이야기만 하더라고요.

그곳에서조차 처음 보는 사람들은 먼저 나이를 묻고 당연한 듯 어느 대학교에 다니냐고 질문했다. 어른들은 정 씨가 고등학교를 그만뒀다고 하면 미안해했다. 학력을 묻고 난 뒤에는 침묵이 흘렀다.

어른들이 옆에 대학생 친구들하고만 얘기하는 게 부러웠어요. '앞으로 뭐할 거냐?'라는 식으로 대화가 자연스럽게 이어지지만 저와는 대화가 끊겼어요. 저는 누구든지 정치에 참여하고 운동할 수 있다고 생각하거든요. 그런데 아직은 대학생 운동권한테 권력이 있어요. 마치 그들만이 변화를 주도할 수 있는 사람으로 인식되는 것 같아요.

그는 사람들이 능력으로 평가하지 않고 학력에 대해 색안경을 끼고 보는 게 힘들었다고 했다.

> 일 못하는 사람이 알고 보니 유명 대학교 출신이라면 주변 사람들이 갑자기 그 사람을 칭찬하고, 일 잘하는 사람이 '지잡대'였다면 그 이후로 능력치를 인정하지 않아요. 일상생활에서도 마찬가지예요. 예를 들어, 홍대에서 누가 밴드를 한다, 밴드를 이끄는 사람이 명문대 나왔다는 얘기가 들리면, 보는 시선이 달라져요. 그런데 사실 학력과 음악성은 별 연관이 없잖아요.

정 씨는 사람들의 인식이 바뀌었으면 좋겠다고 생각한다. 자기를 그냥 있는 그대로 봐주고, 하나의 인간으로 대해 줬으면 한다. 하지만 현실은 달랐다. 그래서 그는 "대학에 갈 수 있는 상황이 아니라는 걸 알지만 지금도 대학에 가고 싶다"고 했다. 하지만 "다른 사람 앞에서는 내가 대학 가고 싶은 이유를 학문에 대한 열망이 있기 때문이라는 식으로 포장하고 (차별당하기 싫다는) 첫 번째 이유는 숨겨서 말한다"고 덧붙였다.

> 한국인들이 드라마틱한 거 좋아하잖아요. 나는 역경을 딛고 성공했다, 이런 표본이 되고 싶었어요.

∧∨∧

한때 대학생이 '신분'인 때가 있었다. 1960, 70년대에 중등교육은 '중학교 의무 시험제'나 '고등학교 평준화' 같은 정책을 통해 확대된 반면, 고등교육은 '대학 정원 제한' 등으로 억제됐다. 이 때문에 희소가치가 큰 대학생과 절대 다수를 차지하는 고졸 간 임금격차는 심화됐고, 자연히 이들 두 계층

간 사회적 불평등이 생겨나게 됐다. 대학생이 된다는 건 신분 상승을 의미했으며 '우골탑'이나 '너만은 대학을 가야지'라는 식의 '대학 뒷바라지' 이야기가 미담으로 소개됐다.

그러다 1995년 김영삼 정권 때, 대학 설립 자유화가 발표되면서 대학 문턱은 낮아졌다. '대학 설립 준칙주의'와 '대학 정원 자율화'로 요약되는 대학 설립 자유화는 고급 인력을 원하는 기업의 요구와 고등교육에 대한 국민의 수요를 함께 해결하겠다는 의도를 가지고 있었다. 이전만 하더라도 대학 설립 허가는 매우 엄격했다. '대학 설립 예고제'를 기준으로 학교 부지, 학교 건물, 교수 및 교직원, 수익용 기본재산, 도서 수, 학생 기숙사, 실험과 실습을 위한 설비, 교재와 교구 확보 등의 조건이 충족돼야 했다. 여기서 끝이 아니었다. 이후에는 '대학 설립 계획' '최종 대학 설립' 등 각 단계별 기준 조건을 충족해야 했다. 그래야만 대학 인가를 받을 수 있었다. 하지만 1996년부터 김영삼 정부는 설립 규모별로 학교 부지와 건물, 교원, 수익용 기본재산 총 네 가지 요건만 충족되면 대학을 설립할 수 있도록 했다. 또한 기존 1280~5000명으로 규정되어 있던 대학 정원 기준을 대학 종류에 관계없이 1000명으로 낮췄고 8~25개로 규정된 학과 수도 폐지했다.

그 결과, 우후죽순 전국에 대학교가 설립됐고, 엄청난 수의 학생들이 대학생이 됐다. 1990년 33.3%였던 대학 진학률은 김영삼 정부(1993~98년)부터 급증세를 보이기 시작해, 2004년대 81.3%까지 이르렀다. 대학 전체 숫자도 마찬가지다. 1970년에는 152개였으나 1990년에는 242개였다가 김영삼 정부를 거치면서 1995년 305개, 2000년 350개로 늘어났다. 늘어나는 대학 수에 맞춰 대학생 수도 증가했다. 박정희 시기인 1970년의 대학생 수는 19만1957명에 불과했으나, 이 수치는 전두환 시기인 1985년에 136만5644명으로 증가했다. 그리고 김영삼 정부 때인 1995년에는 221만

2852명을 기록한 뒤, '대학 자율화 정책' 이후인 2000년에는 313만215명으로 3분의 1가량 늘어났다.[*]

이는 학력 인플레를 유발했고, 대학 졸업장은 새로운 신분 질서에서 요구되는 최소한의 자격증 정도로 인식되기 시작했다. 압축적 근대화를 경험한 한국 사회에서 신분 상승의 기회는 사법고시 아니면, 대학 진학이 유일했다. 그러나 대학 진학의 메리트는 이제 '학력 인플레'로 사실상 사라지게 됐다. 일례로 34살 이하 4년제 대졸자 하위 20%, 그리고 2년제 대졸자 하위 50%가 고졸 평균임금 혹은 중간값보다 낮은 임금을 받는 비중은 매년 늘어나는 것으로 나타난다. 이 비중은 1980년 약 3% 수준에 불과했지만 꾸준히 증가해 2011년에는 23% 수준까지 증가했다.[**]

그럼에도 청년들은 여전히 대학에 가려 한다. 2017년 5월 기준으로 20~34세 청년은 총 997만4000명으로 이 가운데 고졸 청년은 218만 명(21.9%)이었다. 776만5000명으로 77.9%를 차지하는 대학 및 대학원 진학자와 비교하면 4분의 1 수준이다. 이는 예전처럼 신분 상승을 위해서가 아니라 사회적 패배자가 되지 않기 위해서다. 너도나도 대학을 가다 보니 대학에 진학하지 못하는 사람은 '루저'로 취급받는다. 이런 차별적 시선은 고졸과 대졸 간 경제적 격차를 통해 더욱 강화된다. 통계 수치로 이를 확인해 보면, 2017년 고졸 고용률은 69.6%, 대졸 고용률은 74.6%로 5%p 높게 나타난다. 고용 형태, 즉 비정규직 비율도 고졸이 더 높다. 고졸 청년의 비정규직 비율은 24.3%였지만, 대졸은 19%로 5.3%p 낮았다. 고용 기간 1년

---

[*] 『대학교육연구소 통계』(기본) 3호(2013/04/11), 9쪽에 나오는 표 "연도별 고등교육기관 재적 학생 수 현황" 참조.

[**] "한국은 인적 자본 일등 국가인가," 『KDI 포커스』(2014/10), 6쪽.

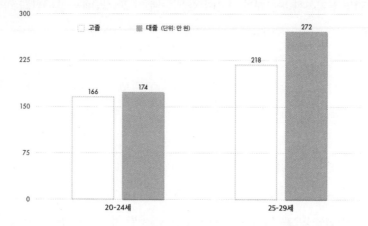

그림 5.3　고졸 정규직과 대졸 정규직 간 평균임금 격차

이상인 상용직의 경우도 고졸은 61%(82만2000명)인 반면, 대졸은 82.3% (318만2000명)로 21%p 이상 차이가 났다. 임금에서도 상당한 차이를 보였다. 20~34세 고졸 청년의 평균임금은 184만 원으로 대졸의 228만 원보다 44만 원이나 적었다.*

　전문가들도 대학 인원이 줄지 않는 이유로 "대졸 및 고졸 노동자 간 초임 격차 및 승진 기회의 박탈 등 경제적 격차"를 지적한다.** 직업계고 관계자는 "학생들은 전문대나 4년제 대학을 졸업하고 취업을 하는 게 나중을 생각하면 더 낫다는 생각을 한다"며 "상식적으로 고등학교 졸업 후 입사 4년

* "고졸 청년 근로빈곤층 사례연구를 통한 정책 대안," 연세대 산학협력단, 2017 년 10월.
** 한국노동연구원에서 발표한 『학력별 노동시장 미스 매치 분석과 교육제도 개 선 과제』(2011년 4월)를 보면 기업 취업 인사 담당자 150명 가운데 56명이 이 렇게 답했다.

차가 되면, 대졸자 임금 대비 90% 정도는 받아야 하지만 현실은 그렇지 못하기 때문"이라고 설명했다. 고졸자 정규직의 평균임금 관련해서 20~24세는 166만 원, 25~29세는 218만 원을 받는 것으로 나타났다. 반면, 대졸자 정규직의 경우, 20~24세에서는 174만 원, 30~34세에서는 272만 원을 받았다(〈그림 5.3 참조〉). 고졸자는 연령이 높아지고 숙련자가 된다 해도 대졸자에 비해 임금 상승을 기대하기 어려운 것이다.

임금이 적으니 이를 보충하기 위한 노동시간도 늘어날 수밖에 없다. 고졸자는 주 40시간 초과 노동 비중이 54.1%로 대졸자의 37.7%보다 16.4%p 더 높았다. 반면 월 임금 200만 원 미만의 비중은 고졸자가 58.9%로 대졸자 38.7%보다 20.2%p나 높았다. 고졸 노동자가 저임금·장시간의 노동조건을 견디고 있는 셈이다.

• "한국은 인적 자본 일등 국가인가," 〈KDI포커스〉 2014년 10월, 31-32쪽

6장

사
라
진

아이들

너무나 속상하고 안타깝습니다. 또다시 이런 슬픈 일이 반복되지 않도록 더욱 관심 갖고 작은 외침을 멈추지 않겠습니다.

고인이 정규직이었다면, 저런 정비 상황에서 근로하고 있었을까요? 너무나 안타깝습니다.

서울 지하철 2호선 구의역 9-4번 승강장 스크린도어에는 시민들이 쓴 추모 쪽지가 빼곡히 붙어 있었다. 이곳은 스크린도어 수리공 김영기 군(19)이 사망한 자리다. 2016년 5월 28일 오후 4시 59분, "열차 진입 중에 스크린도어가 열린다"라는 신고를 받고, 충정로역 강북지사 사무실에서 대기 중이던 김 군은 1시간 뒤인 5시 50분경 구의역 역무실에 도착했다. 이곳에서 스크린도어 장애 지점을 확인하고, 마스터키 보관함에서 마스터키를 찾은 김 군은 자기가 속한 수리 용역회사에 작업을 시작하겠다고 보고한 뒤 혼자 고장 난 스크린도어 문을 열고는 선로 안쪽으로 몸을 집어넣었다. 그렇게 2분이 지났을까. 승강장으로 들어오던 2350호 전동차 기관사는 김 군의 존재를 미처 파악하지 못하고 역내로 들어섰다. 선로를 등지고 작업하던 김 군은 진입하던 전동차를 피하지 못했다.

당시 김 군은 일을 시작한 지 1년도 되지 않은 신참이었다. 서울메트로(현 서울교통공사)에 직접 고용된 노동자도 아니었다. 서울메트로 스크린도어의 유지·관리를 담당하는 하청업체인 은성PSD 소속이었다. 김 군은 공업고등학교 3학년 때인 2015년, 이곳에 현장 실습생으로 취업했다. 물론

'비정규직'이었다.

당시 서울메트로 소속 구의역 역무원들은 규정대로 작업 수칙 준수 여부를 감시하기는커녕 스크린도어에 이상이 발생했다는 사실조차 모르고 있었다. 서울메트로 하청업체 소속인 김 군의 작업 사실을 전혀 알지 못했던 것이다. 2인 1조 작업 안전 수칙도 지켜지지 않았다.

스크린도어 정비 작업을 하던 노동자가 전동차에 치여 사망한 건 2013년 1월 성수역, 2015년 8월 강남역에 이어 세 번째 일이었다.

∧∨∧

구의역 사고를 조사한 서울시 진상조사단 발표에 따르면, 서울메트로(현 서울교통공사)는 은성PSD와 2015년 계약을 갱신했는데, 2011년도 협약 때보다 연 14.4억 원 적은 금액으로 용역 계약을 맺었다. 점검을 철저히 하면 고장으로 인한 수리가 줄어들 것이라는 이유를 들며, 스크린도어 유지·관리 용역 계약에서 고장 수리비용을 뺀 것이다. 하지만 연평균 스크린도어 고장 건수는 1만2000여 건으로 스크린도어 유지·관리에서 고장 수리는 가장 중요한 업무였다.

자연히 삭감된 용역비 부담은 노동자들에게 전가됐다. 돈이 부족하니 인력을 충분히 확보하지 않았다. 2013년 1월 성수역, 2015년 8월 강남역에서 똑같은 사고가 있었는데도 달라지는 건 없었다. 심지어 구의역 사고는 강남역 사고가 그대로 재연된 것이나 다름없었다. 당시 스크린도어 수리 외주업체 조 씨(28)는 혼자 고장 난 스크린도어를 고치기 위해 스크린도어 안쪽에서 작업하다가 전동차에 치여 사망했다. 사고 이후, 서울시와 서울메트로는 스크린도어 수리시 반드시 2인 1조 원칙을 지키겠다고 밝혔지만 말뿐이었다. 게다가 은성PSD는 2014년 11월부터 직업계고 학생을 철로에서 하는 스크린도어 유지·보수 업무에 배치해 놓고 있었다.

∧∨∧

아들 김 군이 죽은 지 사흘 만에 어머니가 구의역 현장에 섰다. 검은 상복을 입은 어머니는 기자들 앞에 서서 준비해 온 원고를 읽어 내려갔다. 낭독은 수차례 눈물로 끊겼다 이어졌다를 반복했다.

울고 있을 상황이 아니라 용기 내서 나왔습니다. ······ 지금 저희가 원하는 것은 아무것도 없습니다. 뭐가 필요할까요? 다 필요 없습니다. 살아서 제 곁으로 왔으면 좋겠습니다. 다시 볼 수 없는 우리 아들을 살려 주세요. (울음)

저는 지금도 우리 아들이 온몸이 부서져서 차가운 안치실에 누워 있다는 게 믿어지지 않습니다. 회사는 지킬 수도 없는 규칙을 만들어 놓고, 우리 아이의 과실로 몰아가고 있습니다. 너무너무 억울합니다. 서울메트로 설비처장이라는 사람이 우리를 찾아와서 (출동) 보고를 안 한 우리 아이의 과실이라고 했습니다. 전자운영실에 보고를 안 하고 작업하면 전철이 평소 속도로 달려온다고 합니다. 그래서 사고가 났다고 합니다. 규정을 어겨 가며 혼자 작업을 했다고 합니다.

우리 아이 겨우 스무 살입니다. 우리 아이가 잘못한 것이라고는, 밥 먹을 시간도 없이 뛰어다니며, 배운 대로, 시킨 대로 일한 것밖에 없습니다. 그런데 이제 와서 규정을 어겨서 개죽음을 당했다니요? 간절히 부탁드리려고 이 자리에 섰습니다. 제발 부탁드리겠습니다. 힘없는 우리로서는 여론에 기댈 수밖에 없습니다. 우리 아들의 원통함을 풀고 보낼 수 있도록 도와주십시오.

죽은 아들을 봤습니다. 머리털이 피에 붙어 …… (울음) …… 20년을 키운 어미가 아이를 알아볼 수 없었습니다. 그 처참한 모습이 …… (울음) …… 우리 아들이 아니었습니다. 길을 지나갈 때, 뒤통수만 봐도 우리 아들인지 아닌지 알아볼 수 있는데, 아무리 봐도 …… (울음) …… 뒤통수가 없었습니다. 우리는 우리 아이가 아니라고, 절대 우리 아이가 아니라고 믿고 싶었는데, 짙은 눈썹과 벗어 놓은 옷가지를 보니 우리 아이가 입고 나간 옷이 맞았습니다. (울음)

그런 아들의 처참한 모습을 보니 더는 살아갈 수 있을까 싶습니다. 우리 아이가 죽고, 나도 이미 죽었습니다. 이제는 눈을 감으면 사랑스러운 아들 모습이 기억나지 않습니다. 처참한 사고 후 아들 모습만 떠오릅니다. 제 심장의 두근거림이 저 지하철 소리처럼 쿵쾅거립니다. 혼자 얼마나 무서웠고 두려웠을까요? 3초만 늦게 문이 닫혔다면, 제가 그 따뜻한 손을 부빌 수 있었을 텐데……(울음)

저의 남은 인생은 숨을 쉬고 있지만 제가 살아 있는 게 아닌 삶을 살 듯합니다. 그래도 제가 부모로서, 지금 상황에 우리 아이를 위해서 할 수 있는 건, 우리 아이의 명예를 회복시키는 것밖에 없습니다. 간절히 부탁드립니다. 살아서 돌아올 수 없다면, 우리 아이가 잘못한 게 아니라는 것만은 밝히고 싶습니다. 우리 아이를 보내 주고 싶습니다. 하지만 이렇게 억울하게 보낼 수는 없습니다.

아직 빈소도 마련하지 못하고, 차가운 곳에 있습니다. 제발 우리 아이를 떳떳하게 보내게 도와주십시오. 힘도 기댈 곳도 없어 기자들에게 이렇게 읍소할 수밖에 없습니다. 차라리 우리 아이 팔다리가 끊어졌다면 내가 팔다리가 되어 살아가면 될 듯합니다. 하지만 지금 어미가 할 수 있는 것은 아이 억울함을 풀어 주는 것 말고는 할 수 있는 게 없습니다.

우리는 우리 아이에게 늘 책임감 강하고, 떳떳하고 반듯하라고 가르쳤습니다. 하지만 둘째 아이는 절대 그렇게 키우지 않겠습니다. 우리 사회는 책임감 강하고 지시 잘 지키는 사람이 개죽음 당하는 사회입니다. 그 어린 나이에 죽은, 산산조각 난 아이에게 죄를 뒤집어씌우고 개죽음 당했다고 합니다. 첫째를 그렇게 잃었는데 둘째도 그렇게 잃을 수 없습니다. (울음) 첫째를 책임감 있고 반듯하게 키운 게 미친 듯이 후회가 됩니다.

우리 아이는 속 깊고 착한 아이였습니다. 어느 부모가 자식에게 대학을 포기하고 공고를 가서 돈 벌어 오라고 하겠습니까. 장남이라는 책임감에 스스로 공고를 선택했습니다. 빨리 취업해서 부모님에게 보탬이 되고 싶다고 했습니다. 대학은 나중에 돈을 벌어 간다고 했습니다. 그때 말렸으면……(울음)

그렇게 취업을 하고 나서도 한 달에 백 몇 만 원 받는 적은 월급에서도 매달 100만 원씩 적금을 부었고 동생 용돈도 줬습니다. 끼니를 걸러 가며 말입니다. 하지만 하는 일에 대해서는 부모가 걱정할까 내색도 하지 않았습니다. 종일 끼니도 걸러 가며 일했다고 우리에게 이야기했다면 우리는 당장 그만두라고 했을 겁니다. 그 백 몇 만 원이 뭐라고……. (울음) 자기가 장남이고 책임감이 강한 게 문제였습니다. 부모에게 말하면 걱정하고 그만두라고 할 테니 이야기를 안 한 듯합니다. 자기가 더 참으면 공기업 직원이 되리라 믿고 참은 듯합니다. 우리가 아이를 책임감 없는 아이로 키웠다면, 술이나 마시는 아이였다면, 차라리 그런 아이였다면 내 곁에 있지 않을까 생각해 봅니다. 상사 지시대로 고분고분해야 한다고 이야기한 게 너무나 후회됩니다. 왜 내가 그렇게 이야기했을까요……. (울음) 지금 그런 게 모두 다 후회스럽고 한이 됩니다.

죽은 당일에도 종일 굶어 가며, 시키는 대로, 쫓겨 다니며 일을 했을 뿐입니다. 그런데 우리 아이가 잘못해서 죽은 거라니 …… (울음) …… 불쌍하고 억울하고 원통합니다. 아이 유품인 갈색 가방을 병원에서 받았습니다. 아이 가방은 학교 다닐 때 검사한다고 열어 본 이후 처음 열어 봤습니다. 그런데 왜 거기에 사발면이 들어 있나요? 여러 가지 공구들 사이에는 숟가락도 들어 있었습니다. 비닐에 싸여 있는 것도 아니고 …… (울음) …… 그 사발면 용도는 한 끼도 못

먹었으니 그거라도 먹으려고 했던 거였습니다. 우리 아이가 무슨 잘못을 했나요? 규정을 어겼다고 하는데 무슨 규정을 어겨 가면서 무슨 일을 했나요? 시킨 것은 저들인데 규정을 어겼다고 해요.

기자님들, 제발 우리 아이의 억울함을 꼭 밝혀 주세요. 한창 멋 부리고 여자 친구 사귈 나이입니다. 이렇게 원통하게 보낼 수 없습니다. 우리 아이의 원통함을 호소하는 지금도 지하철은 운영되고 있습니다. 지금도 누군가 죽을 수 있습니다. 정말 엄마로서 용기를 내서 이야기합니다. 다른 거 다 필요 없습니다. 이 시점에서 우리 아이가 살아올 수는 없습니다.

사흘을 못 봤는데, 너무 보고 싶습니다. 군대 간 거라고, 유학 간 거라고 (생각하고) 살라고 합니다. 저는 평생 아이를 볼 수 없습니다. 우리 아이 잘못이라고 말하는 사람들에게 이야기하고 싶습니다. 우리 아이만 죽이는 게 아닙니다. 이 진실을 제발 알아주고, 우리 아이의 원통함을 풀어 주세요. 우리 아이 차가운 데서 꺼내 주길 바랍니다. 정말 부탁드립니다.

〰〰〰

사고 당일 김 씨가 속한 은성PSD 근무자는 총 6명이었다. 2인 1조로 출동이 가능하려면 9명(각 호선당 2인과 상황 근무 1인)이 있어야 했지만, 그날 근무한 건 상황실장 1명과 예비 대기자 1명, 그리고 1~4호선 담당자 4명이었다.

더구나 사고 당일 실제로는 이런 6인 근무조차 지켜지지 않았다. 당시 상황실장은 12시 반쯤 출근해 근무하다 오후 2시부터 진행되는 노조 집회에 참여하기 위해 자리를 이탈했다. 서울메트로 출신으로 하청업체에 입사한 그는 서울시청 맞은편에서 열리는 노조 집회에 참석했다가 오후 4시 30

분경 사무실로 돌아와 상황 인계만 받고 다시 집회 현장으로 나갔던 것이다. 결국 상황실장은 김 군이 장애 접수를 받고 출동할 4시 58분, 사무실에 없었다. 예비조로 근무해야 했던 또 다른 예비 대기자 한 명은 상황실장을 대신해서 사무실에 대기하다가 김 군에게 출동 지시를 내렸다. 예비 대기자는 경찰 조사에서 "상황실장이 자리를 비우지 않았으면 피해자(김 군)는 자신과 같이 나갔을 것"이라고 진술했다.

정말 그랬을까. 이를 알아보려면 당시 서울메트로와 은성PSD의 계약 관계와 그런 계약을 맺게 된 이유부터 살펴봐야 한다.

전국철도지하철노동조합협의회에서 펴낸 『2013년 궤도 백서』를 보면 2008년 서울메트로는 역 유실물 센터 관리, 차량 기지 내 운전 업무, 전동차 경정비, 모터카·철도장비 관리 등 4개 업무를 외주화했다. 그러면서 순서대로 파인서브웨이, 미래철도운영, (주)프로종합관리, 에코레일을 위탁업체로 선정했고, 이들과의 계약에는 "서울메트로 퇴직자를 정규직으로 우선 고용한다"는 조건이 강제됐다. 그 결과, 파인서브웨이에는 위탁 정원 85명 중 절반이 넘는 45명, 미래철도운영은 78명의 절반인 39명이 메트로 출신으로 채워졌다. (주)프로종합관리와 에코레일은 각각 107명 중 33명, 113명 중 35명으로 31% 수준의 비율을 보였다.

2011년 12월 위탁업체로 선정된 은성PDS의 경우 위탁 인원 125명 중 90명(72%)이 메트로 퇴직자였다. 그리고 사고 발생 시점인 2016년 5월 기준으로 은성PSD 소속 임직원 총 143명 중 메트로 출신 임직원 수는 전체의 40%가 넘는 58명이었다. 또한 2008년부터 지금까지 진행된 서울메트로의 경정비 용역을 살펴보면, 경정비 용역 업체 총인원 140명 가운데 서울메트로 전직자가 76명으로 과반수를 차지하고 있다. 논란이 되었던 '메피아'들이다.

이런 '퇴직자 낙하산'이 이루어진 이유를 찾다 보면, 오세훈 시장 시절인 2007년으로 거슬러 올라간다. 당시 메트로의 누적 적자를 해결하기 위해 정원의 10%인 1000여 명을 감축하면서 직원 달래기용으로 위탁 업체에 메트로 퇴직자의 재취업과 이들이 받던 급여·복지 수준의 보장을 강제했던 것이다.

서울메트로와 스크린도어 유지·관리업체 은성PSD 간 계약서를 보면 2011년 12월 1일부터 2014년까지 스크린도어 정비·관리 용역비로 210억 원을 지불하기로 계약했다. 이를 월 단위로 계산하면 한 달에 5억8000만 원을 지불하는 셈이다. 이후 해당 계약은 2년 연장돼 2016년까지 유지됐다.

사내 하청업체가 대부분 그렇듯 이런 용역비는 사실상 직원 월급으로 나간다. 하지만 은성PSD에서 비정규직 정비공으로 일한 김 군의 월급은 144만 원에 불과했다. 은성PSD의 주 업무가 스크린도어 정비·관리 업무이고 이를 정비공들이 담당하고 있음에도 임금은 사무실에서 업무를 보는 메트로 출신들이 더 많이 챙겨 갔다. 당시 은성PSD 정비공들은 총 14명으로 주간 A, B반으로 나눠 전체 98개 역 스크린도어의 정비와 관리 업무를 담당했다.

더구나 메트로 출신 상당수는 정비 관련 자격증조차 없었다. 은성PSD 전체 143명 임직원 가운데 자격증을 보유한 인원은 58명에 불과했다. 자격증이 없는 나머지 84명 가운데 상당수는 메트로 출신 임직원인 것으로 확인됐다.

이를 좀 더 구체적으로 살펴볼 수 있는 보고서도 있다. 한국비정규노동센터가 서울메트로의 외주 용역업체 (주)프로종합관리를 표본 조사해 2014년 8월 발표한 "서울지하철 경정비 비정규직 실태 조사 보고서"를 보면, 이들 사이에 어떤 차별이 존재해 왔는지 잘 알 수 있다. (주)프로종합관리는 서울지하철 1~4호선 전동차 설비의 유지·보수 업무를 맡고 있는 업체로, 김 군이 사망한 은성PSD와 똑같은 계약을 맺고 있는 업체다.

이 보고서를 보면 메트로에서 30년 근속 후 (주)프로종합관리로 전적한 직원의 경우, 월 450여만 원의 임금을 받았다. 이들에게는 별도의 성과급도 지급됐다. 반면, (주)프로종합관리 자체 채용자의 임금은 중소기업중앙회에서 고지하는 기계정비공 노임 단가(월 170만 원)를 기준으로 지급됐다. 이는 식대와 각종 수당을 모두 포함한 금액이었다. 게다가 물가상승률이 3% 미만일 경우 별도의 임금 인상은 없다는 조건이었고, 호봉표가 없어경력이 임금에 반영되는 경우도 없었다. 이 격차는 메트로 정규직과 비교하면 더욱더 커진다.

임금뿐만 아니라 업무 환경에서도 메트로 정규직과 비정규직은 달랐다. 전동차 수리 업무가 주 업무인 (주)프로종합관리 직원들은 서울메트로 정규직과 똑같은 업무를 한다. 자연히 작업장이 겹칠 수밖에 없다. 하지만 용역업체 직원들이 사용할 수 있는 편의 시설은 정규직과 달랐다. 정규직들은 전동 차량 기지 내 목욕탕과 샤워실, 탈의실과 휴게실, 야외 시설인 이발소와 테니스장, 그리고 신발 살균기까지 구비하고 있었다. 반면, (주)프로종합관리 소속 직원들에게 따로 마련된 시설은 없었다. ○○차량 기지의경우 탈의실이 없어 사무실을 탈의실로 사용해야 했고, 휴게실도 없어 작업장 내 작업 대기실에서 주로 휴식을 취했다. 사무실은 비좁아 전체 인원(27명)이 앉을 의자조차 놓기 어려웠으며, 그나마 쉴 수 있는 작업 대기실에는 1500볼트의 고압전류가 흘러 휴식 시간조차 전자파에 고스란히 노출돼 있었다.

목욕탕은 그나마 정규직 직원의 시설을 이용할 수 있었지만 정규직 직원에게 불편을 줘서는 안 된다는 제약 때문에 정규직들이 샤워실을 이용하는 시간대에는 가장 작은 샤워실만 사용해야 했다. 그러나 이곳에서는 달랑 여섯 개의 샤워기를 27명이 나눠 써야 했기 때문에 샤워를 위해 줄지어 기다리는 상황이 자주 연출됐다.

김 군의 사건을 판결한 재판부는 "은성PSD 상황실장의 무단 이석이 사고 당일 근무 인원의 부족을 초래하기는 했지만, 그가 제대로 근무하고 있었더라도 근무 인원이 6인밖에 되지 않기에 2인 1조 출동이 항상 가능한 9인에는 못 미치는 상황이었다"라고 지적했다. 또한 "사고 무렵에는 장애 접수가 많아 인력 부족으로 피해자가 (혼자) 작업을 강행했다고 볼 만한 여지도 크다"라면서 인력 부족을 초래한 구조적 요인이 이번 사건의 원인이라고 판단했다.

∧∨∧

원인이 제거되지 않으면, 결과는 반복될 뿐이다. 김 군에 이어 또 다른 청년의 죽음이 이어졌다. 2018년 12월 11일, 한국서부발전 태안화력발전소에서 설비 점검을 하는 하청 노동자 김용균 씨(23)가 혼자서 새벽에 일하다 컨베이어벨트에 몸이 끼여 사망했다. 그 역시 구의역 김 군과 마찬가지로 2인 1조로 해야 하는 업무를 혼자 하다 사고를 당했다.

용균 씨 어머니도 김 군의 어머니처럼 사흘 만에 기자들 앞에 섰다. 검은 패딩을 아무렇게나 걸쳐 입은 김미숙 씨는 가슴을 쥐어뜯으며 아들을 살려 달라 애원했다. 울부짖는 그녀의 얼굴은 2년 전 기자들 앞에서 오열하던 구의역 김 군의 어머니와 다를 바 없었다.

저희 아들은요. 어려서부터 우리 속을 썩인 적이 한 번도 없어요. 너무 착하고 이쁜 짓만 했습니다. 그냥 보기만 해도 아까운 아들이었습니다. 우리 부부는 이 아이만 보고 살았습니다. 우리에겐 자식이 이 아이 하나밖에 없습니다. 그런데 아이가 죽어서, 죽어서……. (울음) 아이가 죽었다는 소리에 우리도 같이 죽었다고 생각했습니다. 아이가 죽었는데, 우리에게 무슨 희망이 있을까요. 아무 희망도 없습니다. 이 자리에 나온 것은 우리 아들의 억울한 죽음을 진상규명하고 싶어서 나왔습니다.

제가 어제 아이 일하는 곳을 갔습니다. 처음 간 것이었습니다. 그런데 그곳에서 너무도 많은 작업량과 열악한 환경을 목격했습니다. 그것이 저를 힘들게 …… (울음) …… 말문이 막혔습니다. 제가 이런 곳에 우리 아들을 맡기다니 …… 아무리 일자리가 없어도, 평생 놀고먹어도 이런 곳에는 안 보낼 거라 생각했습니다. 어느 부모가 어디 그런 살인 병기에 자기 새끼를 내몰겠습니까. 어제는 기계들이 멈춰 있어서 그나마 앞이 잘 보였는데, 아이 동료들 이야기로는 평상시에는 먼지가 많이 날려 잘 안 보이고 어둡다 했습니다. 그런데 우리 아들이 일한 곳은 밀폐된 공간이었습니다. 그 안에서는 플래시를 켜야만 보인다고 하더군요. 그나마 플래시를 켜도 먼지가 날려 뿌옇게 보인다고 이야기합니다. 그런 밀폐된 공간에 머리를 집어넣고, 석탄을 꺼내야 한다고 합니다. 그것이 우리 아들이 하는 일이었습니다.

동료들에게 물었습니다. 사고 난 현장에서 봤을 때 (아들의) 모습이 어땠느냐고. 머리는 이쪽에, 몸은 저쪽에 …… 등은 …… (울음) …… 등은 갈아지고, 타버려서 …… 타버린 채로 벨트에 끼어 있었다고 합니다. 어느 부모가 이것을 받아들이겠습니까. 이런 곳에 자식을 보낼 생각도 없었습니다. (울음) 저는 우리 아이가 [이런 사고를] 당했다고 생각하니 어떻게 이런 일이 우리나라에서 일어날 수 있는지 답답할 따름입니다.

작업장은 2인 1조로 움직여야 한 사람이 위험할 때 잡아 주고 돌봐 준다고 합니다. 그런데 우리 아들은 그런 사람도 없이 어두컴컴한 곳에서 혼자 일했다고 합니다. 위험한 데서 일해도 이를 잡아 줄 사람도 없습니다. 이게 말이 됩니까. 세상이 어떻게 돌아가는지 모르겠습니다. 우리 아들이 왜 거기서 죽어야 하는지도 모르겠습니다.

다른 아이들도 그곳에서 똑같이 일하고 있는데, 그 아이들도 우리 아들처럼 똑같은 위험에 노출돼 있습니다. 그 아이들에게 빨리 나오라고 하고 싶습니다. 다른 사람들이 우리 아들의 자리를 대신한다 해도 똑같은 상황은 반복될 거라 생각합니다. 저는 우리 정부가 이런 이상한 곳을 가지고 있다는 게 믿어지지 않습니다.

안전장치도 없는 그런 곳에 내 아들을 보냈다는 것에 제 자신도 후회를 많이 했습니다. 어느 부모가 귀한 자식을 그런 곳에 보내겠습니까. 그리고 어느 부모가 그런 '자식'을 만들고 싶겠습니까. 아이의 동료들에게도 이야기했습니다. 빨리 나가라고 했습니다. 여기서 일하다 죽는 거 보고 싶지 않다고 했습니다. 정말 보고 싶지 않습니다. 우리 아들 하나면 됐다고 생각합니다. 아들이 다닌 기업 같은 곳이 없었으면 합니다. 또 다른 사람을 잡아먹을 수 있지 않습니까. 다른 아이가 우리 아이처럼 되는 것을 원치 않습니다.

우리나라를 바꾸고 싶다가도 우리나라를 저주합니다. 제 아들이 죽었는데, 바꿔서 뭐합니까. 제게는 아무것도 소용이 없습니다. 단지 이 자리에 나온 것은 명예 회복뿐입니다, 조금이라도 우리 아들의 억울한 죽음을 누그러뜨릴 수 있다면, 제가 할 수 있는 게 이것밖에 없으니 이렇게 나섰습니다. 여러분이 도와주세요. 저는 그냥 보통 엄마입니다. 평생을 만지고, 보고 또 봐도 모자란 아들이었습니다. 계속 보고 살 줄 알았습니다. 제게 이런 일이 일어나리라고는 생각도 못했습니다.

여러분, 저희를 좀 봐주세요. 우리 아들이 이곳에 취업하기 전에, 취업한다고 일곱 달 동안 수십 군데에 이력서를 냈습니다. 그렇게 해서 마지막으로 구해진 곳이 여기였습니다. 대통령이 일자리 만들겠다고 했습니다. 그런데 대통령 당선되고 하나도 이루어지지 않았습니다. 말로만입니다. 저는 못 믿습니다. 실천하고 보여 주는 대통령이었으면 합니다. 행동하는 대통령이 되기 바랍니다.

∧∨∧

구의역 김 군과 태안화력발전소 김용균 씨. 둘의 죽음은 이어져 있었다. 작업장 내 위험 요소가 있으면 제거해야 한다. 공정에 문제가 있다면 개선된 시스템을 도입해야 한다. 혼자 일하는 게 위험하다면, 인력을 보충해야 한다. 과중한 노동시간이 문제라면 인력을 보강하거나 업무 시간을 재정비해야 한다. 이것이 상식이다. 그런데 사고가 계속돼도 이런 상식적 조치는 이뤄지지 않는다. 왜 그럴까.

사실 이유는 모두가 다 알고 있다. 돈 때문이다. 위험 요소를 제거하거나 개선된 공정 시스템을 도입하려면 돈이 든다. 인력 보강도 마찬가지다. 이 돈은 기업이 충당해야 하지만 기업은 그런 식으로 문제를 해결하지 않는다. 돈을 들이지 않는 손쉬운 방법, 바로 '하청-파견'이라는 마법의 제도가 있기 때문이다.

노조가 있는 정규직이 작업장의 위험성 문제를 제기하면 기업은 그들에게 관련 업무를 시키지 않는다. 노조와 싸워서 득 될 게 없기도 하거니와 위험한 작업장에 '하청-파견' 노동자를 보내면 간단히 해결되기 때문이다.

비정규직 노동자들이 '우리도 위험하다'고 항의해 봐야 묵살하면 그만이다. 항의의 강도가 세지면, 그들이 속한 하청업체와의 계약을 해지하면 된다. 문제를 제기한 '하청-파견' 노동자들은 그렇게 '합법적'으로 해고된다.

동료들이 '해고'되는 과정을 지켜본 또 다른 '하청-파견' 노동자들은 참고 일하는 법을 배운다. 위험해도 잘리지 않으려면 참고 일해야 한다. 동료가 일하다 다치거나 죽어도 어쩔 수 없는 일이라 여겨야만 한다. 작업장의 위험 요소보다 더 무서운 건 해고다. 해고의 공포는 기업의 또 다른 무기다.

설사 비정규직 노동자가 일하다 죽거나 다쳐도 원청은 아무런 법적 책임을 지지 않는다. '하청-파견' 제도의 백미다. 물론, 산업안전보건법이 있지만 처벌 수준은 그들이 무시할 만하다. 일하다 노동자가 죽을 경우, 직접 고용주의 경우, 최대 7년 이하 징역 또는 1억 원 이하 벌금형을 받을 수 있지만 대부분 벌금형으로 끝난다. 하청 노동자가 사망하는 경우, 실질적인 책임이 있는 원청은 최대 징역 1년형을 받을 수 있다. 그러나 이제껏 원청 사업주가 하청 노동자가 죽었다고 구속된 사례를 나는 본 적이 없다. 대부분 벌금형이다. 되레 책임져 주겠다는 하청업체도 있다. 작업환경의 위험을 줄이고 노동자를 더 고용하는 것보다 벌금 몇 푼 내는 게 더 저렴하다고 말하는 데에는 이렇게 다 이유가 있다.

이런 분위기가 본격화된 것은 1997년 IMF 이후부터다. 1997년 IMF 구제금융 이후 대규모 구조 조정이 이루어지며 사람들이 마구 잘려 나갔다. 효율성은 최고선이 됐고, '위험의 외주화'도 '어쩔 수 없는 일'이 되었다. 어느새 하루 다섯 명이 일하다 죽는 게 '어쩔 수 없는 일'로 받아들여지는 사회가 된 것이다. 박정희 시대에 노동자는 '산업 역군'으로 불렸다. 그리고 그 역군을 키우기 위해 직업계고가 만들어졌다. 말 그대로라면 노동자는 군인이고, 그들이 일하는 공간은 전쟁터인 셈이다. 그렇다면 전쟁터에서 총알을 주고받다 죽는 것과 같이 작업 현장에서 일하다 죽는 건 당연한 것일까? 일하러 가는데 목숨을 걸어야 하는 세상은 과연 정상인가? 바로 이 세상 끝에 열여덟 우리 아이들이 서있었다.

이런 현실을 우리는 몰랐을까. 2인 1조로 일해야 하는 현장임에도 혼자서 일하는 작업환경, 조직 내에서 가장 열악하고 힘든 업무가 외주화된다는 것, 더는 물러날 곳 없는, 선택권 없는 이들에게 그런 업무가 맡겨진다는 것을 우리는 정말 몰랐을까.

사실 우리는 그런 비정규직이 사라질까 봐 두렵다. 값싸게 지하철을 이용하고, 아파트 관리비를 줄이고, 식당에서 밥값을 덜 내기 위해서는 그들이 필요하다는 것을 잘 알고 있다. 더 나아가 한국 기업이 세계 시장에서 활약하기 위해서는 어쩔 수 없이 비정규직을 써야 하고, 그런 비정규직에 문제가 있다면, 사후에 부정적인 부분만 보완하면 된다고 합리화한다.

기득권을 가진 자들도 이들을 벼랑 끝으로 내몬다. 이미 정규직이거나 정규직을 준비하는 이들은 '그들'의 무임승차가 마뜩찮다. 실습생들의 죽음을 막기 위한 방안으로 도입된 비정규직의 정규직화가 불편하다. "누구는 죽어라 공부해서 발전소 들어오려고 하는데, 누구는 친구가 죽었다고 정규직이 되느냐." 이렇게들 말한다. 이는 발전소에만 국한된 이야기가 아니다. 기간제 교사의 정규직 전환을 반대하는 정교사들, 공공 부문 비정규직의 정규직 전환을 반대하는 공무원들, 톨게이트 요금 수납원의 해고를 순리라 말하는 청와대 경제수석. 이들의 이유는 명확하다. 그것은 '공정'하지 않다. 그들은 '시험'을 통과하지 못했다. '능력'이 부족하다.

과연 '공정함'이란 무엇일까? '능력'이란 무엇일까? 능력과 노력을 우리는 어떻게 측정하고 평가할 수 있을까. 능력주의는 정말 회사에 필요한 인재를 효율적으로 뽑기 위한 것일까. 개인의 능력만 따지는 사회는 정말 정의로운가. 능력은 정말 순수한 개인의 노력의 결과인가. 공부 못하는 애들, 놀기만 하던 애들, 노력하지 않은 애들은 영원히 공부 잘하는 애들의 발

밑에서 살아가는 게 정말 공정한 일인가.

〰〰〰

서울메트로는 경영 효율화를 위해 2008~12년에 걸쳐 업무 및 인력을 외주화했다. 서울도시철도공사도 2009년 경영 효율화를 명목으로 2개 안전 업무(전동차 정비, 궤도 보수)를 포함해 다수 업무를 자회사에 위탁했다. 이는 2000년대 중반부터 시작된 일이다. 특히 오세훈 전 서울시장 시절 추진된 인력 구조 조정 프로그램은 대규모 인력 감축을 불러왔다.

　서울도시철도공사는 2007년부터 정원을 대폭 축소, 6920명에서 396명이 줄어 6524명이 됐고, 그에 따라 현원(현재 일하는 노동자)도 2007년 6845명에서 2013년 6538명으로 207명(4.5%)이 감축됐다. 서울메트로도 2007년 1만284명이었던 정원이 9150명으로 축소됐고, 이후 줄어든 정원 규정에 따라 지속적으로 현원을 줄여 나갔다. 이에 2007년 1만118명이었던 현원은 2013년 기준으로 8991명을 기록했다. 11.1%, 1127명의 인력이 감축된 것이다.[•]

　여기서 주목할 부분은 특정 분야의 인원만 집중적으로 줄어들었다는 점이다. 반면, 다른 분야 인력은 오히려 늘어났다. 서울메트로 본사 사무직 노동자와 '유지·보수' 등 현장 노동자의 인력 변화를 살펴보면, 2001년에 706명이었던 본사 사무직 인력은 2014년 1118명까지 증가했다. 반면, 같은 기간 현장 노동자 인력은 9389명에서 1392명이 감축돼 7997명까지 줄

• "지자체 투자 출연 기관 노·사·민·정 안전 거버넌스 구축 방안 연구"(2015년 4월), 2015년 서울모델협의회 연구 용역 과제 최종 보고서, 76-77쪽.

었다. 현장에서 안전을 책임지는 노동자는 구조 조정 과정에서 줄어든 반면, 본사 고위직과 사무직은 확대된 셈이다. 그 기간에 늘어난 지하철 운행 거리와 시설물 등을 고려한다면, '유지·보수' 등 현장의 안전 담당 인원 감축 비율은 더욱 가파르다고 할 수 있다.

줄어든 현장 노동자의 빈자리는 외주 용역으로 채워졌다. 서울메트로의 외주 용역 현황을 살펴보면, 출입문과 관련된 PSD(스크린도어) 유지·보수, 전동차 일일 및 월 검사에 해당하는 경정비, 열차 중단 시간에 궤도 시설물 보수와 관련된 모터카, 철도장비 등이 외주화되었다. 이는 대부분이 시설 유지 업무로 지하철 안전과 밀접한 관련을 맺고 있다.

∧∨∧

구의역 사고 이후 2016년 6월 16일, 박원순 시장은 기자회견을 열고 서울 양대 지하철의 안전 분야 업무를 모두 직영화하기로 했다. 이에 따라 서울시는 김 군 사고 4개월 뒤인 2016년 9월, 외주로 운영해 온 지하철 스크린도어 유지·보수 업무를 직영으로 전환했다.

직영화의 힘은 컸다. 과거 여러 하청업체가 나눠서 하던 업무가 하나로 일원화되면서 안전도 강화됐다. 서울교통공사 컨트롤 타워에서 각 지하철역 상황을 실시간 모니터링하고 열차 운행을 통제하게 됐다.

김 군을 죽게 만든 애물단지 장애물 센서도 고장이 적은 레이저 센서로 교체됐다. 스크린도어의 장애물 감지 센서를 승강장에서 유지·보수가 쉬운 기종으로 교체했고, 스크린도어의 고장 상태를 기관사가 알아보기 쉽게 부품도 교체했다.

그 결과, 2018년 1~4월 스크린도어 고장 건수는 961건에 불과했다.

구의역 김 군 사고가 일어난 2016년 1~4월 동안 발생한 1876건과 비교하면 49% 감소한 셈이다. 2017년 1487건과 비교해도 35%가 줄어든 수치다. 스크린도어 옆 고정문도 열고 닫을 수 있도록 해서 더는 김 군처럼 노동자가 수리를 위해 선로 안으로 몸을 넣을 필요가 없게 됐다.

2012년, 2013년, 2015년, 그리고 2016년 구의역 등 거의 매년 발생했던 지하철 사망 사고는 직영화 이후 단 한 건도 발생하지 않았다.

∧∨∧

김용균 씨의 죽음 역시 사회적 변화를 이끌어 냈다. 무엇보다 현장이 변화했다. 3월 4일 이송 석탄을 연료 보관 장치에 분배해 주는 설비를 점검하던 하청 노동자 A씨(48)가 움직이는 장치에 몸이 끼이자 A씨와 2인 1조로 일하던 동료가 기계를 즉시 멈춰 참변을 피했다(하지만 A씨는 갈비뼈 5개가 골절되는 중상을 입었다).

고인의 죽음은 잠자고 있던 산업안전보건법 개정안도 통과시켰다. 제정된 지 28년 만의 전면 개정이었다. 내용에서도 정책 방향, 세부 내용, 법체계 등을 전면 개정했다. 눈에 띄는 변화는 원청의 책임을 확대했다는 점이다. 도급의 정의를 확대해 건설·조선업 등의 다단계 하청에 대한 원청의 책임을 명확히 했다. 또한 이전까지 22개 위험 장소로만 원청의 책임이 한정되던 것을 원청 사업주가 지정·제공하고 지배·관리하는 장소라면 원청업체가 책임지는 것으로 확대됐다.

원청에 대한 처벌도 강화됐다. 산업안전보건법 위반으로 하청 노동자가 사망할 경우, 1년 이하 징역형 또는 1000만 원 벌금형에 처하던 기존 안에서 7년 이하 징역형 또는 1억 이하 벌금형으로 개정됐다.

고인의 근무 분야인 연료환경설비운전 업무(2017년 6월 말 기준 비정규직 436명 포함 총 2266)는 발전소 직접 고용은 아니지만 5개 발전사의 연료·환경설비운전 업무를 통합한 하나의 공공 기관을 만들고 해당 업무 노동자를 직접 고용하는 방식으로 여당과 정부가 합의했다. 이와 관련한 구체적인 전환 방식이나 임금 산정 등은 5개 발전사의 '노사정 통합협의체'에서 논의·결정한다는 계획이다. 또 시민대책위가 연료·환경설비운전 업무와 함께 정규직화를 요구했던 경상 정비 업무(비정규직 199명 포함 총 2505명)의 정규직화 유무는 노사정 통합협의체에서 논의하기로 했다.

한국서부발전은 고 김용균 씨 장례비용을 전액 부담하고 유가족에게도 추후 논의를 거쳐 배상하기로 했다. 또한 진상규명위원회 활동에 적극 협력하고, 위원회가 요구하는 현장 출입, 영상 및 사진 촬영, 관계자 소환 등 조사 활동 일체에 응하기로 약속했다. 한국서부발전의 하청업체이자 고인이 속해 있던 한국발전기술도 처우 개선과 사과문을 발표하는 것은 물론 진상규명위원회 조사 협조 등에 동의했다. 아울러 두 회사는 산업재해 취약 노동자의 안전 보호 및 비정규직 노동자 처우 개선을 위한 비영리 법인에 총 4억 원(3년간)을 기부하기로 합의했다.

이는 모두 한 사람의 죽음이 가져온 큰 변화였다. 하지만 용균 씨 어머니는 여전히 주변이 걱정이다.

아들의 동료들을 살리고 싶었습니다. 지금도 용균이 동료들은 생사를 오가는 환경에서 일하고 있습니다. 건설 현장, 조선소 등에서도 사람이 계속 죽고 있습니다. 안전장치만 있으면 살 수 있는 사람들이 하루 6, 7명, 1년이면 수천 명이 죽고 있습니다. 대참사입니다. 한국에서 사람이 이렇게 많이 죽는지 몰랐습니다. 이 일을 자기 일처럼 여기고, 이 땅 서민들이 살 수 있게 힘 모아 주세요. 더는 죽지 않고 일할 수 있도록, 안전한 환경 만들어 주셔야 한다고 생각합니다. 더는 우리 아들처럼 죽지 않게, 여기서 끝내야 합니다. 안전하게 일할 수 있게, 우리가 만들어야 합니다.*

∧∧∧

이런 변화들에도 불구하고 내게는 여전히 풀어야 할 문제가 남아 있었다. 구의역 김 군의 죽음에는 '작업장의 위험성' '죽음의 외주화'만으로는 설명되지 않는 또 다른 구조적 문제가 자리 잡고 있었다. 이는 LG유플러스 홍은주, 안산 반월공단의 박영수 군 사건에서도 마찬가지였다. 그들은 모두 현장실습생이었다. 이들만이 전부가 아니다. 은주가 저수지에 몸을 던진 2017년에는 또 다른 아이가 현장실습 도중 사망하는 사건이 발생했다. 나는 그 부모를 만나 보았다.

그들에겐 아들이 둘 있었다. 큰아들은 어느 날 특성화고에 진학하겠다고 선언했다. 집안 형편 때문인지 일찍 철이 들었던 듯하다. 3년 동안 수업료에 기숙사비도 무료라고 했다. 졸업하면 곧바로 취업이 가능하다고 덧붙였다. 큰아들은 이미 마음을 굳힌 뒤였다. "아빠, 나 괜찮아." 아들은 이 말 한마디 남기고는 집을 떠났다. 아버지는 아들이 기특하면서도 미안했다.

하지만 해가 지난다고 쪼그라든 형편이 펴질 리 없었다. 큰아들에게는 한 살 터울의 남동생이 있었다. 활발한 성격의 형과는 달리 동생은 얌전하고 조용했다. 심성이 곱고 남에게 피해 주기 싫어하고 책임감이 강한 아이였다. 그 작은아들이 중3이 됐을 때였다. 2학기가 됐는데도 어느 고등학교

• 2019년 2월 5일, 김용균법 후속 대책 당정 협의 합의 후 기자회견에서.

를 가겠다 아무 말이 없었다. 아버지가 참다못해 물었다.

"형 따라갔어."

작은아들은 아무렇지도 않은 듯 대답했다. 큰아들을 보낼 때 꽂힌 비수가 다시금 아버지의 가슴을 후볐다.

아버지 이상영 씨가 보기에도 특성화고 생활은 쉬워 보이지 않았다. 조경과를 전공한 큰아들이 고3 때 현장실습에 나가면서부터 그런 생각이 들기 시작했다. 전공과는 전혀 상관없는 일이었다. 귤 수확철에는 귤을 따고 나르는 일을 했고, 그 시기가 지나고 나니 성산항, 서귀포항을 전전하며 갈치를 운반하고 판매하는 일을 했다. 일도 힘들었지만, 근로시간도 지켜지지 않았고 월급도 최저임금 수준이었다.

더는 버틸 수 없다 생각했는지 큰아들은 어차피 군대에 갈 생각이었다며 일한 지 1년이 조금 안 돼 회사를 그만두겠다고 했다. 하지만 회사에서는 책망이 돌아왔다. "바쁜 시즌인데 그렇게 무책임하게 그만두면 어떻게 해?"

작은아들이 사고를 당했다는 소식을 접한 때는 그즈음이었다. 형과 같은 학교에서 원예를 전공한 작은아들은 형과 마찬가지로 고3이 되면서 현장실습을 나갔다. 당시 운송업을 하던 아버지는 과거 자신의 거래처인 음료 공장을 아들에게 추천했다. 회사도 건실하고 직원들도 잘 돌보는 것 같았다. 하지만 착각이었다.

애초 전공이 원예과인 작은아들은 음료 회사를 갈 수 없었지만 지게차 자격증이 있으면 취업이 가능했다. 마침 작은아들은 지게차 자격증을 취득해 둔 상태였다. 아들이 다니던 학교는 졸업하려면 1개 이상의 자격증이 필요했다. 하지만 작은아들이 속한 원예과에는 딱히 취득할 만한 자격증이 없었다. 아버지는 작은아들에게 굴착기 자격증을 따라고 조언했다. 마침 학교에 굴착기 장비가 준비돼 있었다. 하지만 이를 가르쳐 줄 교사가 없었다. 그나마 배울 수 있는 게 지게차였다.

같은 학교에서 총 다섯 명의 학생이 현장실습으로 아들과 같은 음료 회사에 취업했다. 이 가운데 작은아들을 포함해 지게차 면허를 가진 아이는 세 명. 공장에 가자마자 지게차 운전 테스트가 있었다. 그런데 작은아들을 제외하고 나머지 두 명은 운전을 제대로 못했다. 작은아들만 생산 라인에서 포장된 음료를 지게차로 나르는 업무에 배정됐다.

작은아들은 일하는 게 무척 고되다고 했다. 아버지는 그런 아들이 강해졌으면 싶었다.

"야, 사회생활이란 게 그런 거야. 쉬운 일이 있는 줄 알아? 하나하나 배운다고 생각하고 버텨. 그게 나중에는 너한테 큰 도움이 될 거야. 알겠지? 힘들더라도 좀만 참고."

나중에 알았다. 하루 14시간 일한 날도 비일비재했다. 주말 근무도 해야 했다. 현장실습생에게 그렇게 일을 시키는 것은 불법이다. 한번은 작업장에서 기계를 고치다 떨어져 갈비뼈를 다치는 일도 있었다. 응급실에 실려가 치료를 받는 중에도 회사에서는 작은아들을 찾았다.

아들이 집에 왔는데, 계속 가슴이 아프다고 하더라고요. 이상하다 싶어서 병원으로 데려갔는데, 갈비뼈에 금이 간 거예요. 어찌나 화가 나던지……. 그런데 응급실에 누워 있는 아들한테 회사에서 계속 전화가 오는 거예요. 정말 화가 났어요. 저는 절대 받지 말라고 했죠. 그랬더니 아들은 또 제 눈치를 보느라, 회사 눈치를 보느라 안절부절못하더군요. 그러다 제가 잠시 자리를 비운 사이 전화를 받았더라고요. 아들이 없어서 공장이 돌아가지 않는다고 꼭 좀 와달라고 읍소했대요. 이게 무슨 일인가 싶더라고요. 고작 일한 지 두 달밖에 안 되는 현장실습생에게 그 정도 능력이 있나 싶었어요. 아들에게 절대로 일 못 나간다고 말하라 했는데, 다음 날 우리 부부가 일하러 나간 사이, 회사에서 다시 나오라는 전화를 해댄 거예요. 결국 아들은 성치 않은 몸을 이끌고 회사에 갔더라고요. 회사 공장장이 몸소 아들을 데리러 집 근처까지 왔었대요. 대체 우리 아들이 뭐길래…….

그렇게 착실하게 일해서였을까. 좀 더 회사 말을 잘 듣지 않았으면 어땠을까. 작은아들은 공장 컨테이너 벨트 위에서 작업 중이었다. 그런데 갑작스럽게 벨트가 역방향으로 작동하는 바람에 쓰러졌다. 동시에 멈춰 있던 프레스기가 작동했다. 아들의 몸은 프레스기에 끼어 버렸다. 급히 병원으로 옮겨졌으나 이미 치명적인 상태였다. 열흘간 병상을 헤매다 결국 세상을 떠났다. 그는 바로 2017년 11월 19일, 제주도 음료 회사에서 현장실습 도중 사망한 이민호 군(18)이다.

아버지는 아들이 죽은 원인을 밝히겠다고 다짐했다. 아들은 혼자 일하다 사고를 당했다. 애초 아들에게 일을 가르쳐 준 사수를 우선 수소문했다. 그는 일주일 동안 아들에게 자기가 하던 일을 가르쳐 주고는 바로 퇴사했다.

알고 보니 이 사람은 석 달 전부터 그만둔다는 이야기를 회사에 했다고 해요. 기계 결함 때문이었어요. 자기가 다루는 기계에 문제가 있어서 여러 차례 수리를 요구했는데 회사에서는 이를 받아들이지 않았다고 해요. 그러니 어쩌겠어요. 이렇게 일하다가는 자기가 다칠 수 있겠구나 생각해서 사표를 썼다고 해요. 황당한 거는 그 다음이에요. 사표를 냈는데도, 석 달 동안 회사는 사람을 뽑지를 않았어요. 그러고서는 사표를 낸 직원에게 새 직원 뽑을 때까지 일이나 하면서 기다리라고 한 거예요. 그러니 어쩌겠어요. 새 직원 뽑을 때까지 일을 계속

한 거죠. 그렇게 해서 사표 낸 지 석 달 만에 새 직원이 온 거예요. 그런데 그 새 직원이 누군지 아세요? 현장실습생인 우리 아들이었어요.

2년 동안 일해 온 직원이 나간 자리를 고작 일주일 교육 받은 아들이 이어받은 셈이다. 더구나 선임이 기계 결함을 수리해 달라고 요구하다 받아들여지지 않으니 그만둔 현장이었다. 아버지는 당연히 결함 있는 기계를 만지다 그런 사고가 난 게 아닌가 의심할 수밖에 없었다. 게다가 공장 내 아들의 작업 공간에는 학생들밖에 없었다. 사고 후, 아들을 발견한 것도 친구였다. 현장 관리자가 당시 현장에 있었다고 주장하지만 믿을 수 없었다.

하지만 이와 관련한 만족할 만한 수사 결과나 관련 부처의 답변은 들을 수 없었다. 의문이 꼬리를 물었지만 공장 내 사람들은 입을 다물었고, 죽은 아들은 말이 없었다. 아버지는 아들과 같은 사고가 두 번 다시 일어나지 않기를 바랐다. 하지만 이마저도 여의치 않았다.

아들이 죽고 난 뒤 공장은 가동을 중단했어요. 재가동을 하려면 안전이 담보돼야 하지 않겠어요? 사고가 난 뒤 현장에 온 노동부 사람이 공장을 재가동할 경우, 우리에게 현장을 방문하도록 해서 안전 체크를 하도록 하겠다고 약속했어요. 하지만 어느 날 보니까 소리 소문 없이 공장이 운영되고 있는 거예요. 이게 무슨 일인가 싶었죠. 우리에게 약속한 노동부 관계자에게 따졌더니 뭐라는지 아세요? 알릴 의무가 없다며 (약속을 지킬지는) 자기가 판단한다고 하더라고요.

아들을 잃은 것도 모자라 아들이 죽은 이유도 밝혀낼 수 없었던 아버지는 망연자실했다. 아버지는 최근 아들의 추모비 건립을 준비 중이다. 다시는 아들과 같은 일이 반복되지 않기를 바라는 마음으로 제주교육청에 추모비

건립을 추진하고 있다. 하지만 교육청은 난색을 보이고 있다.

> 학생을 관리해야 하는 교육청에서 의무를 제대로 다하지 못해서 이런 일이 발생한 거잖아요? 그래서 두 번 다시 이런 일이 없도록 하라는 의미에서 추모비를 교육청 앞에 세우려 했어요. 하지만 교육청에서는 선례가 된다고 반대했죠. 너도나도 교육청에 추모비를 세우려 할 테고 결국 교육청은 '비석거리'가 될 수밖에 없다고 그러더군요. 그런데 이 말은 자기네들이 우리 아들 같은 사고를 막지 못하고 계속 그런 사고는 날 수밖에 없다는 이야기랑 똑같잖아요. 어떻게 사람이 죽었는데, 사고를 막기 위해 노력하겠다는 말 한마디 없을 수 있나요? 나중엔 산골짜기에 있는 무슨 교육원 같은 데, 어떻게든 사람들 눈에 띄지 않는 곳에 추모비를 세우자고 했어요. 어떻게든 아들의 죽음을 숨기고 싶은 거죠.

부아가 치밀었지만 달리 방법이 없었다.* 큰아들은 동생의 사고 이후 몇 달 동안 자기 방 안에서만 살았다. 끼니도 홀로 방에서 때웠다. 그러다가 예정된 날짜에 바로 입대해 버렸다. 어머니는 큰아들이 군대를 연기하고 심리 치료라도 받았으면 했지만 큰아들은 아무것도 모르는 사람과 생활하는 게 그나마 숨통이 트일 것 같다고 했다.

아버지는 사고 이후 당뇨 때문에 인슐린 주사를 맞고 있다. 일도 그만두고 작은아들 일에만 매달리고 있다. 자다가도 울화가 치밀어 자꾸만 눈이 떠진다. 아들의 죽음을 계기로 뭐라도 바뀌었으면 했는데, 그런 움직임이 전혀 보이지 않는 게 못내 답답하다. 아버지는 매년 2학기가 되면, 민호

* 이민호 군이 죽은 지 2년 만인, 2019년 11월 19일, 제주학생문화원 '미래의 자리'에 민호 군을 추모하는 조형물이 설치됐다.

와 같은 사고가 또 일어날까 봐 불안하다.

우리 아들이 쓴 표준협약서를 보면요, 하루 7시간 일하고, 시간외근무를 추가로 못하게 돼 있어요. 그런데 그러면 뭐하나요. 현장에서는 안 지켜지더라고요. 관리·감독이 안 되는 거예요. 게다가 사고가 나면 관련 부처는 서로 책임을 미뤄요. 상황이 이런데 정부는 굳이 현장실습을 계속한다고 해요. 아이들이 실습을 하다 다치거나 죽으면 누가 책임질 건가요? 여전히 아무도 책임지는 사람이 없어요.

'지게차를 잘 다루지 못했다면 그렇게 됐을까. 음료 공장에 취업하지 않았다면 그렇게 됐을까. 집안 형편이 좋았다면 그렇게 됐을까.……'
아버지는 자책하고 또 자책했다.

∧∨∧

자식을 잃은 또 다른 아버지도 마찬가지였다. 2016년 어버이날 일요일 아침을 김용만 씨는 잊지 못한다. 새벽 7시께 경찰서에서 연락이 왔다. 급히 경찰서로 오라는 연락이었다.
"김동균 씨 보호자 되십니까. 김동균 씨에게 좋지 않은 일이 생겼습니다."
"대체 무슨 일입니까?"
"와보시면 알아요. 마음의 준비는 하고 오시고요."
급히 옷을 챙겨 입고 경찰서로 달려갔다.
"다녀오겠습니다" 하며 아침 일찍 일하러 나간 아들은 그날 밤 집에 들어오지 않았다. 토요일이면 가끔 회식을 하곤 했기 때문에 대수롭지 않게 여겼다. 아들은 이전에도 회식이 늦어지면 동료 집에서 자고 오곤 했다. 그날도 그런 날인 줄 알았다. 경찰서로 가는 길에 몇 번이나 되뇌었다.

'우리 아들이 아니라 다른 사람이겠지.'

하지만 아들은 싸늘한 주검이 돼 있었다. 자살이라고 했다. 내 아들에게 어떻게 이런 일이 생길 수 있는지 도무지 믿기지가 않았다. 하지만 싸늘한 시신은 아들이 분명했다.

아들은 7일 새벽 5시, 일하던 외식업체의 음식 창고 앞에서 목을 맨 채 발견됐다. 당시 아들의 나이는 열아홉. 옆에는 단정히 접어 둔 근무복이 가지런히 놓여 있었다. 유서는 없었다.

그 이후로 시간이 어떻게 흘렀는지 기억도 나지 않는다. 경찰서, 병원, 장례식장 …… 그렇게 아들을 보내고 집으로 돌아온 아버지는 지친 발걸음을 떼다 문 앞에 놓인 건강보조식품을 발견했다. 아들이 택배로 주문해 놓은 어버이날 선물이었다. 억장이 무너졌다. 어버이날 선물까지 준비했던 아들은 왜 그런 선택을 한 걸까.

아버지는 아들의 죽음을 밝히기 위해 미친 듯이 뛰었다. 특성화고에 다니던 아들은 고등학교 3학년 12월, 현장실습으로 대형 프랜차이즈 외식업체에 취업했다. 전공인 인터넷쇼핑몰과는 아무런 관련이 없는 곳이었다. 중학교 때부터 컴퓨터에 능했던 아들은 특성화고에 진학해 그쪽 분야로 진출하고 싶어 했다. 아버지는 반대했지만 아들의 뜻은 확고했다. 아버지는 마지못해 허락했다.

아들은 고등학교 3년을 착실히 보냈다. 전산, 회계 등 컴퓨터 관련 자격증을 5개나 땄다. 하지만 현실의 벽은 높았다. 취업에서는 그런 자격증도 별 소용이 없었다. 그래서 아들은 전공과 상관없는 외식업체로 현장실습을 나갔던 것이다.

외식업체는 담임교사가 추천해 준 곳이었다. 현장실습을 할 당시, 담임교사는 취업 설명을 한다며 아버지를 학교로 불렀다. 아버지도 아들이 무슨 일을 어떻게 하게 되는 건지 궁금했기에 기꺼이 담임을 만나러 갔다.

제일 궁금한 게 아들이 자기 전공과 전혀 상관없는 곳에 실습을 나가는 건데 괜찮냐는 거였어요. 담임을 만나 제일 먼저 그것부터 물었죠. 그랬더니 담임은 그 외식업체 장점만을 늘어놓더군요. 규모가 대기업 수준이고 연봉도 높다고 했어요. 그러니 잠깐 일하면서 경험을 쌓는 것도 좋지 않겠느냐고 조언하더군요. 그 말을 믿고 아들을 맡겼죠.

그렇게 아들은 그곳에서 약 6개월을 일했다. 그간 아버지는 까맣게 몰랐다. 아들이 그곳에서 어떤 대우를 받으며 일해 왔는지 말이다.

'○○○ 외식업체 군포지점 양식부 막내'가 아들의 직책이었다. 수프를 끓이는 일을 담당했던 아들은 출근 첫날부터 숨지기 전날까지 매일 오전 11시에 출근해 밤 10시까지 일했다. 전날 지각했을 경우 대체 근무를 위해 더 일찍 출근해야 했다. 스케줄대로라면 오전 11시 출근이지만 이런저런 '벌칙' 명목으로 두 시간 먼저 나가는 일이 비일비재했다. 집에서 회사까지는 1시간 40분 거리. 퇴근 후 집으로 돌아오면 자정이 넘기 일쑤였다.

'학교-학생-기업' 3자가 함께 작성하는 '현장실습 표준협약서'에는 하루 7시간 근무, 최대 1시간 연장 근무가 가능하다고 돼 있다. 또한 아들과 업체 간 따로 맺은 근로계약서에도 '하루 11시간 미만 근로한다'는 내용이 담겨 있다. 하지만 지켜진 건 아무것도 없었다.

일도 쉽지 않았다. 어느 날 아들은 수프를 발에 쏟아 2도 화상을 입었다. 3주 동안 치료를 받아야 할 정도로 심한 부상이었다. 그럼에도 일은 쉴 수 없었다. 수포가 생긴 발을 주방용 장화에 구겨 넣고 계속 일했다.

직장 내 괴롭힘도 심했다. 친구와 주고받은 문자 메시지에서 아들은 자신이 주로 하는 일이 "욕먹기"라고 농담처럼 이야기했다. 대화방에는 "뛰어내리려 하는데 보러 올래"라는 기록도 남아 있었다. 원래도 좀 마른 편이었던 아들은 4개월차 무렵엔 몸무게가 10킬로그램이나 빠져 48킬로그램밖에 나가지 않았다.

아들은 그날도 벌칙으로 오전 9시까지 출근해야 했다. 하지만 한 시간 지각을 했고, 상사에게 크게 꾸지람을 들었다. 그리고 오후에 일터를 나간 아들은 다음날 새벽, 싸늘한 시체로 발견됐다.

아들과 같은 외식업체에 취업한 학생이 열 명이나 되지만, 지금은 모두 그만둔 상태다. 그만큼 일은 힘들고, 비전도 없었다.

아들이 간 곳은 사람 구하기 힘든 곳이었어요. 임금도 최저임금 수준이었고, 잔업도 늘 있었죠. 주방 일이다 보니 작업환경도 열악했고요. 나중에 보니까 상당수가 일주일 하다 그만두는 식이었더라구요. 이게 반복되니 업체에서도 방법이 없었던 거예요. 그런데 특성화고 실습생들은 한 번 들어오면 쉽게 그만두지 못하잖아요? 학교 눈치를 봐야 하니까요. 그만두면 낙인이 찍혀요. 학교는 또 애들 취업률을 걱정하잖아요. 업체와 학교 간 '쿵짝'이 맞은 거죠. 그렇게 데려와서는 마음껏 부려먹은 거예요. 함께 간 아들 친구도 위궤양 걸리고 손가락 다치고 그랬더라구요.

경찰과 고용노동부 조사에서는 아들의 자살 원인을 밝혀내지 못했다. 업체 상담 일지, 동료의 증언으로는 아무런 문제가 없어 보였다. 자식을 그런 업체에 보낸 학교에도 항의를 해보았지만 소용없었다. 아들이 죽은 뒤로는 한 번도 담임교사를 볼 수 없었다. 아들을 그런 곳에 보내 죄송하다는 말 한마디만 들었어도 이렇게까지 억울하지는 않았을 텐데.

아들 사고 후에, 학교를 찾아갔어요. 담임교사는 이미 자리를 피한 뒤였죠. 겨우 교장을 만났어요. 교장은 자기 책임은 없다며 원칙대로 하자더군요. 국가정책에 따라 움직인 거니 자기네는 아무런 책임이 없다고 했어요. 되레 제게 따지더군요. '학생이 졸업 후 자살한 사건이나 사고로 죽은 사건을 모두 학교에서 책임지라고 하면 어느 학교가 자유로울 수 있겠느냐' 그러면서 졸업생들까지 AS할 수 없다고 덧붙였어요. 자기네는 정부와 교육청 지시를 따랐으니 따지려면 교육청과 국가를 상대로 싸우라고 하더군요. 그러지 않으려면 입 닥치고 가만히 있으라는 거였죠.

아버지는 담임교사의 말만 믿은 자신의 순진함을 탓했다. 이제야 알게 됐다. 취업률을 높여야 하는 담임교사 입장에서는 성과를 위해 아들을 그런 곳에라도 취업시켜야 했던 것이다.

야속했다. 담임교사는 알고 있었을 것이다. '힘든 부분이 어떤 게 있는지, 임금은 어떤지 하나하나 설명해 줬다면 내가 아들을 그 업체에 보내도록 했을까.' 아버지는 반쪽 눈으로 아들의 취업을 결정했다는 게, 그리고 그 결과가 죽음이라는 게 견딜 수 없이 힘들었다.

답답한 건 아들의 죽음 이후에도 변한 게 아무것도 없다는 점이다. 대표적인 게 현장실습 제도다. 그렇게 많은 학생들이 일하다 죽는데, 최소한 이를 원점에서 논의해야 하는 게 아닌가.

학교는 취업률 때문에 아이들을 업체에 내보내지만, 정작 그런 아이들은 얼마 못 버티고 그만둬요. 환경이 열악하기도 하고 비전이 없기 때문에요. 저도 공고 출신이에요. 30년 전에는 졸업만 하면 곧바로 취업했고, 그게 평생 일자리가 됐어요. 산업화 시대였으니 가능했죠. 그런데 교육부는 그때나 지금이나 한결 같아요. 산업구조는 바뀌었는데, 그때 사용한 현장실습 제도를 지금도 그대로 이용하고 있어요.

이런 현실을 모르는 것일까. 알면서도 모른 척하는 것일까. 아버지는 후자라고 생각했다.

현장실습 제도가 돈도 벌고 학생이 성장할 수 있는 구조로 돼 있나요? 전혀 아니라는 걸 관련자들은 모두 알고 있어요. 심지어 학부모들도요. 그런데 학부모들은 아이들이 취업 나가 돈을 벌길 원해요. 집에서 노는 것보다는 사회 경험을 하는 게 좋다는 거죠. 그런데 그렇게 나간 취업 현장에서 자기 자식이 죽었다고 생각해 보세요. 희박한 확률이기는 하지만 누군가는 죽어요. 하지만 대부분이 '내 새끼는 아니겠지' 하면서 그런 현실을 애써 외면해요. 저도 아들이 죽기 전까지는 그렇게 생각했어요.

문제는 교육부나 교육청도 이런 생각을 한다는 거예요. 학생이 일하다 죽어도 어쩔 수 없는 일로, 그리고 학생 개인의 문제로 넘겨요. 이런 인식과 책임 회피가 정당한가요? 그런데 대다수는 지금의 구조가 올바르다고 생각하는 것 같아요. 아들의 죽음 이후에도 또 다른 아이들의 죽음이 계속되는데도 시스템은 바뀌지 않고 있잖아요.

아들이 다녔던 외식업체는 아들이 죽은 지 2년 후, 각종 언론 지면을

장식하며 포털 실시간 검색어에도 올랐다. 손님에게 나갔던 음식을 재활용한다는 보도가 나오면서 사회적 공분을 샀기 때문이다. 팔다 남은 대게를 다시 냉동해 사용하는가 하면, 남은 연어회를 연어롤 재료로 재사용했다. 남은 탕수육과 튀김류도 롤 만드는 재료로 사용됐다. 진열됐던 초밥의 찐새우 등 각종 회들은 주방으로 회수해 끓는 물에 데친 뒤, 양념을 넣고 다진 후 롤이랑 유부 초밥 안에 넣어 팔았다. 높은 이익을 남기려고 한 행동이었다. 아버지가 보기엔 아들의 죽음에도 불구하고 그 기업은 전혀 변한 것이 없었다.

통신사 사무직으로 일하던 아버지는 그 후 일을 관두고 작은 커피숍을 열었다. 가만히 사무실에 앉아 있노라면 끊임없는 의문과 회의가 밀려와 더는 사무직 일을 하기 힘들었기 때문이다. 2년이 지난 지금까지도 여전히 우울증 약을 먹고 있다.

커피숍을 차린 이후로는 하루도 쉬지 않고 일한다. 아침 9시부터 밤 11시까지 꼬박 열네 시간을 쇠한 몸으로 일하다 보니 집으로 돌아갈 때면 파김치가 된다. 아들도 이렇게 일했을 것을 생각하면 여전히 가슴 한구석이 시리다. 그렇게 일해도 한 달 손에 쥐는 돈은 최저임금 수준이지만 그래도 육체노동을 하니 밤에 잘 수는 있다. 이따금 아들 생각에 가슴이 먹먹해지는 건 어쩔 수 없다고 생각한다. 아버지는 아들을 떠나보낼 수가 없다.

∧∨∧

이쯤에서 현장실습의 전체 구조를 살펴볼 필요가 있다. 대체 얼마나 많은 아이들이 현장실습에 나가는 걸까? 그들은 어떤 기업에 취업하는 걸까? 현장실습에서 다시 학교로 돌아오는 학생의 비율은 얼마나 될까?

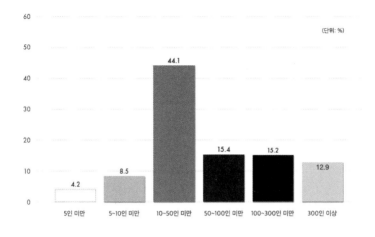

60

50

(단위: %)

44.1

40

30

20

15.4 15.2

12.9

10

8.5

4.2

0

5인 미만 5~10인 미만 10~50인 미만 50~100인 미만 100~300인 미만 300인 이상

그림 6.1　　사업장 규모별 현장실습생 비율

　전수조사 자료는 없지만 진국교직원노동조합에서 취합한 "2015년 경기도 현장실습 현황"을 살펴보면 특성화고 학생들의 현장실습 현황을 어느 정도 파악할 수 있다. 2015년 기준 경기도 내 마이스터고 2개, 직업계고 71개, 종합고 39개의 현장실습생 총 8974명에 관한 수치다.

　직업계고 중에서는 상업고가 29개(41%)로 가장 많으며, 공업고가 24개(34%), 혼합형고 7개(10%), 농업고 5개(7%), 종합고 4개(6%), 가사고 2개(3%) 순이다. 이 가운데 현장실습에 나간 학생들의 계열 분포를 보면, 상업이 4390명(48.9%), 공업이 3830명(42.7%)으로 대부분을 차지하며, 농업이 455명(5.1%), 가사가 299명(3.3%)를 차지한다. 이는 경기도 내 직업계고 분포와 유사하다.

　이 가운데 전공과 일치하는 실습을 한 학생은 7120명(79.3%)이며, 전공과 무관한 곳으로 실습을 간 학생은 1854명(20.7%)이었다. 계열별로 전공 일치 학생 비율을 분석한 결과를 보면, 가사가 전체 299명 중에서 287

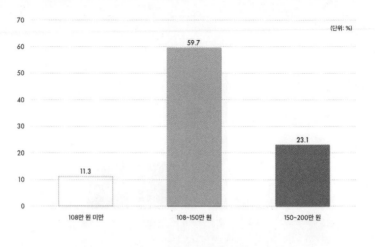

그림 6.2   현장실습생의 급여 현황

명인 96%로 가장 높으며, 상업은 4390명 중에서 3604명인 82%, 공업은 3830명 중에서 2931명인 77%, 농업은 455명 중에서 298명인 65% 순이었다.

학생들이 현장실습을 간 사업장을 규모별로 살펴보면, 10인 이상 50인 미만 사업장이 3956명(44.1%)으로 가장 많았다. 학생의 절반이 중소기업으로 현장실습을 가는 셈이다. 100인 이상 300인 미만 사업장은 1351명으로 15.2%였으며, 50인 이상 100인 미만 사업장은 1354명으로 15.4%였다. 300인 이상 사업장은 1161명으로 12.9%였고, 5인 이상 10인 미만 사업장은 765명으로 8.5%, 5인 미만 소규모 사업장도 377명으로 4.2%를 차지했다(〈그림 6.1〉 참조). (경기도 전체의 사업장들을 규모별로 보면 300인 이상 사업장의 사업체 수는 631개이며, 100인 이상 300인 미만 사업장의 사업체 수는 3066개였다.)

급여는 108만 원*에서 150만 원 미만이 5360명(59.7%)으로 가장 많았고, 150만 원 이상 200만 원 미만은 2077명(23.1%), 108만 원 미만이 1014명(11.3%)이었다(〈그림 6.2〉 참조). 또 8시간 이상 근무자 8707명의 월 급여 수준을 추가로 분석한 결과, 108만 원 미만을 받는 학생들은 829명으로 전체에서 9.2%를 차지했다.

또한 산업체에 파견된 학생 2만7152명 중 최종 취업으로 연계된 학생은 1만9107명(70.4%)이었다. 그리고 파견된 학생 중 복교한 학생은 7575명(27.9%)에 달했고, 이들 중 또다시 파견된 학생은 2569명(34.0%)으로 확인됐다. 산업재해는 9건, 성희롱은 2건 발생했다.

∧∨∧

현장실습 제도는 박정희 시대인 1963년 산업교육진흥법에 의해 정식으로 도입되었다. 이 법률에 근거해서 산업교육을 실시하는 학교의 학생들이 재학 중 지정된 산업체에서 현장실습을 이수할 수 있게 되었다. 특히 공업고등학교의 경우, 학교 실습 환경이 사업체 환경을 따라가지 못하는 상황이었기 때문에 기능 교육을 산업체 현장에서 완성하자는 교육 목표를 가지고 현장실습이 시행됐다. 하지만 그때도 지금과 마찬가지로 산업체의 적극적 참여 부족, 체계적인 실습 프로그램 미비, 관련 예산 부족 등의 문제가 있었다.** 무엇보다 가장 큰 문제는 산업 현장에서 학생들에게 교육 환경을 제공

* 2014년 최저임금은 시간당 5210원으로 1일 8시간, 주 40시간 기준 월 급여는 108만8890원이었다

** 이수정, "특성화고, 마이스터고 현장실습 현황과 문제점," 특성화고, 마이스터고 현장실습 제도 현황과 개선 방안 모색 토론회(2017년 6월 13일), 4-5쪽.

해 줄 준비가 전혀 돼 있지 않았다는 것이다. 이런 기업들에게 아이들의 교육과 인권은 고려 대상이 되지 못했으며, 이런 조건은 60년이 지난 지금도 마찬가지다.

1997년 12월, 교육부는 제7차 고등학교 교육과정 편성 운영 지침을 통해 직업계 고등학교의 현장실습을 더욱 독려하는 정책을 발표했다. 직업계 고등학교에서 최종 학년의 전문교과 학습은 현장실습으로 대체할 수 있다는 게 골자였다. 이후부터 파견 현장실습은 전문교과를 대체하기 시작했다.

파견 현장실습이 늘어나면서 성폭행 피해, 사고와 질병 등 노동 재해도 늘어 갔다. 2002년에는 모 기업에서 조합원들의 노동조합 사무실 출입을 막기 위해 실습 나온 학생을 동원하는 일이 발생하기도 했다. 결국 2003년 전교조 실업위원회와 참여연대 등에서 진행한 실태 조사를 바탕으로 교육인적자원부에서 2003년 5월 "고등학교 현장실습 운영 개선 방안"을 발표했다. '조기 취업' 형태를 규제하고 '취업 교육'이라는 본래 취지를 살릴 수 있는 기업에 한해 학생을 파견해야 한다는 게 골자였다. 또한 현장실습 전담 교사를 두고 현장실습 시기를 다양화할 뿐만 아니라 운영도 다양하게 하겠다는 내용을 담고 있었다.

하지만 여전히 현장실습 과정에서 아이들은 죽거나 다쳤다. 2005년에는 현장실습생이 엘리베이터에서 추락해 사망하는 사건이 발생하기도 했다. 이 학생은 실습 과정에서 필수적인 안전 교육도 받지 못한 채 보호 장구도 제대로 지급받지 못한 상태로 일한 게 뒤늦게 드러났다. 특성화고 학생의 현장실습을 이용한 저임금 노동력 착취, 인권유린 등의 문제는 끊임없이 도마 위에 올랐다.

이에 교육인적자원부는 2006년 5월, "실업계고 현장실습 운영 정상화 방안"을 발표했다. 취업이 예정되어 있고 3학년 2학기 수업의 3분의 2 이

상을 이수한 경우에만 파견 현장실습이 가능하도록 해 현장실습을 대폭 축소한 것이다. 하지만 얼마 가지 않아 이 제도는 폐기됐다. 새로 취임한 이명박 정부는 2008년 4월, 학교 자율화 정책을 발표했고, 그것의 일환으로 교과부의 "실업계고 현장실습 운영 정상화 방안"은 폐지한 것이다. 그러면서 현장실습 시기에는 유연성을 가지도록 했다. 특히 이명박 대통령이 직접 나서서 고졸 취업을 압박하던 2010년부터는 업체의 취업 요구에 따라 현장실습 시기가 폭넓게 조정되었다.

이와 맞물려 이명박 정부가 취업률 목표치를 제시하며 압박을 가하자 일선 학교에서는 고육지책으로 전공과 무관한 업체에 학생들을 현장실습 보내는 일이 늘어났다. 당시 정부가 제시한 특성화고 취업률 목표는 2011년 25%, 2012년 37%, 2013년 60%였다. 2012년 서울시교육청 감사 결과 학생들이 가장 취업을 많이 한 곳은 롯데리아와 군부사관(직업 군인)이었다.

현장실습 과정에서 아이들이 죽거나 다치는 일도 끊이지 않았다. 2011년 말에는 기아차에서 현장실습하던 학생이 뇌출혈로 쓰러지는 사건이 발생했다. 자동차 디자인을 전공한 학생이 주야 맞교대로 일하며 마스크 하나에 의지한 채 페인트칠을 하다 벌어진 일이었다. 이를 계기로 2012년 4월, 교육과학기술부, 고용노동부 및 중소기업청이 합동으로 "특성화고 현장실습 제도 개선 대책"을 발표했다. 현장실습생이 일반 노동자와 동일한 업무를 수행하는 경우, 근로계약을 체결하도록 하면서 노동관계법을 준수하도록 권고한 것이다. 말하자면, 그간 현장실습생은 노동권을 보장 받지 못했다는 뜻이었다.

이후 2013년에도 정부는 "학생 안전과 학습 중심의 특성화고 현장실습 내실화 방안" 등 여러 대책을 내놓았지만 해결책은 될 수 없었다. 문제가 되는 현장실습 제도는 그대로 둔, 땜질식 처방에 불과했다. 이후에도 현장 실습생들의 죽음은 이어졌다.*

그럼에도 박근혜 정부는 여기서 한 발 더 나아가, 현장실습 제도를 확대하는 '도제학교'를 도입한다.

∧∨∧

2016년 8월 18일, 박근혜 대통령은 산학 일체형 도제학교를 운영하는 인천기계공업고등학교를 방문했다. 청년 일자리 정책 현장을 점검한다는 명목에서였다. 기계 설비 앞에서 작업복을 입고 도제학교의 장점을 설명하는 학생의 말을 경청하던 박 대통령이 격려의 말을 전했다.

> 옛날처럼 기술을 직접 전수받으니까 실력 향상이 빠르게 될 것 같습니다. 미래가 딱 보장되니까 아주 만족스럽게 행복한 교실이 돼 있는 것을 볼 수 있었습니다. 이것이 우리나라에도 교육개혁에 있어서 큰 방향이 돼야 하지 않겠느냐. 고교 단계에서 일과 학습을 병행하는 산학 일체형 도제학교는 학교뿐만 아니라 기업에서 체계적인 현장 훈련을 받기 때문에 졸업하는 시점에는 현장에서 진짜 필요로 하는 어엿한 청년 기술인으로 성장할 수 있는 최적의 산학 협력 모델이라는 점에서 좋은 제도라고 생각합니다. 이렇게 성장한 청년 기술인들이 졸업 후 기업 현장에서 능력에 걸맞게 대우받을 수 있도록 정부가 더 노력하겠습니다.

• 이수정, "특성화고, 마이스터고 현장실습 현황과 문제점," 특성화고, 마이스터고 현장실습 제도 현황과 개선 방안 모색 토론회(2017년 6월 13일), 7-8쪽.

표 6.1   마이스터고, 특성화고, 도제학교 비교

	마이스터 고등학교	특성화 고등학교	도제학교
개요	유망 분야의 산업 수요와 연계해 '예비 마이스터'를 양성하는 특수 목적 고등학교	전문 직업인 양성을 위해 특성화 교육을 제공하는 학교	특성화 고등학교 내 도제 교육이 적합한 학과를 선정해 현장 중심의 직업 교육을 제공
학교 수 (2016년 4월 1일 기준)	47개 교	465개 교	60개 교 (특성화고 수에 포함)
학생 모집 단위	전국 단위 학생 선발	광역 단위 학생 선발	특성화고 1학년생 중 선발
특징	교육과정 운영이 자율적	국가 수준 교육과정에 따라 운영	학교-기업 간 교육과정 공동 개발 및 운영 도제 교육생에게 최저임금 이상의 급여 지급 학생은 2년 여간 학교와 기업을 오가며 교육

도제학교는 2014년, 박 대통령의 스위스 방문을 계기로 도입된 제도다. 산업 현장의 직무와 학교교육의 불일치를 해소하고, 청년의 원활한 노동시장 진입을 지원하기 위해 기업과 학교를 오가며 일하면서 배우는 독일·스위스식 도제제도를 적용한 '일·학습 병행제'라는 게 정부의 설명이었다. 학생은 재학 중 학교와 기업을 오가며 이론, 기초 실습과 현장 실무를 배워 졸업 후에 취업을 보장받고, 기업은 실무 교육 비용을 절감하는 동시에 우수한 기술 인력을 조기에 확보, 경쟁력을 높이려는 목적으로 시행하는 것이라고 밝혔지만, 한마디로 정리하면, 3학년 2학기 때에나 할 수 있었던 현장실습을 2학년부터 할 수 있도록 만든 제도다(〈표 6.1〉 참조).

박근혜 정부는 이명박 정부가 주도했던 취업률 중심 정책을 이어 가면서도, 차별화를 꾀한다. 이전 정부는 양질의 고졸 취업을 주창했으나 박근

혜 정부는 이에 소극적이었다. 그 결과, 이전 정부에서 보여 줬던 공공 기관
과 은행 등에서의 고졸 채용은 주춤했다. 295개 공공 기관 고졸 채용 인원
이 2012년 2508명, 2013년 2512명까지 증가했으나 박근혜 정부가 들어
선 지 1년 만에 1933명으로 크게 감소했다. 8개 은행의 고졸 채용 인원도
2012년 714명에서 2013년 480명으로 절반 가까이 줄어들었다.

　　그렇다면 2학년 때부터 학생들은 도대체 어떤 일터로 나갔던 것일까?

∧∨∧

전북 익산에서 만난 이명균 군은 내가 만날 당시 '도제학교' 프로그램에 참
여 중이었다. 이 프로그램에 참여하는 학생들은 2학년 1학기부터 학교와
기업체를 오가며 직업훈련을 받는다. 2017년 2월, 첫 졸업생을 배출했는
데, 당시 도제학교를 운영 중인 곳은 전국 198개 교가 있었다.

　　명균 군이 도제학교 프로그램을 선택한 이유는 취업이 빠를 뿐만 아니
라 병역특례 혜택이 있기 때문이다. 군대 대신, 취업한 기업에서 3년간 일
하면 병역이 면제된다. 주변에서도 "군대에서 시간 보내느니 기술도 배우
고 돈도 버는 게 낫다"며 이를 독려했다.

　　현재 다니는 회사는 도로 중앙선에 세우는 가드레일을 만든다. 정확히
는 철을 용접해 가드레일로 조립하는 작업이다. 여기서 명균 군도 용접을
'배우고' 있다. 명균 군이 하는 용접은 전기용접. 산소용접 같은 특수용접이
아닌 전기를 이용하기 때문에 간편하게 도구를 들고 다닐 수 있고 위험도
낮다. 명균 군의 업무는 가드레일 내부 용접이다. 아무래도 손이 서툴어 군
더더기 없이 용접해야 하는 외부 용접은 숙련된 직원들이 담당한다.

　　기업에 가는 날은 일주일에 두 번, 나머지는 학교에서 수업을 받는다.

회사에서 명균 군을 담당하는 현장 반장은 명균 군 옆에 잠시도 붙어 있지 못할 만큼 바쁘다. 용접을 하고 있으면, 지나가는 직원들이 "이렇게 하면 잘되고, 저렇게 하면 안 된다" 하며 틈틈이 지적해 주는 사항을 듣고 배운다.

회사에서는 책에 나오는 기술만 가르쳐 주지 않는다니깐요. 교과서에서는 용접할 때 무릎 각도는 '이렇게' 하고, 손 모양은 '어떻게' 하고 …… 이런 거를 가르쳐 줘요. 그런데 여기서는 선임들이 직접 용접하면서 기술을 알려 주니 영 다르죠. 아무래도 학교에서는 배우기는 어려운 것들이에요.

긍정적으로 평가하면 학교에서 배우지 못하는 것을 이곳에서 배운다. 반면, 어쩔 수 없는 현실적 한계도 있다. 무엇보다 일을 '제대로' 배울 수 있는 건 아니다. 간단한 것들은 알려 주지만, 진짜 기술이 필요한 작업은 선임들이 직접 한다. 명균 군이 작업하다 실수라도 하면 더 큰 비용이 발생하기 때문이다. 선임들 입장에서는 일을 가르쳐 주는 시간에 차라리 직접 하는 게 속 편하다.

아예 일을 안 하거나 허드렛일만 하는 날도 많아요. 가끔 답답하죠. 솔직히 도제 과정이 아니더라도 할 수 있는 일이 많아요. 그래서 도제 과정을 해야 하나 하는 생각도 들긴 해요. 안 해도 달라지는 건 없는데 …… 하지만 이런 걸 미리 알았더라도 했을 수밖에 없을 것 같아요. 빨리 취업을 하려 했으니까.

명균 군이 다니는 회사에는 16명의 직원이 일한다. 이 회사에 들어가기 전에 가장 규모가 큰 회사를 제1지망으로 지원했지만 떨어졌다. 현재 다니는 회사는 제2지망으로 써낸 곳이다.

아무래도 규모가 작은 회사는 노동조건이 열악할 수밖에 없다. 이는 학생들도 잘 아는 사실이다. 도제학교와 산학 협력을 맺는 기업은 중소기업이 대부분이다. 과거 대기업은 정부 눈치를 보며 조금이라도 고졸을 채용했지만 박근혜 정부 시기에는 그마저도 할 필요가 없어졌다. 남은 건 중견 기업과 중소기업인데, 중견 기업은 병역을 마치고 현장 경험을 가진 대졸 경력자를 선호하고 너도 나도 가려 해서 인력 수급에 문제가 없기 때문에 특성화고와 산학 협약을 맺지 않는다. 결국 학교와 산학 협약을 맺는 건 대부분이 중소기업이다. 학생들이 규모가 작은 회사로 몰리는 이유다.

명균 군은 지금 다니는 회사에서 병역특례 기간을 마치면, 다른 곳으로 이직할 계획이다. 지금 회사는 비전이 없다고 생각한다. 5년 뒤, 이곳에서 일하는 자신의 모습이 잘 그려지지 않는다. 이곳에서 일하는 것만으로는 결혼하고 아이를 낳는 것 같은 평범한 삶조차 꿈꾸기 어렵다고 생각한다. 병역특례 기간이 지나고, 어느 정도 경력이 쌓이면, 지금보다 좋은 조건의 회사로 이직하는 게 목표다. 그게 아니면 큰아버지 공장에 취업하는 것도 방법이다. 어찌됐든 20대까지는 사회에서 자리를 잡아야 한다. 병역특례로 3년 동안 일하면서 대학에 진학하는 것도 생각 중이다.

계획대로만 된다면, 25살에 대학교 졸업장, 그리고 용접 관련 경력 및 그간 모은 월급 등이 명균 군 손에 쥐어진다. '계획대로 된다면' 말이다. 현재로선 가장 시급한 게 자격증 취득이다. 전공 관련 자격증이 있어야 병역특례 자격이 주어지기 때문. 명균 군은 총 여덟 번 자격증 시험을 치렀으나 모조리 낙방했다. 공부를 못해 직업계고에 온 명균 군에게 자격증 취득은 쉬운 일이 아니다. 공부와는 담을 쌓은 '습관'이 그의 발목을 잡고 있었다.

이런 상황은 명균 군의 친구들도 마찬가지다. 같은 학교 기계과에서 전기 용접을 전공한 친구들 역시 현장실습의 일환으로 도제학교 프로그램에 참여하고 있었다.

명균 군의 친구 셋을 한 음식점에서 만났다. 처음 본 기자 앞에서 계면쩍은 웃음을 지으며 쭈뼛거리다가도 금방 서로 너스레를 떨며 와자지껄 떠드는 모습이 영락없는 10대들이었다. 셋 모두 한창 식욕이 왕성할 나이라서 그런지 눈 깜짝할 새 자기 몫을 해치우고는 반찬만 끼적거렸다. 뒤늦게 눈치를 챈 내가 밥을 더 시키겠다고 하니 극구 사양하며 손사래를 쳤다. 뭔가 다른 이유가 있는 듯했으나 먹지 않겠다는데 도리가 없었다.

밥을 다 먹고 일어나려는데, 한 친구가 옆 친구에게 귓속말을 건넸다.

"밥값은 어떻게 내?"

그 이야기를 우연히 들은 나는 놀려 주고 싶은 마음이 들었다.

"○○ 군, 몰랐어요? 오늘 밥값은 더치페이예요. 자기 껀 자기가 계산하는 거예요."

그러자 그 친구의 얼굴에 당황한 기색이 역력했다. 하지만 애써 아무렇지도 않다는 듯 말했다.

"그럴 줄 알았어요. 저 일하고 받은 수당이 꽤 있어요. 그 돈 은행에 있는데, 찾으러 가야겠다."

더 놀리면 안 되겠다 싶어 나는 황급히 그 친구의 팔을 붙잡고 내가 계산하겠다고 했다.

"기자 아저씨가 안 내도 되는데, 이거 얼마 안 하는데, 그냥 내가 해도 되는데……."

그러자 함께 있는 친구들이 이구동성으로 그 친구에게 은행에 다녀오라고 쏘아붙였다. 그렇게 한바탕 웃으며 인근 카페로 자리를 옮겨 그들의 이야기를 들어 보았다. 학교와 회사 이야기가 나오니 웃음은 사라지고 진지한 모습이 되었다. 한쪽 발은 학교에, 한쪽 발은 사회에 담근 그들의 삶이 보였다.

보통 직업계고를 졸업하면, 남학생들은 업체에 가거나 곧바로 군대에 간다. 군 미필자일 경우, 취업이 어렵기도 하지만 직장 내에서 군필자와 미필자의 대우가 다르기 때문이다. 태도가 불량한 사람이 군대를 다녀오지 않은 경우, '쟤는 군대 안 갔다 와서 저런다'며 색안경을 끼고 보는 경우가 많다고 한다. 그것이 지방 정서라고 덧붙였다.

"지방은 아직 군필자들을 좀 더 인정해 주는 관행이 있어요. 그 관행 때문에 무조건 군대를 가려는 사람도 있죠."

이환석 군(18)은 그 연장선에서 군대를 특전사로 지원하려 한단다. 미래의 꿈은 경호원이다. 특전사를 나오면 가산점이 있다고 했다. 그러자 옆에 있던 친구가 태클을 걸었다. "너 다리 수술해서 특전사 못 간다며?"

이내 쑥스러운 듯, 환석 군은 사실을 고백했다.

"다리를 두 번 수술하면서 사실 특전사는 포기했어요. 지금은 그냥 용접사 꿈을 꾸고 있어요."

환석 군이 경호원을 꿈꿨던 이유는 운동을 좋아하기 때문이었다. 3년간 복싱을 했다. 요즘은 유도를 배워 보려 한다. 각자 꿈들이 있었다. 난 그들이 직업계고에 들어온 배경이 궁금해졌다. 이들이 다니는 학교는 전주 외곽에 있었다. 학교에 들어오는 학생들의 성적은 상당히 낮은 편에 속했다. 환석 군은 "등 떠밀려 왔다"고 표현했다.

중학교 때는 죽어라 놀았어요. 그러다 졸업할 때가 됐는데, 갈 만한 곳이 마땅

치가 않더라고요. 아버지가 공장을 운영해요. 아버지도 용접을 하는데, 저도 아버지와 같은 직업을 가지고 싶다는 생각을 막연히 했어요. 그래서 용접 기술을 배우는 학교를 여러 곳 알아봤죠. 아버지 공장이 김제에 있어서 거기 공업고 등학교를 지원하려 했는데, 그 학교가 하필 제가 입학할 즈음 인문계가 돼버린 거예요. 어쩔 수 없이 전주 소재 공고 아니면 외곽으로 가야 했죠. 사실 전주 소재 공고는 제 성적으로는 간당간당해서 어쩔 수 없이 안전하게 여기 공업고등학교로 온 거예요.

환석 군의 설명이 끝나자마자 친구들로부터 거센 항의가 들어왔다. 전주 소재 공고에 들어갈 실력이 "간당간당"하다는 표현이 문제였다.

정민 : 네 성적이 전주 소재 공고에 들어가기 간당간당하디고?
환석 : 내 성적이 거기에 못 들어간다는 얘기냐? 여기서 나보다 성적 좋은 애가 누가 있어?
다른 아이들 : 한정민
환석 : 그래, 정민이는 내가 할 말이 없지.
다른 아이들 : 그래, 그러니깐 정민이가 간당간당하냐고 물었잖아. (웃음)
환석 : (침묵) 너그들 그거 아냐. 성적은 사회생활에 아무런 영향을 미치지 않는다고 하덜 않냐.

(모두 웃음)

이진욱 군(18)도 비슷한 이유로 이 고등학교에 들어왔다.

그냥 성적이 안 돼서 여기 와버렸어요. 그리고 여기 오면서 선배들이 기계과가 좋다고 해서 전공을 기계과로 택했는데. 사실 전 생산직을 안 좋아해요. 여기 오면서도 사무직을 꿈꿨어요. 졸업 후, 병역특례 기간을 거친 뒤에는, 아버지 회사로 들어가든가, 아니면 다른 사무직 회사에 취업하고 싶은데, 잘될지 모르겠네요.

진욱 군 아버지는 다른 친구들과는 달리 사무직 회사를 운영한다고 했다. 아버지가 어떤 회사를 운영하는지 궁금했다. 하지만 진욱 군은 아버지 회사가 정확히 어떤 일을 하는 곳인지 알지 못했다.

"잘 몰라요. 아버지와 친하지 않아서리. (웃음) 사무직이라고만 들었어요."

한정민 군은 "부모님이 '너는 공부를 못하니, 여기라도 가라'고 해서 왔다"라고 설명했다. 한 군은 아버지의 후배다. 40년 전, 그의 아버지도 같은 공고를 졸업했다. "그래서 아버지를 집에서 '선배님'이라 불러요. (웃음)"

이진욱 군은 특장차, 즉 사다리차나 고소 작업차 등을 만드는 회사의 도제 프로그램에 참여하고 있다. 전공은 용접이지만, 회사에서 직접 용접을 한 적은 없다. 작업할 때는 용접 경력이 있어야 하지만, 아직 진욱 군은 그런 경력이 없다. 결국 선임 용접사를 보조하든가, 아니면 따로 혼자 용접을 연습하는 식이다.

"그나마 용접 보조일도 용접을 직접 배우는 것은 아니에요. 테이핑 하는 것처럼 선임이 지시하는 간단한 사항을 이행하는 정도예요. 그래도 제가 일하는 회사는 그나마 규모가 커서 전담으로 교육을 해주는 직원이 있어요. 그분이 하라는 대로 하고 있어요."

나름 일을 배우고 교육도 받는다는 진욱 군 이야기에 다른 친구들이 이죽거렸다.

다른 아이들 : 진욱이는 할 일 없다면서 회사 소파에 누워 노는 걸 셀카로 찍어서 우리에게 보내기도 했어요. (웃음)

진욱 : 그때는 잠시 짬이 나서 장난 친 거지. 그걸 머더러 이야기하고 그래쌌냐.

한정민 군은 진욱 군과 같은 회사에 다닌다. 이 회사에서 선임들, 즉 방위산업체로 일하는 직원들 옆에서 보고 배우는 식으로 일하고 있다. 그러나 청소 같은 잡일을 할 때도 많다. 정민 군은 이 회사에 들어가기 위해 업체 여덟 곳과 면접을 봤다. 학교와 산학 협약을 맺은 기업들이다. 이는 다른 친구들도 마찬가지였다.

학생들은 기업을 선택할 때 회사 규모를 제일 먼저 본다고 했다. 그 다음이 '어떤 일을 하는지' '내가 가서 배울 만한 게 있는지' 등을 살핀다. 진욱 군과 정민 군이 현재 일하는 곳은 직원이 약 60명 정도로 꽤 큰 편이다. 김병수 군(18)은 이들과 다른 기업을 다닌다.

사실 우리가 회사를 선택할 수 있는 정보는 거의 없어요. 회사에서 우리가 무엇을 배울 수 있다는 걸 알려 주지 않아요. 지원할 때, 그냥 책자 한 권을 줘요. 거기에는 회사 규모가 어떻게 되고, 무엇을 하는 회사인지 대략적인 이야기만 적혀 있어요. 심지어 채용되고 나서도 월급이 얼마인지 안 알려 줘요. 그런 상황에서 일할 기업을 선택하는 건 쉽지 않죠.

가고 싶은 업체가 있다 해도 무조건 갈 수 있는 게 아니다. 학생들이 1지망, 2지망, 3지망으로 가고 싶은 회사의 지원서를 학교에 제출하면, 그 순서대로 회사 면접을 본다. 그렇게 해서 붙으면 그대로 그 회사에 가는 것이고, 떨어지면 그 다음으로 지망하는 회사에 면접을 보는 식이다.

저도 면접을 여덟 군데 봤는데, 결국 제가 들어간 곳은 거기서 가장 규모가 작은 업체예요. 1지망도 아닌 2지망에 썼는데 덜컥 돼 가지고. 2지망은 말 그대로 '안전빵'이었어요. 다 떨어지면 갈 곳이 없을 테니 가장 인기가 없을 거 같은, 규모가 가장 작은 업체를 지원했죠. 1지망으로 써낸 곳은 규모가 꽤 컸는데, 거기가 바로 진욱이와 정민이가 다니는 회사예요. 젠장. (웃음) 굉장히 많은 친구들이 그 업체를 1지망으로 지원했는데요. 그래서 제가 떨어졌나 봐요. 결국 제가 2지망으로 지원한 업체는 학교에서 총 세 명이 지원했고, 모두 채용됐죠. (웃음) 제 옆에 있는 환석이도 저랑 같이 2지망에 그 업체를 썼고, 지금 함께 다니고 있어요.

학교에서 수업 시간에 배우는 내용은 업체에서 하는 일과는 거리가 멀다고 학생들은 입을 모았다. 그래서 아이들은 업체에서 하나라도 더 배우는 게 필요하다고 생각하고 있었다.

교과서는 쓸데없는 걸 풀어놓는 식이에요. 가장 뜬금없는 게, 『성공적인 직업생활』 같은 교과서예요. 그냥 단순히 우리 꿈을 찾으라고 써있다니까요. 나 스스로도 내가 뭘 원하는지 모르겠는데, 자기 꿈을 찾으라니 …… 그러다 보니, 회사에서 일할 때는 거의 할 수 있는 일이 없어요. 지금 다니는 회사에서 제품을 만드는 데 실수를 해서는 안 돼요. 그러다 보니 저희도 조심스럽고 회사에서도 우리에겐 함부로 일을 안 시켜요. 혹시나 문제가 생길까 봐서 …… 결국 우리는 아예 일을 안 하거나 허드렛일만 하는 식인데, 솔직히 이런 식이면 굳이 현장실습을 해야 하는가 하는 생각까지도 들어요. 안 한다 해도 제 실력에서 달라질 건 없다 생각해요. 하지만 이런 걸 미리 알았더라도 했을 수밖에 없었을 거예요. 빨리 취업을 하기 위한 어쩔 수 없는 선택이니까.

환석 군이 말했다. 일할 때 노동자로서 필요한, 노동법 교육도 이들은 받은 기억이 없었다. 김병수 군은 이렇게 말했다.

아마 작년에 컴퓨터실에서 했던 걸 말씀하시는 것 같네요. 온라인 교육이었는데, 사실 학교에서 보라는 영상 틀어 놓고는 컴퓨터로 다른 짓을 했죠. 지루한 이야기를 하니 대부분 아이들이 듣지 않아요.

고등학교 1학년 때, 한 달 가까이 환석이랑 고깃집 아르바이트를 했는데요. 주방 일도 하고, 석쇠도 씻고 홀도 보는…… 그때 계약서를 썼는데, 첫 월급은 주기로 한 월급에서 30%를 제하고 준다고 명시돼 있었어요. 게다가 그 계약서는 우리가 사인한 다음, 고깃집 주인이 가져가 버렸어요. 그때는 몰랐어요. 계약서는 각자 한 장씩 가져야 하고, 첫 월급의 30%를 제하는 건 불법이라는 걸 …… 나중에 2학년이 돼서 담임한테 들었어요.

김병수 군과 함께 회사를 다니는 이환석 군은 지금 다니는 회사를 두고 "불만은 어디에나 있지 않을까 싶다"고 제법 어른스럽게 말했다. 환석 군은 이곳에서 어느 정도 경력을 쌓고 아버지 회사로 들어갈 계획이다.

아무것도 모르고 바로 아버지 회사에 들어가면 오히려 아버지한테 폐만 끼치지 않는다요? 다른 곳에서 돈도 벌고 경험도 쌓고 나서 들어가야 아버지한테 좀 도움이 되겠죠. 아버지 회사에 보면, 일하는 직원들이 너무 일도 못하고, 자기 월급만 챙기려 한다니까요. 능력도 안 돼불면서. 저는 그러기 싫었어요.

김병수 군은 일단 부모에 의존하지 않고 경제력을 키우고 싶다고 했다.

지금 다니는 회사 말고 더 큰 회사를 가기 위해 숙련된 용접 기술을 배우고 싶어요. 물론, 이게 제 꿈은 아니에요. 중학교 때는 공부는 못했지만 컴퓨터에 빠져 컴퓨터 관련 대회에도 여러 번 나갔는데. 아직 꿈인지는 모르겠지만, 컴퓨터 쪽으로 일해 보고 싶어요. 하지만 20대까지는 어렵지 않을까요? 왜 그렇게 생각하냐고요? 모르겠네요. 그냥 그럴 것 같아요. 학교 졸업하고, 경력 쌓아서 좀 더 좋은 직장으로 옮기고, 거기서 자리 잡고 …… 그러기 위해서는 막연하게나마 상당한 시간이 필요하다는 생각이 드네요.

정민 군은 대학에 갈까 고민 중이다.

하고 싶은 건 정말 많아요. 사업 같은 것도 하고 싶은데 아무래도 개인 능력도 안 되고 경험도 부족하다 보니 생각만 하고 있어요. 대한민국은 열아홉 살부터 노후 걱정을 해야 하잖아요? (웃음) 부모님이 수능이라도 한 번 보라고 해서 고거를 준비 중인데요. 물론, 그렇게까지 힘들게 준비하지는 않아요. 매일 하루 두 시간씩 학원에 다니고 있어요. 수능 보고, 성적이 되면 경영학과에 가려구요. 사업을 하려면 경영을 배워야 한다고 들었는데, 잘될런지는 모르겠네요…….

ᐱᐯᐱ

의지가 있다 해도 이들에겐 쉽지 않은 길이다. 어린 나이에 헤쳐 나가야 할 난관과 편견이 곳곳에 도사리고 있다. 2017년 직업계고를 졸업한 고희섭 군도 그런 난관과 편견 속에서 괴로워했다.

희섭 군은 2015년 도제학교를 시범 실시했던 인천 시화공고를 나왔다. 이곳은 그 일대에서 성적이 안 되는 애들이 밀려서 오는 곳이다. 그런 아이들 가운데서 희섭 군은 그나마 공부를 해보려 노력했다. 도제학교에 들어가면 취업은 물론, 군대도 병역특례로 빠지고 대학 진학도 할 수 있다고 들었다. 그래서 2015년, 도제학교 프로그램에 들어가 학업과 일을 병행했다. 여느 도제학교가 다 그렇듯, 제휴를 맺은 회사는 직원 수 20명이 채 안 되는 작은 공장이었다. 그곳에서 일주일에 2, 3일 일하면서 고등학교를 졸업한 뒤, 곧바로 대학에 진학했다. 물론, 도제학교 프로그램으로 일했던 업체에서 병역특례로 일도 병행했다.

주중에는 내내 일을 했고, 금요일 퇴근 후 저녁 7시부터 밤 10까지, 그리고 토요일은 하루 종일 대학 수업을 들었다. 쉽지 않았다. 금요일 저녁, 대학 수업 시간에 맞춰 퇴근을 할 때도 눈치를 봐야 했다. 야근을 못 하고 학교를 가려 하면, 회사에서는 "꼭 그렇게 가야 하느냐"고 핀잔을 주었고, 학교에서는 일 때문에 조금이라도 늦으면 "왜 그리 늦느냐"고 색안경을 끼고 바라봤다. 샌드위치 신세였다. 그래도 견뎠다. 우리 사회는 그 정도 노력은 해야 한 번 '삐끗'한 인생을 조금이나마 인정해 주기 때문이다.

그러던 중 일하던 공장에서 화재가 발생해 희섭 군은 화상을 입었다. 회사에서는 '공상'(산재 처리를 하지 않고 회사에서 치료비를 지급하는) 처리를 하자고 했다. 그러나 병원에서는 상처가 나은 뒤 수술을 해야 한다고 했다. 희섭 군은 공상을 거부하고 산업재해를 신청했다. 그러자 회사에서는 '왕따'가 시작됐다. 견디기 힘들었다. 회사를 옮기고 싶었으나 병역특례 때문에 그럴 수도 없었다. 그만두면 패배자가 된다고 생각했다. 경제적으로도 문제였고, 군대도 다시 가야 했다. 진퇴양난의 상황에서 희섭 군은 급기야 자기 손목을 그었다.

도제학교의 문제는 무엇보다 제휴 맺는 기업이 영세하다는 점에 있다. 자연히 도제학교에 참가하는 학생들의 작업환경은 열악할 수밖에 없다. 서울시 교육청이 2016년 하반기 서울시 도제학교 10곳, 160명의 학생들을 대상으로 설문조사한 결과에도 이 같은 상황이 그대로 드러나 있다. 설문 조사 결과, 학교에서 받는 실습 교육 내용과 사업체에서 받는 교육 훈련이 연관성 없다는 응답이 43.8%(70명)에 달했다. 학생들은 기업에서 전공 관련 업무가 아닌 청소나 잡일 등을 주로 하는 것으로 드러났다. 안전관리도 미흡했다. '일하다 다칠 수도 있겠다'라는 응답이 65.8%나 됐지만, 안전 장비로는 목장갑, 작업복 등 단순 작업 도구만 지급한 경우가 대부분이었다. 자신이 산업재해를 당했거나 함께 일한 친구가 산재를 겪은 경우도 10%에 달했다.

도제 담당 교사의 고민도 깊다. 독일과 달리 우리나라는 학교가 직접 도제학교에 참여할 업체를 발굴해 학생과 연결해 줘야 한다. 또한 이를 매년 평가해 예산에 반영하기 때문에 학교별로 실적에 민감할 수밖에 없다. 이는 고스란히 도제 담당 교사의 부담으로 작용한다. 실제로 2017년 9월 8일, 강원도 소재 한 공업고등학교의 도제 업무 담당 교사가 학생을 받아 줄 기업을 유치하기 위한 과도한 업무에 시달리다 스스로 목숨을 끊는 일도 발생했다.

기업에서 필요한 인재를 훈련시키는 건 당연히 기업이 해야 할 일이지만 일자리는 줄어들고, 일하려는 사람은 넘쳐 나는 상황에서 기업들은 모든 조건을 스스로 갖춘 인재를 뽑으려 한다. 학생들은 다른 인재와의 비교 우위에 서기 위해 자기 계발에 매달릴 수밖에 없다. 자격증을 따고, 경력을 늘리고, 대학까지 가서 졸업장을 받는다. 도제학교도 그런 시스템에 부응해 생겨났다. 애초 취지로 내세운 '우수 기능 인력 양성'은 명분에 불과했다. 이를 박근혜 대통령도 알고 있던 걸까.

청년 일자리 해결이 얼마나 화급한 일입니까? 그런데 국내에(서)만 (취업)한다
는 것은 여러 가지로 한계가 있거든요. 국내를 포기하는 것은 아니지만 여기는
여기대로 하면서 청년들이 지금이라도 빨리 해외에서라도 기회를 가질 수 있
도록 적극적으로 노력했으면 합니다. (해외 취업을) 대한민국에 청년이 텅텅 빌
정도로 한번 해보세요. (청년들) 다 어디 갔냐고? 다 중동 갔다고 (할 정도로).

2015년 3월 23일, 박근혜 대통령은 무역투자진흥회의에 참석해 이렇
게 말했다. 농담인지 진담인지 모를 그녀의 마지막 발언 뒤엔 그 자리에 있
던 참석자들 모두가 웃음을 터뜨렸다.

ΛνΛ

도제학교 프로그램을 통해 중소기업을 다니던 아이들 대부분이 중간에 그
만둔다. 특성화고에서 도제학교를 담당하는 김윤철 교사는 회사의 비전 때
문이라고 지적한다. 김 교사는 "아이들이 자기가 다니는 회사의 부장과 차
장이 행복해 보이면, 자기들도 계속 다닐지 말지 고민하지 않는다. 그런데
자기들이 보기에도 부장 등이 버거워 보이는 것"이라며 "그러니 아이들이
그런 회사에 있으려고 하겠는가"라고 반문했다.

자기 전공을 살려 중소기업에 취업하는 아이들에게 안정적 코스는 주 40시간
일하면서 전문대 학사 과정을 밟는 것이다. 그리고 병역특례로 자기가 일하는
회사에서 일하면서 병역의무를 이행할 경우, 3년 뒤에는 상당한 목돈과 전문대
학사 학위가 생긴다. 이 정도면 웬만한 중소기업에서 라인 팀장 정도는 할 수
있다. 여기서 욕심을 좀 더 부린다면 기사 자격증까지 획득하는 것이다. 그러면

엔지니어도 노려 볼 만하다.

하지만 아이들에게 이는 쉽지 않다. "대부분이 공부를 하기 싫거나 못
해서" 특성화고에 온 아이들이 "현장에서 하루 8시간 일한 뒤, 퇴근 후에
다시 공부하러 간다는 건" 거의 불가능에 가까운 일이다. 김 교사는 "10명
이 결심하면 1명 정도가 할 수 있"는 일이라고 일침을 가했다.

졸업 후 곧바로 전문대에 가는 아이들도 있다. 이들은 전문대를 졸업
하고 군대를 다녀와서 곧바로 취업하는 전략을 취한다. 좀 더 조건이 좋은
회사를 가기 위한 방법이다. 하지만 전문대 졸업생도 20, 30%를 제외하면
직업계고 졸업생들과 취업 상황이 별반 다르지 않다. 최소한 전문대에서
기사 자격증을 취득해야 수준이 업그레이드되는 것이지만 이마저도 녹녹
치 않다.

산업기사 자격증의 경우, 전주에서 30, 40명이 시험을 보는데, 필기에만 대략
5명이 붙는다. 이들은 거의 전문대를 나온 아이들이다. 그런데 공부하기 싫어
특성화고 간 아이들이 전문대를 간다고 갑자기 180도 변해서 공부를 시작할
수 있나. 고등학교 졸업 후, 이상적인 코스를 밟는 것만큼이나, 공부 안 하던 애
들이 대학 가서 공부한 뒤 자격증 따는 것도 힘들다.

7장

'공정'

사
회
의

우리 아이들

새 정부의 경제정책은 일자리로 시작해 일자리로 완성될 것입니다. 오늘 상황 판 설치를 계기로 앞으로 좋은 일자리 정책이 더욱 신속하게 마련될 수 있는 계 기가 조성됐습니다. 특히 청년 실업이 금년 4월 11.2%로 1999년 외환위기 때 와 비슷할 정도로 심각합니다. 그때와는 달리 지금의 청년 실업은 구조적인 이 유로 청년들의 고통이 오래 지속되고 있는 상황이므로 정부가 시장의 일자리 실패를 보완해 주는 역할을 해야 합니다. 일자리위원회는 일자리 정책이 최고 의 성장 전략이자 양극화 해소, 복지 전략임을 명심해 주십시오.

2017년 5월 24일, 문재인 대통령은 청와대 여민1관 3층 집무실에 '대 한민국 일자리 상황판'을 설치하고, 언론 앞에서 상황판 작동을 직접 시연 했다. 취임 13일 만의 일이다. 청년 실업 문제가 그만큼 심각하다는 방증이 기도 했다. 실제로 2016년도 15~29세 청년 실업률은 9.8%로 역대 최고치 를 기록했고, 취업 준비생이 몰려 있는 25~29세 청년 실업률도 9.2%였다. 대통령은 후보자 시절 "당선되면 일자리위원회를 설치하고 집무실에 상황 판을 만들어 매일 점검하겠다"고 약속한 바 있었다.

두 개의 대형 모니터로 구성된 상황판에는 일자리 양과 질을 대표하는 지표들이 실시간으로 올라오고 있었다. '일자리 양은 늘리고, 격차는 줄이 고, 질을 높인다'는 정책 방향에 따른 구성이었다. 두 개의 화면 중 하나에 서는 18개의 일자리 관련 지표가 현재 상황, 장기적 추이, 국제 비교 등의 수준에서 표시되었고, 각 지표의 분야별·지역별·연령별·성별 상황을 파악 할 수 있도록 했다. 또 다른 화면은 18개 지표의 최근 2년간 동향을 보여 주는 동시에 4대 일자리 정책 성과(민간·공공 일자리, 공공 부문 정규직 전환, 청년 고용, 창업)도 곧바로 파악할 수 있도록 돼 있었다. 청와대에서는 대통령이 이 상황판을 매일매일 확인할 수 있다는 점을 강조했다.

∧∨∧

2017년 12월, 문재인 정부는 '조기 취업형 현장실습 전면 폐지' 계획을 발표하면서 산업체 파견형 현장실습을 없애는 듯 보였다. 당장 2019년부터 학생 신분으로 현장실습, 즉 취업을 하지 못하게 한 것이다. 또한 현재 고교생 현장실습이 이뤄지고 있는 모든 현장을 전수 점검해 학생의 인권 보호와 안전 현황을 확인한 뒤, 위반 사항이 발견되면 즉각 학생들을 복교시키도록 하는 조치도 마련됐다. '현장실습 표준협약서'를 준수하지 않을 경우 과태료도 부과하기로 했다. 산업 중심 정책에서 교육 중심 정책으로의 전환을 의미하는 것이었다.

그러나 교육부는 두 달 만인 2018년 2월, '조기 취업형 현장실습'을 폐지하는 게 아니라 보완·수정하는 방식으로 또다시 방향을 튼 '학습 중심 현장실습의 안정적 정착 방안(안)'을 발표했다. 다시 학기 중에 현장실습을 할 수 있도록 허용한 것이다. 안전 등 일정 기준을 충족하는 업체에 한한다는 단서는 있었지만 이는 사실상 이명박·박근혜 시기 현장실습 제도의 연장에 불과했다.

이런 결정의 배경에는 현장실습 제도의 존치를 요구한 학생들과 학부모들의 반발이 있었다. 대표적인 단체가 특성화고 학생들로 구성된 특성화고권리연합회였다. 특성화고권리연합회는 교육부의 발표 직후, 성명서를 내고 "학생들의 의견을 반영했다"며 환영한다는 입장을 밝혔다.

작년 12월, 조기 취업형 현장실습을 전면 폐지하겠다고 했으나 학습 중심 현장실습과 함께 동계 방학 이전에 취업이 가능하도록 한 것은 특성화고 학생들이 가장 크게 요구했던 내용이 반영된 것으로 보인다. 중도 복귀 학생에 대한 징벌적 프로그램을 전환하는 것이나 양적 취업률 평가 지표를 폐지하는 등의 내용도 문제 제기가 이루어졌던 것들이다. 다만 취업을 위해 특성화고에 진학한 학생들이 겪고 있는 취업에 대한 불안감을 해소하기 위한 실질적인 운영과 지속적으로 의견을 듣고 정책을 보완해 가는 것이 필요하다.

〈〉〉〉

학교와 교사 입장에서는 현실의 벽이 거대하기만 하다. 지난 50년간 관성화된 환경과 제도의 폐단을 학교 차원에서는 해결할 수 없어 보인다. 교사들이 생각하는 현재의 문제점은 무엇일까. 서울 소재 특성화고에서 학생들의 취업을 담당하는 이희영 교사는 기업에서 특성화고 학생들을 '지나가는 인력'으로 취급하는 게 문제라고 지적했다.

현장실습 제도는 11~12월에 현장에 가서 인턴으로 적응 기간을 거친 뒤 졸업 이후 안착하는 시스템이어야 한다. 여름방학 때부터 나가는 건 저임금 노동 착취일 수밖에 없다. 이를 악용하는 게 문제다. 그렇지 않은 회사도 있지만, 대부분 그런 시스템으로 흘러왔다. 회사가 10년, 20년 후에도 계속 필요로 하는 기술 인력으로 보는 게 아니라, 잠시 지나가는 인력으로 보는 게 현실이다.

그런 인식이라면 학생들의 노동력 착취가 발생할 수밖에 없다. 어차피 잠시 있다 갈 애들이라는 인식 때문에 안전 교육 등을 진행하는 현장 적응 기간이 턱없이 부족하다. 적응 기간은 길면 일주일, 짧으면 하루 내지 이틀이 전부다. 이런 구조가 고착된 것은 '국가와 학교의 방임' 때문이다.

학교 선생들도 "젊을 때는 그런 곳에서 일하는 게 당연하다" 이렇게 이야기한다. 당연한 게 아닌데 말이다. 현장실습이 첫 직장으로 나가는, 사회에 첫발을 디디는 사람에게 희망을 주는, 직업인으로 안착하는 계기가 돼야 하는데, 착취당하고, 아 사회란 이런 곳이구나 하는 불신을 갖게 하는 계기가 되어 버렸다.

경기도 소재 직업계고에서 교편을 잡고 있는 이동욱 교사는 지금의 구조는 주객이 전도돼 있다고 설명했다.

현재 아이들의 취업문이 되는 산업체 파견형 현장실습은 기본적으로 학교에 실습 설비가 없기 때문에 시행되는 제도다. 그래서 실습을 위해 학생을 설비가 있는 기업에 내보는 것이다. 그런데 이것이 실습이 아니라, 그냥 일하는 것으로 변질되었고, 또 그렇게 취업이 된다. 그러다 보니 교육 현장에서도 혼란이 오는 거고, 산업체에도 혼란이 오는 것이다. 이것이 교육인지 취업인지 헷갈린다.

현실적인 문제도 존재한다. 학기 중에 취업한 학생들은 오롯이 교사가 관리해야 하지만, 현실적으로는 불가능에 가깝다.

취업한 아이들이 관리되지 않는 이유를 학교와 사업체 각각의 입장에서 깊이 생각해 볼 필요가 있다. 교사들에게는, 아이들을 가르치는 본연의 일 이외에도 주어진 일이 계속 늘어나고 있다. 취업 학생 관리도 교사 업무 외에 추가된 일이다. 그런데 교사에게 주어진 시간은 정해져 있다. 해야 할 일이 많으면, 표시가 나지 않는 일에 신경을 덜 쓸 수밖에 없다. 교사 개인의 성실성 문제가 아니다. 이는 학생을 받는 회사 담당자도 비슷하다. 숨 가쁘게 돌아가는 자기 일상 업무 속에서 누구를 보살피고 훈련시킬 수 있을까. 우리 기업 문화에서는 불가능하다.

아이들도 처음 일을 시작하고 한 달만 지나면 나름대로 '견적'을 낸다. 한 달 안에 이 회사를 계속 다닐지, 아니면 그만둘지를 결정한다. 그나마 이 한 달을 버티고 계속 일을 한다 해도 상당수 학생들은 반 년을 못 가 그만둔다.

현행 취업률은 4월 1일 기준이다. 그런데 이 취업률은 4월 이후 계속 떨어진다. 열여덟 나이에 일을 해보면, 힘이 들 수밖에 없다. 그리고 평생 이 일을 해야 한다는 두려움도 크다. 특성화고 졸업자로 살아간다는 것에 대한 걱정도 생긴다. 그래서 상당수는 대학을 간다고 그만두고, 또 일부는 생산직이 힘들다며 서비스직 등 다른 일을 한다며 그만둔다.

서울 소재 직업계고에서 취업 상담을 담당하는 박인수 교사는 일자리의 질도 문제지만 현실적 조건이 아이들을 괴롭힌다고 설명했다.

생산직의 경우, 지방에 공장이 포진해 있어서 서울에 가족을 둔 학생들은 무척 버거워 한다. 육체적으로도 힘들지만, 지방 생활에서 오는 박탈감이랄까, 그러니까 친구도 없고, 문화시설도 누리기 어렵다는 점을 견디기 힘들어한다. 생각해 봐라. 기숙사에서 슈퍼까지 걸어서 20분이나 걸린다. 공장에서 시내로 가는 버스도 없다. 기숙사 인근에는 PC방도 없다. 이런 현실에서 갓 스무 살 된 아이들이 어떻게 견디겠나.

낮은 임금도 큰 문제다. 주 52시간 노동으로는 생활을 유지하기 어려울 정도로 임금이 낮다. 지방 중소 공장에서 일을 시작하는 경우, 잔업까지 포함해서 초봉이 대략 1800~2000만 원 선이다. 박 교사는 "학생 때는 한 달 170만 원이 많아 보이겠지만, 가족을 꾸리면 이 돈으로는 버티기 어렵다"며 "그나마 연봉이 3000만 원 정도 되려면 경력이 10년 넘게 쌓여야 한다. 그런데 아이들이 그때까지 버티기는 쉽지 않다"라고 설명했다.

게다가 요즘은 기계가 과거 기술직의 업무를 대체하는 구조다. 자연히 신입들은 단순한 일을 하는 비중이 커지고 있다. "그러다 보니 아이들이 기술 연마하는 것도 점점 어려워질 뿐만 아니라 이들의 직무가 단순화되어 시스템을 구성하는 소수 핵심 인력과의 간극이 커지고 있다"라고 설명했다. 이런 상황이라 10년 이상 경력을 쌓아도, 과거처럼 공장장직을 달기는 쉽지 않다.

1차 밴드(하청) 업체는 인원이 300명 이상, 2차 밴드는 중견 업체로 100명 정도다. 그리고 마지막 3차 밴드 회사는 규모가 50명 정도다. 그 3차 밴드 회사에 특성화고 애들이 많이 간다. 사실 그 정도 규모에서는 기술이라고 할 게 거의 없다. 자연히 아이들이 배울 기술도 없는 셈이다. 이 기업 간 양극화 문제를 해결하지 않는다면, 지금의 문제는 반복될 수밖에 없다.

∧∨∧

문재인 정부에서도 이와 같은 현실적 문제들을 인식하고 있었던 것 같다. 그러나 해결책으로 내놓은 정책들은 이명박 정부 때와 다르지 않았다. 정권 출범 1년여가 지난 2018년 7월 27일, 교육부는 사회관계장관회의에서

'평생 직업교육 훈련 혁신 방안'을 발표했다. 여기에는 직업교육 훈련이 중장기적으로 나아가야 할 방향과 추진 전략이 담겨 있었다. 당시 발표된 혁신안에서 눈에 띄는 단어는 '혁신형 특성화고'. 특성화고와 마이스터고 등의 직업계고가 산업 수요에 대응해 유연하게 교육과정을 운영할 수 있도록, 학교 운영과 교육과정에서 자율성을 가진 학교를 확대하겠다는 게 골자다. 세부적으로 살펴보면 '혁신형 특성화고'에서는 학생들이 스스로 교육과정과 과목을 선택할 수 있고, 전공 간 이동과 융합이 쉽도록 '학점제'를 도입한다. 이에 따르면, 고등학생들도 대학생처럼 원하는 과목을 골라 듣고 일정 학점을 이수하면 졸업할 수 있다.

산업 현장 전문가가 직업계고로 유입될 수 있도록 교원 자격 규제도 완화했다. 기존 교과목에 없는 신산업 분야를 중심으로 산학 겸임 교사에게 교사 자격증을 부여하고, 또 현재 교사 자격증 없이 보조 교사로 활동 중인 산학 겸임 교사는 앞으로 단독으로 수업을 진행할 수 있도록 개선하겠다는 방침이 마련됐다. 전체적으로 볼 때 초점은 산학 연계 강화에 맞춰져 있었다.

하지만 직업계고 전공 교과 교사 283명을 대상으로 한 설문 조사 결과, 대부분은 교육부 발표 내용에 반대하는 입장이었다. 현장에서 노동자의 직무 활동을 직업계고 교육과정으로 편성해 가르치는 것에 73.15%(224명)가 반대했고, 고교 학점제·무학년제 등이 직업계고 교육 활동에 적합하지 않다고 보는 입장은 77.74%에 달했다. 새로운 분야로 즉각적인 학과 개편을 하는 것을 두고도 반대 의견이 81.39%나 나왔다.

현재 진행하려는 혁신형 특성화고는 '개방'과 '자율'로 설명될 수 있다. 학교가 학과 구조 조정을 할 수 있고, 교장 및 교사 채용도 스스로 할 수 있도록 했을 뿐만 아니라 신(新)산업 분야의 경우, 과목을 신설할 수 있도록 했다. 학생과 관련해서는 고교 학점제, 수업 기간, 학생의 진급·졸업 학년제, 교과용 도서 사용, 수업연한 등 학생의 학교생활과 밀접한 관련이 있는 분야까지도 자율성을 부여하고 있다.

전교조 직업교육위원회 위원장인 김경엽 의정부 공업고등학교 교사도 우려의 시선을 드러냈다. 사실 '혁신형 특성화고'는 일선 학교의 취업 담당 관리자들이 요구를 반영한 안이었다. 유연하지 못한 기존 학교 수업과 실습 구조로는 급속히 변화하는 산업 기술을 따라가기 어려우니 기업에서 요구하는 바를 충족시킬 수 있도록 학교에 자율성을 달라고 한 것이다.

하지만 김 위원장은 이에 대해 좀 더 "근본적인" 고민이 필요하다고 지적했다. 그렇게 기업에 맞춰 교육과정이 변화하는 식이라면, 학교는 '학교'가 아닌 시장이 된다는 것이었다. 그는 이런 '자율성' 속에서 전혀 교육적이지 않은 것들이 교육이라는 명찰을 달고는 공교육에 들어올 수 있다고 내다봤다.

지금 현장 노동자의 직무 수행 과정이 교육과정으로 포함될 만한 가치가 있는 내용인지 생각해 봐야 한다. 교육이란 뭘까. 노동자의 직무 수행 내용은 학교교육으로 적합하지 않다. 그건 노동자가 된 뒤, 직무 적응 기간에 받아야 하는 적응 훈련이다. 그런데 이를 학교교육에서 가르치는 게 올바른가. 그저 실무에 필요한 활동을 숙달하는 훈련은 교육이 아니다. 드론을 이용한 측량 기술을 학교에서 가르친다고 해보자. 하지만 정작 학생에게 교육하는 내용은 측량 기술이 아니라 드론을 조정하고 관리하는 활동들일 것이다. 이것을 교육이라고 할 수 있을지 고민해 봐야 한다.

현재도 사실 이렇게 기술적인 부분에 치중되어 있다 보니 정작 학생들에게 필요한, 그리고 공교육에서 놓쳐서는 안 되는 교육적 기능을 놓치고 있다는 지적도 이어졌다.

한 번은 아이들이 어떤 사안에 대해 불만이 많다는 사실을 알게 됐다. 그래서 불만이 뭔지 글로 써오라고 했다. 그런데 한 명도 써오지 못했다. 더 안타까운 일도 있었다. 학교에서 집단 폭행 사건이 일어났다. 당한 학생은 자기를 방어하기 위해 주먹을 휘둘렀다. 그래서 결국 쌍방이 됐다. 그런데 당한 아이가 자신이 왜 집단 폭행을 당했는지를 논리적으로 설명을 못하는 것이다. 그럴 경우, 대체로 아이의 부모가 나서서 그런 억울함을 어느 정도 풀지 않나. 그런데 부모도 그런 도움을 줄만한 사람들이 아니었다. 할 수 있는 게 학교를 찾아와 책상을 뒤집는 정도다. 그러면 학교에서도 '또 성질 고약한 누가 소리치는구나. 시간아 지나라' 이렇게 대응한다. 그런 일이 비일비재하기 때문이다.

김 위원장은 핵가족화와 더불어 맞벌이 구조가 확대되면서 가정에서 진행되던 전인 교육이 학교로 이전됐다고 생각한다. 따라서 학교는 좀 더 공적인 교육, 즉 학생이 사회를 살아가면서 필요한 의식과 관점을 만들어주는 교육에 매진해야 한다는 입장이다.

1800년대 후반, 공교육이 처음 도입됐을 때, 농민들은 자녀들을 학교에 보내지 않았다. 국가가 법을 통해 강제로 아이들을 입학시켰다. 농민들은 당장 가족 생계에서 아이들의 노동이 차지하는 비중이 컸기에 그런 것이다. 지금의 우리가 그때의 농민과 같은 스탠스를 가질 수는 없지 않은가. 먹고사는 문제에만 빠져 있으면 안 된다고 생각한다. 우리가 방점을 찍어야 할 지점은 '나중에 이 사회를 이끌어 나가야 하는 아이들에게 무엇을 남겨 줘야 하는가'라고 생각한다. 당장의 물질적 이익에 의해 움직이는 아이들을 키워야 하나? 아니라고 생각한다. 세월호 참사에 같이 아파하는 아이들을 키워야 하지 않나. 그것이 교육의 역할이라고 생각한다. 직업은 그 이후의 삶이다.

직업이 좋은 친구들이어도 긍정적인 역할을 못하는 이들이 상당히 많다. 아이들을 그런 사람으로 키우면 안 된다고 생각한다. 그것이 교육의 역할이다. 우병우 수석 같은 사람으로 키우면 안 되지 않나. 세상에 직업인은 많다. 아이들을 직업인으로 살아가게 해줘야 하지만 그렇더라도 직업의 유무는 차선이라고 생각한다. 그보다는 '어떻게 살아가야 하느냐'라는 화두가 더 앞서야 한다고 생각한다. 이 사회를 살아가는 데 있어, 자기 삶을 스스로 선택할 수 있는 사람으로 키워야 한다. 그래야 올바른 사회가 만들어진다고 생각한다.

혁신형 특성화고 정책은 과거 정부와 비교해 볼 때에도 경쟁을 좀 더 노골화한 것이라고도 볼 수 있었다. 이명박 정부 시절, 산업체 요구에 부응한 직업계고를 만들겠다며 '마이스터고'를 만들어 특혜를 줬다면, 박근혜 정부는 산업체 현장과 학교를 오가며 현장 실무 능력을 가진 직업인을 양성하겠다며 '도제학교'를 만들어 특정 학과에 행정적·재정적 지원을 쏟아부었다. 문재인 정부는 여기서 한발 더 나아가 학교를 아예 산업 수요에 맞춘 직업훈련소로 만들겠다는 것으로도 볼 수 있었다. 김 위원장은 "이런 식의 선택형 교육과정은 교육의 순기능을 거세하고 기업 수요, 눈앞에 필요한 교육에만 집중하게 되어 장기적으로 역기능이 강화될 것"이라 전망했다. 그는 무엇보다 직업교육의 방향 전환을 강조한다. 훈련이 아니라 교육에 방점을 찍은 정책이 필요하다는 것이다.

지적·신체적·예술적·심리적 교육이 적당히 배분돼야 한다고 생각한다. 이것들이 균형감 있게 교과과정에 편성돼야 한다. 각 분야에서 전면적인 발달을 할 수 있는 총체적 인간을 키우는 교육을 해야 한다는 이야기다. 그렇게 교육의 상을 잡아야 한다. 그리고 그런 교육과정을 만들어 나가는 학교 체계를 준비해야 한다. 크게 교육의 상을 그리고 그 방향으로 천천히 나가야 한다. 1970년대에 직업계고의 직업교육, 즉 전공과목은 전체 수업의 30%밖에 차지 않지 않았다. 하지만 지금은 전공과목 비중이 60~70%다.

현재의 기술 교육도 단순 기술을 교육하는 방식이 아니라 원리를 가르쳐 새로운 것을 창조할 수 있는 바탕을 마련해 줄 수 있어야 한다고 말한다.

학교가 기능인을 키우는 역할을 할 수 있다. 현장에서 바로 써야 하는 기술을 가르치는 건 어렵지 않다. 의지가 있는 학생의 경우, 6개월이면 이론, 실습 등을 충분히 가르칠 수 있다. 하지만 이에 대해 몇 가지를 생각해 봐야 한다. 우선 기술이 현장에서 여전히 유효한 기술인지 살펴야 한다. 예를 들어, 내가 학교에서 가르치는 전공은 측량이다. 측량 관련 기술은 시간이 지날수록 발전하고, 그에 따라 새 기술과 장비가 등장한다. 최신 기술이라고 학교에서 장비를 구입해 아이들에게 가르쳐도, 5년이 지나면 과거의 기술과 장비가 된다. 현장은 변화무쌍한데 학교가 무슨 수로 그걸 따라가나. 선생도 마찬가지다. 매번 새 기술과 장비를 마스터할 수는 없고, 아이들도 기술을 습득해서 취업해도 이내 실업자 신세가 될 수 있다.

이런 지적은, 반대로 인문계고의 경우를 생각해 보면 쉽게 이해할 수 있다. 학교에서 영어를 배우는 것은 영어의 실용성 때문이 아니다. 외국어는 자연적으로 습득되는 것이 아니라 의식적 지적 활동을 통해 배운다. 이런 외국어 습득 과정이 정체 국면에 놓여 있는 모국어를 한 차원 높게 발달시키는 데 큰 도움이 되기 때문이다. 수학도 마찬가지다. 미적분을 배우는 건 나중에 실생활에 써먹기 위해서가 아니다.

김 위원장은 '선 긋기'를 예로 들었다.

선 긋는 것만 충분히 배운 아이들은 도화지 위에 측량 도면을 깔끔히 그려 낸다. 하지만 기초 교육을 충분히 익히지 않은 아이들은 도면에 선을 굵게 그리거나 진하게 그린다. 이런 경우, 전문적인 기능을 습득하는 데도 어려움이 있다.

그 기술만 알고 일을 하는 사람과 여러 복합적인 구조를 이해하고 그 기술을 사용해 일하는 사람과는 매우 큰 차이가 있다. 산업구조가 바뀌고 환경이 바뀌면 그 기술만 아는 사람은 아무 쓸모가 없어진다. 기본 지식과 유연한 사고력을 가진 사람이 살아남는다. 그리고 그런 사람을 길러 내는 게 학교의 역할이다. 언제 바뀔지 모르는 기술을 가르치는 게 중요한 게 아니다.

피아노를 잘 치려면 바이엘, 체르니 등의 연습 과정을 밟아 나가야 한다. 그게 어느 수준에 이르면 어려운 곡들도 다양하게 연주할 수 있게 된다. 그런데 지금 학교는 그런 과정을 밟는 게 아니라, 어느 학생에게는 〈젓가락 행진곡〉만을, 어느 학생에게는 〈캐논 변주곡〉만을 가르치는 식인 셈이다.

그러나 산업체에서 요구하는 단순화된 훈련 과정을 줄이고, 대신 사회인으로 살아가는 데 필요한 교육을 늘려야 한다는 이런 지적은 지나친 이상론으로 비치기 쉽다. 현실의 벽은 상당히 높다. 학교 현장의 일부 교사들과 학생들은 여전히 '실질적인' 도움이 되는 직업훈련의 비중을 높여야 한다고 이야기한다. 패러다임을 전환하기란 쉽지 않다. 그렇다면 학교가 훈련이 아닌 교육에 매진할 수 있는 선결 조건은 무엇일까.

산업체의 요구를 모두 배제해야 한다. 그리고 교육부가 직업교육의 상을 명확히 잡아야 한다. 무엇이 직업교육이고 직업훈련인지 말이다. 지금의 구조에서는 다양한 직업이 생길 수밖에 없다. 이를 다 포괄한다는 것은 물리적으로 불가능하다. 그래서 교육이 필요한 것이다. 백 가지 기능이 필요하다고 백 가지 기술을 가르치는 건 교육의 기본 정신에 어긋난다.

김 위원장은 "교육은 상을 만들고 천천히 그 상을 추구해 나가는 일"이라며 "이는 국가기관에서 해야 하는 역할이지만 지금의 정부는 그 상을 그리는 것조차 못하고 있다"고 지적했다.

∧∧∧

직업계고 현장실습 제도를 모니터링하고 연구해 온 이수정 청소년노동인권네트워크 활동가(노무사)는 우선 '현장실습'이라는 말 자체를 좀 더 구체적으로, 정확하게 표현해야 한다고 주장했다. 이 활동가는 "지금 우리가 말하는 현장실습은 '산업체 파견형 현장실습'"이라며 "다른 현장실습 유형은 잘 알려져 있지 않아 산업체 파견형 현장실습이 현장실습의 전부인 것처럼 생각하는 분들이 많다"라고 지적했다.

대안적인 직업교육을 위해서는 전공과 학생·학교 상황에 맞는 다양한 현장실습이 이뤄져야 하는데 취업률을 강조하기 시작한 2008년부터는 산업체 파견형 현장실습에 '올인'하고 다른 형태의 현장실습은 이뤄지지 않고 있어요. 상업 계열이나 보건 계열 등은 현장실습 유형이 좀 더 다양하고 산업체 파견 현장 실습 비율도 공업 계열에 비해 매우 낮아요.

이를 전제로 이야기해 보면, 현행 산업체 파견형 현장실습의 가장 큰 문제는 학교를 사실상 인력 파견 업체로 전락하게 만든다는 거예요. 학교는 3학년 2학기 때, 현장실습이라는 수단을 통해 학생을 아무 곳에나 취업시켜요. 취업만 하면 그만이라고 단순하게 생각하기 때문이에요. 이는 마치 인력 업체를 연상케 해요. 인력 업체가 노동자를 업체에 소개해 준 뒤, 소개비를 받지 않나요? 그런데 인력 업체는 그 노동자가 얼마나 열악한 조건에서 위험한 일을 하는지 신경 쓰지 않아요. 학교가 이와 마찬가지 구조로 가고 있어요.

이수정 활동가는 학생들이 모두 일반계로 진학해 일정 기간 공통과목을 이수한 뒤, 인문계, 예체능계, 직업계 등으로 나눠지는 게 좋다고 생각한다.

산업구조가 크게 변했음에도 불구하고 직업교육은 1970, 80년대 중공업이 번창하던 시기에 멈춰 있어요. 자연히 부작용이 생길 수밖에 없죠. 지금과 같이 산업체에 파견해서 진행하는 현장실습은 우리 교육과정 체계에 맞지 않다고 생각해요. 지금처럼 하려면 학제 개편이 있어야 해요. 일반계로 모두 통합하는 게 맞아요.

하지만 이는 불가능에 가까워 보인다. 일반계 고등학교의 반발은 불을 보듯 뻔하다. 이 활동가도 이를 잘 알고 있었다.

하지만 한번 생각해 봐요. 아이들에게 필요한 교육은 내 삶을 주체적으로 살 수 있는 보편 교육이에요. 어떤 직업을 갖고 살든, 내 삶을 주도적으로 사는 것을 가르치는 게 공교육이에요. 하지만 우리 교육은 초등학교 진로 교육부터 잘못됐어요. 어떤 직업을 가질 것인가가 진로 교육의 전부가 됐죠. 그런 아이들이 고등학교까지 가니, 그 프레임을 못 벗어나는 거예요. 특성화고의 경우, 중학교를 졸업하면서 어떤 직업을 가질 것인지 염두에 두고 진로를 결정해야 해요. 공교육이 이를 부추기는 거죠. 그런데 중학교 졸업할 때 대체 어떻게 직업 결정이 가능한가요? 학제 개편이 필요한 이유는 좀 더 공교육을 강화하고, 그럼으로써 아이들에게 좀 더 다양한 선택권을 주는 게 필요하기 때문이에요.

이 활동가는 현장실습도 공교육의 관점에서 바라봐야 한다고 말한다.

실습 자체를 반대하는 사람은 없어요. 하지만 지금과 같이 학생을 희생시키는 현장실습 제도가 유지돼야 한다고 생각하는 사람 역시 아무도 없을 거예요. 혹자는 위험한 노동 현장이 바뀌면 해결된다고 이야기해요. 현장실습을 하다 아이들이 다치고 죽는 게 열악한 노동환경 때문이라고만 말해요. 하지만 저는 논점을 흐리는 이야기라고 생각해요.

　우리가 지금 고민해야 하는 지점은 공교육과정으로서의 현장실습이에요. 즉, 이를 진행하는 학교의 직업교육, 그리고 직업훈련이 제대로 작동되고 있느냐를 살펴봐야 해요. 그런데 이를 짚는 게 아니라 노동 안전의 관점으로만 사안을 바라본다면 아무것도 해결될 수 없어요. 산업 현장의 안전만 확보되면 모든 게 해결될 것처럼 단순하게 이야기하지만 현장실습 문제는 교육의 관점에서 먼저 살펴야 해요. 산업 현장 문제로만 접근한다는 건, 현장실습 문제를 해결하지 말자는 이야기와 똑같아요.

2019년 1월 25일, 문재인 정부는 사회관계장관회의 논의 결과로 '고졸 취업 활성화 방안'을 확정, 발표했다. 가장 눈에 띄는 대목은 2020년까지 직업계고 취업자 비율을 60%까지 달성하겠다고 밝힌 부분이다. 이를 위해 직업계고 학생들의 '취업 전' '취업 시' '취업 후' 전 과정에서 각종 지원을 신설·확대한다는 계획이었다. 구체적으로는 공무원 채용에서 직업계고 출신 비중을 높이고, 미래형 자동차, 드론 등 미래 신산업과 연계한 학과를 2022년까지 500여 개 만든다는 방안이 제시됐다.

이쯤 되면 기시감이 든다. 이명박 정부에서 실행했던 직업계고 정책과 수치와 이름만 다를 뿐이다. 교육부는 현실론만 이야기한다. "부모가 원하고, 학생이 원하고, 사회가 원한다."

정부의 이 같은 발표 뒤, 현장실습으로 자식을 잃은 유가족 등이 모인 현장실습대응회의는 청와대 앞에서 기자회견을 열고 "값싼 노동력을 제공하는 현장실습으로 회귀하자는 것인가?"라고 반문했다.

에
필
로
그

그림자조차 길을 잃어버린 밤.

저기 빛이 나고 있는 가로등으로 뛰어가자.

스위치를 딸각거리며 모스부호를 보내 보자.

"SOS" S . . . O - - - S . .

. . . - - - . . .

혹시라도 네가 보면 빨리 왔으면 좋겠다. 내가 가는 길 심심하지 않게.

/ 장지호(영남공업고등학교 2학년 전기3반), <밤길>

2017년 3월, 나는 은주가 가라앉은 아중 저수지를 찾았다. 전주 외곽에 위치한 저수지는 가끔 조깅하는 어르신들과 산책하는 중년 부부가 눈에 띌 뿐 한산한 분위기였다. 그곳에서 나는 은주가 죽기 전 마지막으로 들렀다는 카페에 가보았다. 저수지 바로 앞에 위치한 이곳에서 은주는 20여 분 정도 앉았다 오후 5시 40분쯤 저수지로 향했다.

은주가 앉은 자리는 밖이 잘 보이는 창 쪽이었다. 하지만 창문 밖으로는 가파르게 솟은 둑이 시선을 가로막고 있어 저수지 수면이 보이지 않았다. 그 벽을 바라보며 은주는 무슨 생각을 했을까.

∧∨∧

학생 건강 및 안전 사항에 특이점 없음. 근로시간 및 임금은 표준협약을 잘 이행하고 있음. 동료 직원들과의 관계도 원만함. 학생 적성도 잘 맞아 향후 취업 연계 가능성이 있어 보임. 실습 중 고객 응대에 어려운 점이 있어 보이나 극복할 수 있도록 격려함.

은주를 면담한 후 학교 담임선생이 작성한 "순회 지도 결과 복명서" 내용이다. 담임선생은 은주의 '산업체 적응도, 현장실습 만족도, 업무 파악 정도' 등에 모두 10점 만점을 줬다. 또 상·중·하로 나눠 평가하는 '건강 상태' '근로시간과 임금' '복지와 후생' '취업을 통한 성장 가능성'도 모두 '상'으로 평가했다. 은주가 일을 시작한 지 3개월이 지난 12월 21일에 진행한 면담 결과였다.

해를 넘겨 다시 1월 9일에 진행된 면담에서도 결과는 동일했다. 건강 상태도 '상', 산업체 적응도도 10점 만점이었다. 평가 내용도 거의 흡사했다.

학생 건강 및 안전 사항 특이점 없음. 근로시간 및 임금은 표준협약을 잘 이행 하고 있음. 업무 스트레스가 약간 있으나, 극복하려 하며 잘해 보겠다는 의지가 강함. 팀 내 분위기가 좋아 동료들과 개인적인 만남이 많다고 함.

하지만 은주는 이 면담을 하고 13일 만에 저수지에 몸을 던졌다. 은주 에게는 각각 다른 월급액을 명시한 두 개의 계약서가 존재했다. 실습 나가 기 전인 2016년 9월 8일 체결한 '현장실습 표준협약서'를 보면 월급은 160 만5000원이지만, 6일 뒤 실습 업체와 체결한 근로계약서에는 1개월(113만 5000원), 2개월(123만5000원), 3개월(128만5000원), 4~6개월(133만5000 원), 7개월차 이후(134만5000원)를 차등해 지급하는 것으로 되어 있었다. 현장실습 표준협약서는 학생·업체·학교 삼자 간 협약으로 되어 있다. 실습 생의 업무 조건에 문제가 생겼을 경우, 학교에서 개입할 여지를 열어 둔 것이 다. 반면 근로계약서는 학교를 배제하고 학생과 업체 간 일대일 계약으 로 이루어진다.

실습생을 대상으로 하는 근로계약서는 2012년 4월, 현장실습생의 노 동조건을 보호하기 위한 대책으로 도입됐다. 사실상 취업과 연계돼 현장실 습이 이루어지는 경우, 표준협약과 동시에 근로계약을 체결하도록 한 것이 다. 이는 현장실습생이 사업장의 다른 노동자와 동일하게 일할 경우, 현장 실습생에게 근로기준법상 권리를 명확히 하기 위한 것이었다. 하지만 근로 계약이 표준협약보다 불리하게 맺어지는 경우가 자주 발생한다. 은주의 경우도 그랬다.

일선 현장에서는 근로계약서를 작성하면서 "회사 사정에 의해 부득이한 경우" 같은 단서 조항을 넣어 표준협약서를 무력화하는 게 일반적이다. 그러면서 자연스럽게 표준협약서보다 후퇴한 근로계약서를 적용하도록 유도한다. 예를 들어 "회사의 부득이한 사정으로" 표준협약서에는 월급 160만 원이 명시돼 있으나 근로계약서에는 120만 원을 주기로 했으니 120만 원을 준다는 식이다. 게다가 은주는 근로계약서상 명시된 임금도 제대로 받지 못했다. 은주의 월급 통장에 찍힌 금액을 보면, 1개월째에는 86만4520원, 2개월째에는 116만362원, 3개월째에는 127만2900원을 받았다.

사실 이럴 때 회사는 법률상 표준협약서대로 계약을 이행해야 한다. 복수의 계약이 존재할 경우, 노동자에게 유리한 계약을 적용해야 하기 때문이다. 하지만 그러기 위해서는 학생 신분으로 소송까지 감내해야 한다. 노동법이나 현장실습 표준협약조차 알지 못하는 고등학생이 기업을 상대로 소송을 걸 수 있을까.

결국 이런 문제점은 일선 학교와 교육청에서 책임져야 하는 부분이다. 하지만 은주와 관련해서 학교와 교육청은 아무런 역할도 하지 않았다. 담임교사는 은주가 일하던 업무 현장에도 한 번 가본 적이 없었다. 업체에서 꺼린다는 이유에서였다. 은주와의 면담은 모두 작업 현장이 아닌 곳에서 진행됐다. 그나마도 은주가 근무한 5개월 동안 단 두 차례뿐이었다. 학교 측은 은주가 LG유플러스 하청업체에서 "욕받이 팀"으로 불리는 세이브팀에서 일한 것도 알지 못했다. 그들이 면담에서 은주가 내비친 구조 신호를 알아듣지 못한 건 당연했다.

은주와 같이 상담사로 일했던 다른 학생들의 상황은 어땠을까. 당시 LG유플러스에 일하던 실습생은 10명이었다. 2016년 한 해 동안 이곳에 33명의 학생이 들어갔으나 22명이 그만뒀다. 그만둔 학생들은 소명서에서 업무 부적응("일이 힘들다"), 자진 복교("학교로 다시 가고 싶다"), 재취업("다른 곳에 취업하고 싶다")을 이유로 선택했다.

전라북도교육청이 운영하는 상담 센터인 전주덕진위센터는 은주가 숨진 지 한 달여가 지난 2월 15, 16일 양일간 LG유플러스 전주고객센터 현장실습생 9명(1명은 면담 제외)을 대상으로 면담을 진행했다. 이 내용을 보면, 현장실습생들은 감정 노동에 따른 스트레스와 실적 달성에 대한 중압감에 시달리고 있었다. 상담을 진행한 상담사는 9명 중 6명이 스트레스에 노출돼 있다고 진단했다.

상담사의 면담 기록은 다음과 같았다.

B학생 : 고교 시절 진로 희망은 대학교에 진학해 연출을 전공한 뒤 작가, PD가 되는 게 꿈이었으나 경제적인 상황으로 취업을 하게 되었고, 일이 익숙하지 않아 스트레스를 받는다고 함. 전화를 받다 모르는 게 있으면 주변에 물어봐야 하는데 다들 바쁘기에 물어보기가 곤란한 상황. 또한 고객들이 물어보는 질문들이 매우 다양해서 거기에 맞는 답을 찾기가 어렵다 함. 아직 전화 받는 게 익숙하지 않고 전화 업무를 6시에 끝내도 통화 중 바로바로 해결하지 못한 일을 처리하면 6시 퇴근이 어렵다고. 일을 그만둘 생각은 없지만 함부로 하는 고객들을 만나면 당황스럽고 대처가 어렵다고 함.

D학생 : 입사한 지 7개월 정도 됐지만, 직업에 대한 의미 부여가 없고 '목표 없

이 그냥 막연하게 계속 다녀야 할지' 답답해 함. 입사 동기 네 명 모두 퇴사한 상태여서 자신도 퇴사하고 싶은 생각에 갈등. '호텔리어'가 되고 싶어서 대학에 진학하고 싶어 함. 올해 수시 전형을 보고 싶으나 대학에 들어가지 못할까 봐 걱정. 업무와 팀 성과를 내야 하는 부담감, 자신을 무시하는 고객을 응대하는 데서 오는 스트레스, 하루 종일 앉아 있는 스트레스, 고객을 상대하면서 오는 정신적 스트레스 등이 있었음.

아이들이 이렇게 될 때까지 어른들은 무엇을 했을까?

∧∨∧

전라도교육청과 학교 측은 노골적으로 은주의 죽음을 축소하려 했다. 이들은 언론과의 인터뷰에서 은주의 죽음을 '실족사'라 했다. 하지만 은주가 죽은 저수지에는 성인 남성의 가슴까지 올라오는 높이의 펜스가 설치돼 있었다. 스스로 작정하지 않고서는 저수지에 빠질 수 없는 구조다. 사고 현장에 한 번만 가봐도 알 수 있는 사실이었다.

게다가 전북교육청은 은주의 과거 이력을 문제 삼기도 했다.

"은주는 회사를 다니기 전에도 수차례 자해했다. 학교에서 싸움을 많이 하는 등 여러 문제가 있었다."

"가정환경이 어려웠다"라며 사건의 본질을 흐린 회사와 다름없었다. 애초 학교와 함께 실습생을 관리·감독해야 하는 교육청은 실태 파악조차 하지 않은 것으로 확인됐다.

은주를 둘러싼 문제가 하나둘씩 공론화되면서 회사는 결국 사과했다. LB휴넷 간부들은 사과문을 발표한 날, 유가족을 직접 만나 사과의 뜻을 전했다. 5개월 만이었다. 아버지는 눈물을 참지 못했다. 가버린 딸을 다시 찾을 수는 없었다.

사건이 마무리된 뒤, 얼마 지나지 않아 은주 어머니는 딸을 뒤따랐다. 은주 아버지는 그렇게 두 사람을 떠나보냈다. 그 후로 나는 아버지를 만날수 없었다. 은주 오빠와 함께 어느 섬으로 떠났다는 이야기만 들려 왔다.

하지만 '은주 이야기'는 그게 끝이 아니었다.

∧∧∧

박정환(24) 씨는 초등학교 때부터 몸도 민첩하고 달리기도 잘했다. 선생의 조언으로 축구를 시작했다. 집에서 나와 학교 기숙사 생활을 해야 했다. 자연히 선배들과의 단체생활이 이어졌다. 좋아하는 축구를 할 수 있었지만, 운동부 선후배 간 위계질서를 견디기 힘들었다. 중학교 2학년 때 결국 축구를 그만뒀다.

이제 공 대신 펜을 잡아야 했다. 하지만 종일 운동장에서 뛰기만 하던 정환 씨가 종일 책상에 앉아 책과 씨름하는 건 쉽지 않았다. 결국 견디지 못하고 학교를 떠났다. 중학교를 중퇴한 그는 아르바이트 자리들을 전전하며 지냈다.

그렇게 1년여를 보냈을까. 스스로도 이렇게 살아서는 안 되겠다는 생각이 들었다. 중졸 검정고시를 치르고 고등학교에 입학했다. 하지만 그곳에서도 적응은 쉽지 않았다. 태권도 유단자에 축구 선수까지 했던 정환 씨는 또래들 가운데 몸집이 남달랐다. 그런 정환 씨를 주변에선 가만 두지 않았다.

학교 선배들과 군대처럼 강한 상하 관계에 있다 보니 정환이가 견디기 힘들어했어요. 선배들은 정환이가 키도 크고 싸움도 잘하니, 저놈 잡아서 후배들 '단도리'시켜야겠다는 것도 있었던 것 같아요. 그러다 결국 일이 터졌어요. 정환이가 참고 참다 폭발한 거죠.

정환 씨 친구를 선배가 두들겨 팼다. 이를 그냥 지나치지 못한 정환 씨는 큰 싸움에 휘말렸고 결국 그 싸움으로 또다시 학교를 그만둬야 했다.

다시 아르바이트 생활로 돌아갔다. 할 수 있는 일은 다 했다. 어머니가 그런 정환 씨에게 용돈이라도 줄라치면 제법 어른스러운 말을 했다.

"엄마, 열네 살이 지나면 자기 앞가림은 자기가 해야 해."

하지만 이번에도 정환 씨는 현실의 벽을 느꼈다. 한국 사회에서 고등학교 졸업장 없이 할 수 있는 일은 거의 없었다. 다시 1년 늦깎이로 직업계고에 입학했다. 전공은 컴퓨터. 여전히 공부는 어려웠지만 그래도 졸업은 해야 한다고 생각했다. 사회에 나가서 일하기 위해서는 졸업장이 필요하다는 걸 정환 씨는 잘 알고 있었다.

그렇게 간신히 졸업장을 쥐고 다시 사회로 나왔다. 하지만 이렇다 할 기술도, 자격증도 지니지 못한 정환 씨가 할 수 있는 일은 많지 않았다. 스물두 살 때는 친구와 술집에서 서빙 일을 했다. 오후 5시부터 새벽 5시까지 주 6일, 하루 12시간을 일했다. 주말은 절대 쉴 수 없었다. 그렇게 한 달 꼬박 일해 손에 쥔 돈이 170만 원. 그래도 20대 초반에는 큰돈이라 생각했다.

하지만 일 말고는 아무것도 할 수 없는 삶이었다. 비전도 없었다. 몇 달을 버티다 결국 그만뒀다. 그 뒤에 정환 씨는 휴대전화 검사기 부품 조립 공장에 들어갔다. 삼성 납품 업체였다. 아침 9시부터 밤 9시까지 일했다. 하루 버는 돈은 10만 원. 방진복을 입고 종일 부품을 조립했다. 1년 정도 일했을까. 여기서도 미래는 보이지 않았다. 다니던 공장에서는 승진도, 월급 인상도 없었다. 정환 씨는 결국 또 그만둔다.

이후 삼성 외부 협력업체로 들어갔다. 그마저도 정규직이 아닌, 계약직이었다. 열심히 일했다. 삼교대로 제품을 검사하는 일이었다. 회사 과장이 정환 씨를 좋게 봤다. 정규직 전환 이야기가 나왔다. 하지만 회사가 수원에서 부산으로 이사를 갈 예정이라고 했다. 가족과 헤어지는 게 고민이었지만, 정규직 전환을 포기할 수 없었다. 정환 씨는 부산으로 가기로 마음먹었다.

얼마 뒤, 회사는 부산으로 이전했다. 그러나 정환 씨는 수원에 남았다. 정규직 전환은 없었고 1년 계약이 종료됐기 때문이다.

이후에는 건설 현장 일용직을 전전했다. 그러다 정환 씨는 떨어지고 말았다. 엘리베이터에서 일하다 열린 문 아래로 추락했다. 정환 씨는 이제 이 세상에 없다. 당시 그는 작업복이나 안전화도 지급받지 못했다. 50억 이하 규모의 건설 현장에서는 이를 지급하지 않아도 되기 때문이다. 그곳에서 정환 씨는 폐자재 줍는 업무를 담당하고 있었다. 일한 지 사흘 만이었다. 원청 건설 회사도 아닌 하청업체 소속이었다. 말이 좋아 하청업체지, 인력파견소에서 소개받고 간 곳이었다. 하루 일당 11만 원. 여기서 소개비 1만 원은 파견소 몫이었다.

정환 씨도 은주처럼 밀리고 밀리다 결국 세상 끝을 만난 것이다. 은주가 안간힘을 다했듯, 정환 씨도 그런 삶에서 벗어나려 갖은 노력을 다했다. 정환 씨는 늘 지금과는 다른 삶을 꿈꿨다.

정환이랑 만나면 늘 미래를 이야기했던 거 같아요. 걔나 저나 처지가 비슷했어요. 공사장을 전전하는데, 이렇게 계속 살 수는 없다고 생각했죠. 다른 일도 했는데, 우리가 할 수 있는 일의 폭은 너무나 한정돼 있었어요. 20대 초반인데, 아직 뭔가 정해진 건 없고, 뭘 할지도 모르겠는데, 현실은 답답하고 …… 서로 이야기하면서 의지를 많이 했어요.

고졸의 정환 씨가 사회에서 선택할 수 있는 일은 그의 가방끈만큼이나 짧았다. 그래도 공사판을 전전하는 것은 그만둬야겠다고 생각하고 있었다.

정환이가 죽기 며칠 전, 제게 전화를 해서는 안전모 그만 쓰자고 그러더라고요. 이번 일만 하고는 제대로 된 직장 찾아보자고. 공사장 일을 오래 해보니 이 일을 평생 할 수는 없다는 생각이 든 거죠. 늘 미래에 대해 고민하는 친구였어요. 그 친구가 그렇게 될 줄은 몰랐죠.

아들의 사고 소식을 듣고 달려온 어머니는 싸늘하게 식어 버린 시신 앞에서 멈춰 섰다. 응급실 침대에 누워 있는 아들은 자고 있는 것만 같았다. 평소 신던 나이키 운동화가 하얀 침대 시트 끝을 비집고 삐죽 나와 있었다.

어머니는 단장의 울음을 토해 냈다.

"우리 아들은요, 떨어진 게 아니라 떠밀려졌어요."

∧∨∧

'다른 길로 빠지지 않고 용케 잘 버티고 있다.'

정환 씨의 친구를 만나면서 든 생각이었다. 190센티미터 장신에 덩치도 매우 좋았다. 오른 팔뚝에는 커다란 문신이 새겨져 있었다. 깍듯이 예의를 갖춰 나를 대했지만, 선뜻 다가서긴 힘들었다.

이야기를 듣고 보니 정환 씨와 친구는 고등학교를 졸업하고 일을 멈춰

본 적이 없었다. 아르바이트든 공장이든 공사판이든 어디가 됐든 그들은 쉬지 않고 일했다. 나는 그게 잘 이해가 가지 않았다. 그렇게 공부하기 싫어하고 반항을 일삼던 애들이 학교도 다 마치고, 그것도 한창 놀고 싶을 나이에 그토록 성실하게 일한다는 게 앞뒤가 안 맞는다는 생각이 들었다.

　　사회에 나와서까지 옛날 하던 대로 하면 진짜 우리를 받아 주는 곳은 아무데도 없겠다 싶었어요. 성격대로 살면 말이죠. 막말로 폐지 줍고 다니겠다 생각했죠. 덜컥 겁이 났던 거 같아요. 학력은 그렇다 치고 우리가 무슨 기술이 있는 것도 아니고, 스펙이 있는 것도 아니잖아요. 암것도 없는 애들이 뭐 내세울 게 있겠어요. 스펙 하나 없는 상황에서 우리를 써주는 것만으로도 고마운 거예요. 일을 시켜 주는 것만으로도 감사했죠.

　　정환 씨 친구는 자신들이 벼랑 끝에 선 느낌이었다고 설명했다. 그 끝에서 조금만 실수하면 절벽 아래로 고꾸라질 수 있겠다 싶었다. 그래서 죽어라 일을 찾았고, 주어진 일에는 최선을 다했다.

　　그를 만나고 서울로 돌아오는 길, 발걸음이 무거웠다. 은주는 죽었는데, 또 다른 '은주'가 신음하며 구조 신호를 보내고 있는 것만 같았다.

∧∨∧

이제 은주가 죽은 지도 2년이 지나 버렸다. 그녀가 살아 있다면 어떤 삶을 살았을까. 죽은 그녀는 말이 없기에 은주 친구들을 만나 보고 싶었다. 친구들의 삶을 통해 그녀가 펼칠 수 있었을 삶을 그려 보고 싶었다. 하지만 쉽지 않았다. 겨우 알고 있던 몇몇 전화번호는 없는 번호가 됐고, 그나마 바뀌지 않은 번호도 연결음만 들을 수 있었다.

은주 친구 몇 명의 페이스북을 팔로우했다. 간간이 그들의 소식이 내 페이스북 타임라인에 올라왔다. 대학을 다니는 친구도 있었고, 회사를 다니는 친구도 있었다. 저마다 사회와 부딪히면서 나름의 경험과 고민을 쌓아 가고 있었다. 은주가 살아 있다면 어떤 이야기를 남길 수 있었을까. 은주의 친구가 쓴 글로 그 목소리를 대신해 본다.

앞으로 어떻게 살아야 할지에 대한 고민이 너무 많아서 머리가 터질 거 같다. 남들보다 뒤처지기도 싫고 남들보다 못 살기도 싫은데, 그렇다고 내가 뭘 이뤄 놓은 것도, 지금 하고 있는 것도 없고, 뭔가 하긴 해야겠는데 뭘 준비해야 할지도 모르겠고, 적성에 맞는 것도 없는 거 같고, 또래보다 2년 일찍 대학 졸업한 거에 대해 안도감 느끼던 게 엊그제 같은데 대학 졸업도 무슨 소용인지 싶고, 생각 없이 놀기만 하는 '엠생'으로 살기 싫은데, 그렇다고 일에 미친 일벌레로 살 자신도 없고 막말로 사고 안 치고 정신 차리고 합법적으로만 살면 될 줄 알았는데 그것도 아니고 시간은 걷잡을 수 없이 흘러가는데 지금 나는 뭐하고 있는지도 모르겠고, 행복의 기준을 지금의 나에게 맞춰야 하는지 미래의 나에게 맞춰야 하는지도 갈팡질팡이다. 인생이 원래 이렇게 조급하고 벅찬 것일까.

〰〰〰

전주에서 은주를 만나고 오던 날, 서울 집에 도착하니 자정 무렵이었다. 두 딸은 잠들어 있었다. 아내에게 그날 만난 은주의 아버지와 친구 이야기를 들려 주었다. 그날을 시작으로 우리는 아이들이 살아갈 세상에 대해 자주 대화를 나눴다. 끝은 대개 한숨이었다. 한숨이 반복되면서 그것만으로는 충분치 않다는 생각이 들었다. 이 책은 그 한숨에서 시작됐다. 또 다른 은주들의 이야기를 계속해서 기록해 갈 수 있었던 건, 기자로서의 어떤 확신보다는 부모로서의 기원에 가까웠다. 열여덟 살, 일터로 향하는 아이들의 환경이 바뀌지 않으면 우리의 미래도 없다. 책의 시작과 끝을 함께해 준 임지영, 허재연, 허이연에게 고마운 마음을 전한다.

열여덟, 일터로 나가다

현 장 실 습 생 이 야 기

1판 1쇄. 2019년 11월 25일
1판 3쇄. 2023년 4월 19일

지은이. 허환주

펴낸이. 정민용·안중철
책임편집. 이진실
편집. 윤상훈, 최미정

펴낸 곳. 후마니타스(주)
등록. 2002년 2월 19일 제2002-000481호
주소. 서울 마포구 신촌로14안길 17, 2층
편집. 02-739-9929, 9930
제작·영업. 02-722-9960
팩스. 0505-333-9960
블로그. blog.naver.com/humabook
트위터·페이스북·인스타그램 @humanitasbook

인쇄. 천일 031-955-8083
제본. 일진제책 031-908-1407

값 15,000원

ISBN 978-89-6437-338-5 04300
    978-89-6437-201-2 (세트)

이 도서는 한국출판문화산업진흥원
'2019 우수출판콘텐츠 제작 지원' 사업 선정작입니다.